Im Sinne des Satzes von Heraklit, nach dem der Charakter des Menschen sein Schicksal ist, wird in diesem Buch Astrologie weder als Methode zur Vorhersage künftiger Ereignisse noch als mystische Geheimwissenschaft beschrieben. Astrologie bietet eine praktische und sehr konkrete Möglichkeit – in vereinfachter Form – nur mit Hilfe des Sonnenzeichens und des Aszendenten, sich selbst und andere besser zu verstehen, Kinder sinnvoll zu lenken und eine gute Partnerwahl zu treffen.

Nach einer Einführung über den Aufbau des Horoskops, die Bedeutung der Aszendenten sowie die vier Elemente und die männlichen und weiblichen Zeichen skizziert die Autorin lebendige Portäts der zwölf Tierkreiszeichen.

Mit Esprit und Sachverstand geschrieben, erleben wir durch »Tierkreiszeichen, Aszendent und Charakter«, daß Astrologie keine verstaubte Geheimwissenschaft ist, sondern eine Hilfe in praktischer Menschenkenntnis, die Spaß macht.

Esoterik

Herausgegeben von Gerhard Riemann

Deutsche Erstausgabe Dezember 1991

Titel der Originalausgabe »Connaissez-vous par votre Signe Astral«

Originalverlag Jacques Grancher, Paris
Umschlaggestaltung Peter F. Strauss
Satz DTP ba · br
Druck und Bindung Ebner Ulm
Printed in Germany
ISBN 3-426-04273-8

2 4 5 3 1

Joëlle de Gravelaine

Tierkreiszeichen, Aszendent und Charakter

Mit Tabelle zur einfachen Berechnung des Aszendenten

Aus dem Französischen von Bettine Braun

Knaur

Inhalt

Vorwort

Der Charakter des Menschen ist sein Schicksal
Heraklit

Sigmund Freud, Vater der Psychoanalyse, hatte sich einmal mit einem Astrologen verabredet, auf dessen Adresse er durch einen Freund gestoßen war. Als er am vereinbarten Tag mit dem Autobus zu dem Sterndeutemeister fahren wollte, merkte er plötzlich, daß er dessen Namen und Adresse vergessen hatte. Eine schöne Fehlleistung! Steckte da etwa die Angst dahinter, etwas über sich selbst zu erfahren?
Es scheint, als rührten viele Mißverständnisse in bezug auf die Astrologie daher: Wer sie verleumdet und ihr jede Daseinsberechtigung abspricht, hat damit einen einfachen Weg gefunden, um der Angst vor der Wahrheit zu entgehen. Diejenigen aber, die an sie glauben, gehen in diesem Glauben oft zu weit, denn sie unterstellen den Astrologen die Fähigkeit, unfehlbare Voraussagen zu machen. Sie erwarten von dieser Kunst eine exakte Beschreibung ihrer Zukunft – wobei aber das Eintreffen solcher Voraussagen sehr häufig nur auf einem glücklichen – oder gefährlichen – Verlauf eines Transits (d. h. des Übergangs eines Planeten über einen Punkt des Geburtshoroskops) beruht und auf Intuition und einer vieltausendjährigen Tradition und Erfahrung.
Was kann man denn nun wirklich von der Astrologie erfahren, wenn man sich auf einigermaßen sicheres Terrain begeben will?
Sie hilft, sich selbst und nahestehende Menschen besser kennenzulernen und damit besser zu verstehen. Sie hilft, die eigenen Fähigkeiten sinnvoll zu nutzen, aber auch klarer orientiert zu sein bei der Erziehung eines Kindes, um tragische

Fehler der Weichenstellung zu vermeiden und ihm eine seinem Temperament weitgehend gemäße Begleitung zukommen zu lassen.

Wenn man vorhat, eine Ehe oder eine enge Beziehung einzugehen, könnte man den Astrologen zu Rate ziehen, um sich über seine Probleme klarer zu werden, um deutlicher zu sehen, mit welchen Schwierigkeiten im eigenen Gefühlsleben oder in dem des zukünftigen Partners zu rechnen sein mag – und wird so ein paar wertvolle Trümpfe ins Spiel einbringen können. Man erfährt beispielsweise, daß ein frustrierter Steinbock mehr Zuneigung brauchen wird als jemand anders, oder daß ein Zwilling, der ganz im Augenblick lebt, unwillig auf alles reagieren wird, daß ihn an eine verplante Zukunft fesselt. Man wird auch erfahren, daß in einer Phase, in der ein schwieriger Planeten-Transit stattfindet, eine Krise in der Partnerschaft aufbrechen kann, doch die Tatsache, daß man darauf gefaßt ist, kann wachsam machen und helfen, die eigenen Reaktionen besser zu verstehen.

Von allen Typologien, die es gibt, ist die Astrologie die reichste, subtilste und universellste. Und sie wird zweifellos gemeinsam mit der Tiefenpsychologie, auf die sie ihrerseits befruchtend wirkt, in der Zukunft zu einer viel rascheren und sichereren Erkenntnis über die menschlichen Mechanismen, über psychologische Strukturen und die großen zivilisatorischen Zyklen führen.

Die Astrologie, die aus der alten chaldäischen Kultur stammt, erlebt heute einen neuen Aufschwung. Sie faßt in universitären Kreisen Fuß, sie weckt das lebhafte Interesse von Ärzten, Psychiatern und Psychoanalytikern. Sie ruft Neugier bei Soziologen und Philosophen hervor und überrascht die Biologen; Physiker sind erstaunt, im astrologischen System die Struktur der Atome widergespiegelt zu finden. Die Meteorologen entdecken, daß Uranus (im Zusammenhang mit der symbolischen Tradition) eine Rolle bei Magnetstürmen spielt. Statistiker wie

Michel Gauquelin beweisen, wie gut fundiert diese Wissenschaft ist – obwohl sie sich anfangs bemühen, das Gegenteil herauszufinden. Ärzte, Kardiologen und andere Spezialisten führen gemeinsam mit Astrologen wissenschaftliche Experimente durch. Dr. Allendy stellte schon Anfang dieses Jahrhunderts bei seiner Arbeit in seiner Klinik fest, daß Blutungen, Hämoptysen und andere Lungenschocks mit bestimmten Konstellationen am Himmel gleichzeitig eintraten. Russische Wissenschaftler, die über den Zusammenhang zwischen Sonnenflecken und Herzinfarkten wußten, isolierten bestimmte von Infarkten bedrohte Patienten in Räumen, die vollständig vor Sonneneinwirkung geschützt waren, und konnten deren Erkrankung so vermeiden. Japanische Austernzüchter wiederum gelangten zu besseren Kultivationsmethoden für ihre Austern, indem sie bestimmte planetarische Vorgänge in Betracht zogen.[1] Psychologen erstellten psychologische Porträts von Menschen mit schweren Knochenbrüchen, Herzkrankheiten und Tuberkulosen, und diese Beschreibungen stimmten erstaunlich überein mit der durch die Astrologie zugänglichen Charakterbeschreibungen.

Man könnte noch zahllose Beispiele dafür anführen, wie sehr die Astrologie inzwischen zu einem Wissenschaftsgebiet geworden ist, das von den seriösesten Gelehrten anerkannt wird – wie es das auch zu den Zeiten Keplers und Galileis war, nur daß sich mit ihr damals Päpste und Theologen beschäftigten. Heute, wo die Astrologie endlich »salonfähig« geworden ist – wenn freilich auch von der Werbung und Boulevardpresse mißbraucht –, erntet sie neue Lorbeeren auf dem Umweg über die Psychologie. Und hier hat sie zweifellos auch für jeden am meisten zu sagen. Sie wird beispielsweise von amerikanischen

1 Die biologisch-dynamische Methode in der Landwirtschaft beruht ebenfalls auf der Anwendung wissenschaftlich nachweisbarer Wirkungen kosmischer Gesetzmäßigkeiten auf Pflanzenwachstum und Fruchtbarkeit.

Forschern (wie Clarke), für Berufseignungstests verwendet; sie bildet die Grundlage »seriöser Heiratsvermittlung«, und sie findet mehr oder weniger offiziell Eingang in die Vermittlung von Arbeitsplätzen und Arbeitskräften.

Es geht uns hier nicht darum zu erklären, wie und warum die Astrologie funktioniert. Das wäre eine recht schwierige und zeitraubende Erörterung; es geht vielmehr darum, mit Hilfe von Porträts zu einer vertieften Kenntnis der Tierkreiszeichen hinzuführen und mit den vier Elementen (Feuer, Erde, Luft und Wasser), mit männlichen und weiblichen Zeichen mit kardinalen, fixen und beweglichen Zeichen bekanntzumachen, damit der Leser, wenn er sich »getroffen« fühlt, den Versuch unternehmen kann, dem Thema näher auf den Grund zu gehen.

Eine häufig an der Astrologie geübte Kritik hat den in ihr enthaltenen Determinismus im Visier, das »Fatale«, Schicksalhafte, das sie zu fixieren scheint. Doch diese Kritik zielt in die falsche Richtung. Unausweichlich ist nur der »Stoff«, aus dem wir gemacht sind: unser genetisches Erbe (das noch durch die Tatsache verstärkt wird, daß es auch ein offensichtliches astrologisches Erbe gibt), die Farbe unserer Haut, unserer Augen, unsere Gesamterscheinung, ebenso wie das Milieu, in dem wir heranwachsen, unsere Rassenzugehörigkeit, unsere religiöse Prägung, die Zeitepoche, in die wir gehören ... unser Sternzeichen ist nur ein bestimmender Faktor unter anderen. Doch es ist uns freigestellt, wie wir mit unseren unausweichlichen Gegebenheiten umgehen, wie wir sie zu unserem Vorteil oder Nachteil nutzen. Eben dies ist unsere Entscheidungsfreiheit.

Eintritt der Sonne in die einzelnen Sternzeichen im Jahreslauf

(Die angegebenen Daten stellen einen Durchschnitt dar, da die Sonne mit ein bis zwei Tagen Verspätung in die Zeichen tritt, je nachdem, ob es sich um ein Schaltjahr handelt oder nicht).

Widder	22. März (bis 20. April)
Stier	21. April (bis 21. Mai)
Zwillinge	22. Mai (bis 21. Juni)
Krebs	22. Juni (bis 23. Juli)
Löwe	24. Juli (bis 23. August)
Jungfrau	24. August (bis 23. September)
Waage	24. September (bis 23. Oktober)
Skorpion	24. Oktober (bis 22. November)
Schütze	23. November (bis 22. Dezember)
Steinbock	23. Dezember (bis 20. Januar)
Wassermann	21. Januar (bis 19. Februar)
Fische	20. Februar (bis 21. März)

N. B. Um genau zu bestimmen, wann die Sonne in Ihr Zeichen eintritt, sollten Sie die Ephemeriden der genauen Gestirnstände für jeden Tag des Jahres konsultieren oder einen Astrologen befragen. Dem Amateur sei der Hinweis gegeben, daß er die Ephemeriden wie alles weitere Material und Lektüre zum Thema in Fachbuchhandlungen finden kann.

Erste Grundlagen

Es gibt zwölf Tierkreiszeichen. (Nebenbei sei bemerkt, daß das angeblich von Jean Rignac entdeckte dreizehnte Zeichen zum ägyptischen Tierkreis gehörte, der, anders als der unsere, der aus zwölf gleich großen Kraftfeldern zu je dreißig Grad besteht, aus dreizehn Zeichen von unterschiedlicher Gewichtung entstand.)
Diese zwölf Zeichen sind unterteilt in sechs weibliche und sechs männliche Zeichen. Der Widder, das erste Zeichen, in das die Sonne um die Zeit der Frühlings-Tagundnachtgleiche tritt, ist ein männliches Zeichen. Ihm folgt der »weibliche« Stier, die darauf folgenden Zwillinge sind wiederum ein männliches Zeichen ... und so fort.
Weiterhin sind die Zeichen des Tierkreises unterteilt in Feuer-, Erd-, Luft- und Wasserzeichen. Jedem Element werden drei Zeichen zugeordnet. Zwillinge, Waage und Wassermann sind Luft-Zeichen. Stier, Jungfrau und Steinbock sind Erd-Zeichen. Krebs, Skorpion und Fische sind Wasser-Zeichen.
Hingegen gibt es vier Kardinalzeichen – sie entsprechen den beiden großen Achsen der Sommer- und Wintersonnenwende Widder, Krebs, Waage und Steinbock. Weiter existieren vier fixe Zeichen: Stier, Löwe, Skorpion und Wassermann (deren Symbolik man bei der Darstellung der vier Evangelisten in der Kunst begegnet). Lukas ist darin der Stier, Markus der Löwe, Johannes der Skorpion – der in der Form eines Adlerkopfes dargestellt wird, denn er inkarniert sich im Skorpion, der seine Instinktnatur überwunden hat – ein Symbol, das man bei den Azteken wiederfindet im Gott Ketzalcoatl, der gefiederten Schlange –, und Matthäus ist der Wassermann, das einzige

»menschliche« Zeichen, das im Tierkreis die Transzendenz des Menschen, den Engel, symbolisiert. Schließlich gibt es vier bewegliche Zeichen: Zwillinge, Jungfrau, Schütze und Fische – die komplexesten und widersprüchlichsten Zeichen des Tierkreises.

Der Tierkreis

Hier der Tierkreis in seiner Urform, wie er gewöhnlich in der Astrologie verwendet wird, mit den Angaben des jeweiligen Elements, zu dem ein Zeichen gehört, den Herrscherplaneten der einzelnen Zeichen und der Angabe, ob es sich um männliche (+) oder weibliche (–) Zeichen handelt.

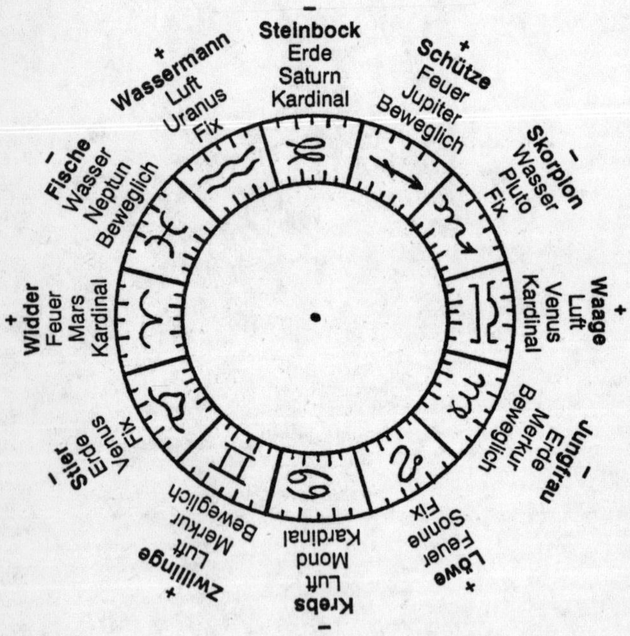

Ein Beispielhoroskop

Hier ein Horoskop als Beispiel, erstellt für den 16. Juli 2 Uhr morgens, Marseille (Bouches-du-Rhône), Frankreich. Das Horoskop umfaßt die Stellung der Planeten zum Zeitpunkt der Geburt, die Aspekte, durch die sie miteinander in Beziehung stehen, und ist in die zwölf Häuser eingeteilt, die durch die Minuten der Geburt bestimmt werden (woraus sich auch als Spitze des ersten Hauses der Aszendent ergibt).

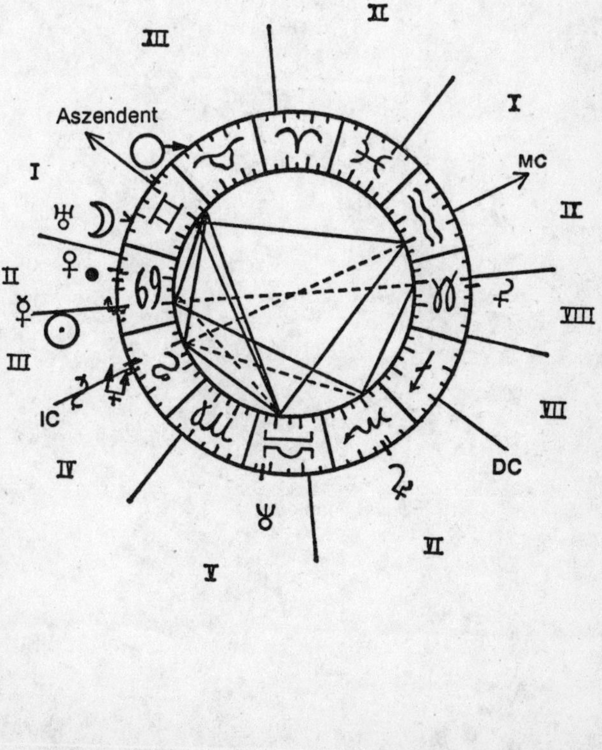

Man könnte sagen, daß der Tierkreis die Bühne darstellt, auf der der Horoskopeigner sein Lebens-Stück spielt; die Häuser des Horoskops sind die Dekoration und das Bühnenbild; die Planeten sind die Personen, die im Lauf der Zeit auftreten, und die Aspekte sind die Dialoge, die sich zwischen den Planeten-Darstellern entwickeln. Es läutet dreimal … und ein neues Wesen ist auf der Weltbühne erschienen … in diesem Augenblick, an diesem bestimmten Ort.

Die Bedeutung des Aszendenten

Wenn Sie sagen: »Ich bin am 13. Juli geboren«, sagen Sie damit: »Ich bin Krebs«, oder, genauer: »Zur Zeit meiner Geburt stand die Sonne im Tierkreiszeichen Krebs.« Denn es ist die Sonne, die bestimmt, welches das Geburts- oder Sonnenzeichen ist.
Fügen Sie jedoch hinzu: »Ich bin am 13. Juli um neunzehn Uhr geboren«, läßt sich ihr Aszendent berechnen.
Astronomisch ist damit zudem gesagt, daß die Sonne unterging, als Sie geboren wurden. Der Aszendent entspricht dem großen Zeiger einer Uhr, während die Sonne dem kleinen Zeiger entspricht; erst die Kombination beider ergibt ja die genaue Uhrzeit. Die Nuancen, um die der Aszendent das Sonnenzeichen bereichert, sind ganz entscheidend. Natürlich erlaubt nur ein vollständiges Horoskop mit allen Planetenständen und Aspekten die grundlegende Analyse einer Persönlichkeit und ihrer Entwicklung; doch schon die Kombination von Sonnenzeichen und Aszendent läßt die Diagnose zu. Natürlich wird ein Widder mit einem Stier-Aszendenten nicht das gleiche Wesen sein wie ein Widder mit einem Löwe-Aszendenten. Der erstere wird durch den Stier gebremst und stabiliert werden; es wird ihm leichter fallen, Dinge in die Tat umzusetzen und sie auch zu Ende zu führen, denn das Widder-Feuer wird durch den Stier geerdet. Der letzere, ganz feuerbestimmt, wird dynamischer, waghalsiger, abenteuerlustiger sein und sich mehr zur Schau stellen.
Es ist also, wie man sieht, von entscheidender Bedeutung, das Sonnenzeichen zu ergänzen durch das Aszendentenzeichen. Eine Anleitung, wie Sie den Aszendenten ganz einfach berechnen, finden Sie am Ende des Buches (s. S. 277).
Der Aszendent beschreibt das Verhalten und die gesundheit-

liche Konstitution, während durch die Sonne das wahre Selbst, aber auch gewisse pathologische Strukturen symbolisiert werden. Dennoch kann man das auf keinen Fall als starre Regel betrachten: Die Astrologie ist ein so reiches und subtiles System, daß noch viele andere Nuancen hinzukommen. Die physische Erscheinung wird auch durch die Sonne beschrieben. Man kann einen Widder an der Art zu sprechen erkennen. Aber auch hier liefert der Aszendent wieder Korrekturen und Präzisierungen. Steht er in der Waage, wird er die Heftigkeit des Widder-Geborenen durch eine gewisse Anmut, etwas »Venushaftes«, mildern. Ein Steinbock-Aszendent trüge dazu bei, daß ein »Löwe« sich natürlicher, weniger theatralisch verhielte, und so fort.
Es sei noch hinzugefügt, daß ein Planet in der Nähe des Aszendenten – Saturn, Jupiter, Uranus oder ein anderer – viel dazu beitragen würde, unser Porträt weiter zu verfeinern. Steht beispielsweise Saturn am Aszendenten, wird er einem expansiven Menschen etwas Verinnerlichtes geben, ihn ein wenig ernsthafter leben lassen, seinen Rhythmus verlangsamen. Jupiter an dieser Stelle hingegen würde die Extraversion verstärken, Ausdehnungsbedürfnis wecken.

Anmerkung: Es ist im Rahmen dieses Werkes natürlich nicht möglich, exakte Tabellen abzudrucken, die es ermöglichen würden, alle Planetenstellungen am Himmel für ein bestimmtes Geburtsdatum nachzuschlagen. In den weitaus meisten Fällen genügt aber die Genauigkeit der im Anhang »Die Berechnung des Aszendenten« (s. S. 277) zu errechnenden Angaben.

KAPITEL I

Die Elemente: Feuer, Erde, Luft und Wasser

Der Tierkreis ist, wie wir sahen, in zwölf Zeichen unterteilt, von denen jeweils drei Feuer-, Erd-, Luft- und Wasserzeichen sind.

Die Elemente entsprechen in gewisser Weise einer Grundkonstitution des Menschen, wie man es in der Medizin nennt. Es war übrigens ein griechischer Arzt, Hippokrates, der als erster von einer Vierzahl von Grundtypen sprach: dem Choleriker, dem Sanguiniker, dem Melancholiker und dem Phlegmatiker, und diese Typen entsprachen den vier Elementen Feuer, Luft, Erde und Wasser. Die heutige Medizin bedient sich dieser Typologie zwar kaum mehr, aber wir wissen sehr wohl, was gemeint ist, wenn man von jemanden sagt: »Er ist cholerisch« oder: »Ein typischer Sanguiniker.« Die Elemente beschreiben unsere Grundstruktur. Man kann nicht mogeln, wenn es um das eigene Temperament geht, das wir nun einmal mitbekommen haben: es ist tief in uns verwurzelt, und wenn wir uns spontan ausdrücken, wird es immer zum Ausdruck kommen. Menschen, die beispielsweise dem Feuerelement zugehören, werden bestimmte Ähnlichkeiten an den Tag legen; zwischen einem Widder, einem Löwen und einem Schützen wird es weniger tiefgreifende Unterschiede geben als zwischen einem Widder und einem Fisch.

Was haben die »Feuer-Menschen« denn nun gemeinsam?

Sie sind von einer starken Dynamik getragen, die sie zu Enthusiasten macht, zu psychisch sehr aktiven Wesen, die immer zum Vorwärtsstürmen geneigt sind. Es kommt ihnen vor allem auf das an, was sie selbst tun (wollen); sie glauben an ihre eigene Überzeugung und an das Leben. Sie müssen zu allem Tun motiviert sein. Verlieren sie diese Motivation plötzlich, lassen sie das Begonnene fallen oder versinken in einen Zustand der Depression. Hier aber wird die Art des Feuers, die den betreffenden Menschen bestimmt, auch seine Reaktionsweise modifizieren: ein Widder wird am schnellsten und radikalsten aufgeben, denn er ist am spontansten, am ungeteiltesten und absolutesten und hat sich kein Hintertürchen offengelassen. Zudem gehört der Widder zu den vier Kardinalzeichen, er hat Prinzipien und ist deshalb auch weniger anpassungsfähig als die anderen Feuerzeichen.

Der Löwe wiederum, von seinem Stolz getragen, ist, als fixes Zeichen, ganz auf Handeln ausgerichtet – auf absolutistisches Handeln – und wird auf den Verlust einer Motivation, seines Glaubens an das, was er sich zu tun vorgenommen hat, mehr oder weniger »vernünftig« und gelassen reagieren. Vielleicht betreibt er auch Enttäuschungs-Prophylaxe, stellt sich also schon von vornherein auf sein Scheitern ein, als sei es seinem Stolz leichter erträglich, selbst für seinen Mißerfolg verantwortlich zu sein, als ihn von jemandem anderen aufgezwungen bekommen zu haben. Manchmal beschließt er freilich auch, sein Scheitern zu ignorieren und weiterzumachen, als sei nichts geschehen, den Verlust des Glaubens an sich oder seine Sache durch Zähigkeit ersetzend.

Auch der Schütze ist enthusiastisch veranlagt und verlangt nach Erfolgen, ist sich aber vielleicht klarer über seine Erfolgsaussichten oder vertraut ganz auf seinen guten Stern, wobei er, wie alle beweglichen Zeichen, die Fähigkeit besitzt, sich den Umständen anzupassen und sie als Sprungbrett zu benutzen, nachdem er sich ein klares Bild der Situation gemacht hat. Sucht ihn Depression heim – und er kennt solche Zustände, denn er ist ein Gefühlsmensch –, so läßt er sich davon nicht gänzlich niederdrücken, wie es dem Widder oder selbst dem Löwen widerfahren könnte; er wartet, bis er neue Kraft und Mut geschöpft hat, und wirft sich sodann in den Kampf, als ginge es um ein Spiel, bei dem man nicht aufgeben dürfe; denn etwas Spielerisches ist in seiner Natur.

Den »Feuermenschen« ist eine cholerische Natur zu eigen; sie begeistern sich rasch, stehen schnell in Flammen – was niemanden wundern wird. Doch der Widder wird große Töne machen und dann sehr schnell wieder alles vergessen. Ist sein Zorn einmal verraucht, übergeht er die ganze Angelegenheit für gewöhnlich ohne einen Funken von Rachsucht, ohne nachtragend zu sein. Der Löwe beeindruckt sein Publikum durch theatralische Gesten oder vernichtende Worte und Szenen; ist seine Eigenliebe verletzt, so wird er kaum verzeihen. Der Zorn des Schützen hingegen zeigt einen eher weichen und verletzlichen Menschen, der vielleicht empört oder verärgert ist, der aber sehr schnell versucht, sich wieder zu versöhnen.

Alle drei Zeichen sind von Leidenschaft beherrscht, sind maßlos, neigen zu Übertreibungen. Die Leidenschaft des Widders ist wie ein Strohfeuer; er gerät zwar rasch in Zorn, doch das Feuer verzehrt schnell alles restlos; immer wieder braucht er ein neues Ziel leidenschaftlicher Zuwendung. Er braucht große, erregende Abenteuer, die ihn befeuern oder deren er sich rühmen kann … wichtig für ihn ist, daß er sich auf einem Kampfplatz produzieren kann.

Die Leidenschaft des Löwen hat etwas Großartiges und emphatisches, sie ist von Stolz und Noblesse bestimmt, es ist ein starkes, weithin sichtbares Feuer … Der Löwe läßt sich nur auf ein starkes Gegenüber oder großartige Unternehmungen ein; nur sie befriedigen ihn; sein leidenschaftliches Engagement ist von blindem Vertrauen in sich selbst getragen.

Die Leidenschaftlichkeit des Schützen hingegen ist wie Glut unter der Asche und vielleicht heißer als die Feuer der beiden anderen; seine Leidenschaftlichkeit ist weniger spektakulär, verborgener. Sie zeigt sich an seiner Risikobereitschaft, dem Bedürfnis, die ihm gesetzten Schranken zu übertreten. Es ist eine Art Leidenschaft für das Leben selbst, ein Vertrauen, das ihn sich sagen läßt: »Ich bin großzügig dem Leben gegenüber – das Leben wird mich schon dafür belohnen.« Und das bewahrheitet sich auch oft. Wie man sieht, ist dies eine Leidenschaftlichkeit, die besser im Zaum gehalten wird, als das die anderen Feuerzeichen vermögen.

Was haben die Erdzeichen gemeinsam?
Die Symbolik des Elements Erde ist natürlich mit Stabilität, Konstruktivität, Dauerhaftigkeit verbunden. Eine Kontinuität im Handeln ohne jede Hast, ein Sinn für das Bleibende und ein besonderes Verhältnis zur Zeit.
Der Stier geht bedächtig voran, jedoch nicht ohne Grazie. Er läßt sich Zeit zum Leben und Handeln. Er verfügt über ein gerütteltes Maß an Arbeitskraft, aber er läßt sich nicht drängen. Er braucht eine Weile, bis er sich bewußt gemacht hat, was er fühlt, was er will. Daher rührt seine Schwierigkeit, sich zu entscheiden, und sein Unvermögen, eine Entscheidung rückgängig zu machen.
Als fixes Zeichen ist für ihn das Konkrete, Greifbare in seinem Tun entscheidend; es ist ihm wichtig, etwas auf die Beine zu stellen, was im übrigen für alle Erdzeichen gilt, die etwas »Bodenständiges« haben. Beim Stier äußert sich dies in einer unverbrüchlichen Liebe zum Leben und zu dem, was ihm Freude macht; sicherlich ist er das sinnlichste Wesen unter den dreien und zudem vielleicht das künstlerischste. Er ist für die Stimmungen und Schönheiten der Natur am empfänglichsten.
Die Jungfrau, ein bewegliches Zeichen, ist in ihrem Verhältnis zu Zeit widersprüchlicher, unentschiedener, denn sie wird von Merkur beherrscht. Sie ist deshalb im Handeln beweglicher, schneller im Reagieren, sensibler und empfänglicher. Wie bei allen Erdzeichen aber finden wir bei ihr jene »Langmütigkeit«,

jene Ausdauer, die beim Steinbock noch stärker zutage tritt, und die sich bei der Jungfrau als Bienenfleiß äußert, die ohne Hast, mit beinahe mechanischer Präzision, wie sie dem Insekt eigen ist, sammelt und ordnet und es dabei zu beträchtlichen Ergebnissen bringt. In ihrem Innenleben jedoch macht sich die Gehemmtheit des Erdzeichens bemerkbar, eine gewisse Schwierigkeit, jung zu sein, wenn es Zeit dafür ist. Alle Erdzeichen gewinnen im Lauf des Lebens sehr, denn sie brauchen Zeit, sich ihrer selbst bewußt und gewiß zu werden und sich zu entwickeln.

Beim Steinbock, beherrscht von Saturn (oder Chronos), dem Gott der Zeit, ist diese Tendenz noch ausgeprägter. Der Steinbock ist fast immer »unzeitgemäß«, er kommt zu spät, verpaßt den gegenwärtigen Augenblick. Er fühlt sich erst im nachhinein betroffen und getroffen und leidet mehr als andere, da bei ihm alles sehr tief geht. Man wirft ihm zuweilen vor, eine »lange Leitung« zu haben, denn er lernt langsam, dafür aber auch gründlicher als mancher andere.

Den Erdzeichen ist die Liebe zu ihrem Element gemeinsam. Es gibt ihnen Sicherheit. Ihre Bodenständigkeit hilft ihnen, etwas zustande zu bringen und zugleich stabil zu sein. Die Erde, das ist zugleich das Unausweichliche und das Dauerhafte, Reichtum und Geduld.

Die Erde des Stiers ist eine Erde des Überflusses; eine Erde voller Blüten- und Früchtefülle. Es ist eine reiche Erde, während die Erde der Jungfrau dieses Stadium schon hinter sich hat, denn sie ist geprägt von der eingeholten Ernte, von den gekelterten Weintrauben, sie ist nun unfruchtbar, sie muß von ihren Vorräten leben. Der Steinbock symbolisiert, nach einem Wort von Conrad Moriquand, »die Erde, ihr Gewicht, ihre Geheimnisse, ihre Schicksalsgebundenheit«. Der Steinbock hat ein Ziel, das ihn vorantreibt und das er geduldig zu erreichen versucht, ohne je den Mut zu verlieren, mit einem immer sich erneuernden Vertrauen in den kommenden Frühling, der

ihn nach dem langen Winter belohnt. Es ist eine innerliche Erde, eine Erde in der Erwartung. In gewisser Weise bekommt die Zeit bei ihm etwas Abstraktes, einen Ewigkeitswert.
Die Erdzeichen haben noch etwas gemeinsam: sie sind realistisch und haben Sitzfleisch. Was gibt es Realeres, Konkreteres als dieses Element? Der Stier setzt nicht zu Höhenflügen an; er kennt seinen Weg, er pflanzt und er erntet. Er steht mit beiden Füßen fest auf dem Boden. Er versteht es, seinen Erfolg zu organisieren und seine Trümpfe ins Spiel zu bringen, um zu erreichen, was er sich vorgenommen hat.
Die Jungfrau ist präzis, methodisch, ordentlich. Sie beugt sich den Spielregeln, die ihr die Natur auferlegt; sie versteht es, ihre Intelligenz und ihren Geist ganz in den Dienst ihrer Arbeit, in den Dienst der anderen zu stellen. Der Steinbock lehnt Illusionen ab, seine Vorliebe für das Konkrete zeigt sich in klarem Denken; er stellt seinen Verstand in den Dienst seiner ehrgeizigen Ziele.
Diese Zeichen kennen keine Revolte im Gegensatz zu den Feuerzeichen, denn sie akzeptieren das Schicksalgegebene als das gleichsam zur Erde Gehörige – daher rührt ihre Geduld, ihre Lebensphilosophie, das Quentchen Weisheit, das ihnen eigen ist, und ihre Kraft und Ausdauer.
Die Kraft des Stiers, eines fixen Zeichens, liegt vielleicht gerade in seiner Liebe zur Natur und zum Leben, seiner Hingabe an die Arbeit, seiner Liebe zur Liebe und seiner Fähigkeit zum Genießen. Die Kraft der Jungfrau, des beweglichen Zeichens unter dem Erdzeichen, liegt in ihrer Geduld, ihrer Anpassungsfähigkeit, ihrer Tüchtigkeit und ihrer Vorsicht und Behutsamkeit. Bei der Jungfrau bleibt nichts dem Zufall überlassen. Sie hat auf alles eine Antwort, überall und immer.
Die Kraft des Steinbocks, eines Kardinalzeichens, liegt in seiner Lebensklugheit, seinem Gleichmut. Er hat zu allem, was er erlebt, zu allem, was er sich wünscht, eine gewisse Distanz;

deshalb ist er so klar im Denken, aber auch manchmal so ernüchtert. Er liebt es, stark zu sein, er erträgt keine Schwäche, nicht einmal seine Verletzlichkeit. Er erlegt sich eine gewisse Disziplin auf, verlangt Konsequenz und Strenge von sich.

Die Luft-Zeichen haben ebenfalls gemeinsame Charakteristika. Vor allem verbindet sie die abstrakte, geistige, verstandesgemäße Geordnetheit. Die Luftzeichen leben in der Welt der Gedanken; sie sind die intelligentesten Zeichen des Tierkreises, in dem Sinne, daß sie in einem hohen Maß über die Fähigkeit verfügen, begriffliche Bezüge herzustellen, Strukturen zu erkennen. Von dieser Fähigkeit, Ideen und Zusammenhänge zu verstehen, rührt die Bedeutung her, die Kommunikation mit anderen Menschen für sie hat, ebenso wie das Bedürfnis nach Gefühlsbeziehungen.

Man muß diese Denkweise verstehen, um zu sehen, wie nah verwandt die Zwillinge mit der Waage und dem Wassermann sind. Die Zwillinge sind ein bewegliches, von Merkur beherrschtes Sternzeichen und deshalb mit allen Kennzeichen einer wachen Intelligenz ausgestattet: der Geschmeidigkeit und dem Sinn fürs Spielerische, die den beweglichen Zeichen eigen sind, der Schnelligkeit und dem Opportunismus des Merkur. Als vieldeutiges und junges Zeichen verkörpern sie die erste Stufe der Beziehung zum anderen, der des Bruders zur Schwester (oder der beiden Brüder zueinander, nach anderen mythologischen Quellen).

Die Waage ist ein von Venus beherrschtes Kardinalzeichen. Es ist von einem reicheren Gefühlsleben, aber auch von größerer Festigkeit geprägt. Hier haben wir den Übergang zum Paar, zur Ehe, was besagt, daß sich bei der Waage mehr Verbindlichkeit und Verbundenheitssinn findet als bei den Zwillingen. Die Intelligenz besteht bei der Waage vor allem in Einsichtsfähigkeit und Verständnis, während sie bei den Zwillingen vor allem sprüht und spielt.

Der Wassermann ist ein fixes Zeichen, von Uranus beherrscht. Er verkörpert den Übergang zum Wissen, zur Weisheit. Der Wassermann stellt seinen erfinderischen Geist in den Dienst der Gemeinschaft. Hier haben wir nicht mehr die Brüderlichkeit der Zwillinge, nicht mehr die Gefühlsbetontheit der Waage, sondern Universalität. Beim Wassermann als fixem Zeichen findet der Übergang zum Handeln statt. Von Verspieltheit ist hier keine Spur mehr zu finden.
Der Zwilling lebt im Augenblick. Er hat keine Vergangenheit und weigert sich, Pläne für die Zukunft zu machen. Nur die Eigenschaft, im gegenwärtigen Augenblick zu leben, hilft ihm, der Angst zu entgehen, die seine »Luftigkeit« mit sich bringt. Die Luftzeichen sind per definitionem und ganz im Gegensatz zu den Erdzeichen »entwurzelte« Wesen ohne feste Bindungen. Das kommt besonders deutlich bei den Zwillingen zum Vorschein, die zugleich merkurgeprägt und »beweglich« sind. Bei der Waage lebt die Sehnsucht nach Bindung, nach Anlehnung, da das Zeichen sehr gefühlvoll ist, denn es ist zugleich venusbetont und überschwenglich-zartfühlend, andererseits aber auch absolut und kardinal. Der Waagemensch leidet deshalb auch mehr als andere an seiner Unbeständigkeit, an dem Hin- und Hergerissensein zwischen dem Bedürfnis zu lieben und der Sucht zu gefallen; einem schier unlösbaren Widerspruch.
Der Wassermann, ein fixes und uranusbetontes Zeichen, lebt immer schon in der Zukunft; er ist seiner Zeit voraus. Es ist das Zeichen der großen Veränderungen, der großen Umschwünge, der experimentellen Erfahrungen. Daher rührt sein extremes Unabhängigkeitsbedürfnis und eine fast vollständige Unfähigkeit, sich auf ein Abenteuer einzulassen, das nicht in die Zukunft wiese. Als kommunikative Zeichen können die drei »Luftigen« des Tierkreises nicht ohne die Gegenwart anderer Menschen sein. Die Zwillinge schaffen leicht Kontakte; ihnen ist die Gabe verliehen, Einverständnis und rasche

Übereinstimmung zu erzielen. Bei ihnen »funkt« es schnell. Sie sind geschickte Vermittler. Die Waage läßt ihren Charme spielen; sie hat die Gabe, zu verführen und Verbindlichkeiten herzustellen. Sie ist geschickt darin weiterzugeben, was sie von anderen erfahren hat, oder Wogen zu glätten. Der Wassermann besitzt die Fähigkeit, große Dinge in Bewegung zu setzen, die das Universum der anderen geradezu auf den Kopf stellen. Er interessiert sich für die Massenmedien, für wissenschaftliche Entdeckungen, für alles, was die Welt verändern könnte.

Und die Wasser-Zeichen?
Im Gegensatz zu den Feuerzeichen, die ein reges, aktives Seelenleben kennzeichnet und die einen Glauben ihr eigen nennen, der »Berge versetzt«, sind die Wasserzeichen von einer passiven Seelengestimmtheit geprägt, sie leben sehr im Unbewußten. Bei ihnen ist alles Gefühl, Empfindung, Wahrnehmung. Wie ein hochempfindlicher Film sind sie besonders sensibel für alle Einwirkungen von außen; sie gleichen einem Schwamm, der alles aufsaugt. Wenn sie einen Glauben haben, dann den des Mystikers, der sein Einssein mit Gott in Seelenruhe lebt, ganz anders als der Feuer-Mystiker, der fanatischer ist, ein wahrer »Soldat Gottes«.
Das erste Wasser-Zeichen ist der Krebs. Er wird vom Mond beherrscht und gehört zu den kardinalen Zeichen. Als ein zutiefst mit seiner Kindheit verbundenes Wesen fällt es ihm schwer, den Schritt in die Erwachsenenwelt zu tun und sich von den mütterlichen Banden zu lösen. Mit seinem Unbewußten ist er noch tief in der Kleinkindzeit verhaftet, vielleicht sogar in seinem vorgeburtlichen Leben. Seine Neigung, einer für immer verlorenen Vergangenheit nachzutrauern, kompensiert er durch ein lebhaftes Phantasieleben, durch das er versucht, längstvergangene Empfindungen oder Wahrnehmungen wiederzufinden oder sich eine Welt zu schaffen, die dem

verlorenen Paradies gleicht. Es ist kein Zufall, daß dieses Zeichen vom Mond beherrscht wird, denn dieser verkörpert zugleich die Mutter, die Träume des Menschen und die Phantasiegebilde der Nacht. Er ist zugleich ein Bild für das Imaginäre wie für den Mutterschoß – Symbole, die sich im Traumleben verbinden, und Träumen ist eine Lieblingsbeschäftigung des Krebsmenschen.

Das zweite Wasserzeichen ist der Skorpion; er wird von Pluto beherrscht und gehört zur Kategorie der fixen Zeichen. Dem unschuldigen Wasser des Krebses folgt nun das tote Wasser der Sümpfe, das unterirdische und tiefe Wasser der Brunnen. An unbewußtem Material ist der Skorpion reich. Aus ihm schöpft er seine Kraft, und auch diese Kraft hat zwei Gesichter: sie hat mit der getrübten Welt der Sexualität mit ihren perversen Versuchungen, ihrer Triebhaftigkeit und ihren Ängsten zu tun. Sie ist aber zugleich auch die unerschöpfliche Quelle des Schöpferischen und der Libido-Energie, die Lust und Leidenschaft impulsiert.

Der Herrscher des Skorpions, Pluto, ist der Gott der Unterwelt, er herrscht zwar über den Tod, aber er ist auch der Hüter der Weltschätze. Und als Herrscher über die Unterwelt hat er auch Macht über den Tod. Für den Menschen ist er der mächtigste und der erschreckendste der Götter. Und im Unbewußten des Skorpionmenschen findet man diese Faszination für das Unbekannte ebenso wie die Angst davor wieder.

Wie es typisch für Menschen ist, die immer so intensiv wie möglich leben und über sich hinauswachsen wollen, sind dem Skorpion blitzartige Intuitionen vertraut. Der Krebs entrinnt der Flucht in die Kindheit durch ein Davonschweben in Phantasien; der Skorpion entrinnt der Versuchung zur Selbstzerstörung durch die Suche nach Transzendenz oder Selbstüberwindung, manchmal auch, indem er den Weg des Opfers geht.

Die Fische hingegen, regiert von Neptun und dem Reich der beweglichen Zeichen zugehörig, sind ganz auf die Welt des

Unbewußten bezogen. Hier ist es nicht mehr Quelle oder Fluß, Sumpf oder Brunnen, hier ist es Ozean, Meer. Mit den Fischen kehren wir zur Einheit des Uranfangs zurück, zum Urgrund des Unbewußten, hier tauchen wir in die Welt des Irrationalen ein. Wir begegnen hier nicht dem Tod, sondern der Auflösung im Allgemeinen, Allgültigen, wie es das buddhistische Bild von der im Ozean aufgelösten Statue aus Salz beschreibt.
Die Fische empfinden mehr als sie denken, sie lassen sich von der Intuition leiten, sie werden immerzu von der äußeren Welt überschwemmt, und zugleich versinken sie in ihrem inneren Universum. Deshalb tun sie sich auch mit dem Bezug zur Realität so schwer. Neptun, der Herrscher über das Zeichen, ist jener, der über die Meere wacht. Ihn kann man weder fassen noch halten, es ist kaum möglich, ihn mit Worten zu umreißen, er nimmt alle Formen an, alle Gestalten. Er ist das Geheimnis selbst.
Wenn das Unbewußte des Krebsmenschen seinen Ursprung in der Kindheit hat und das des Skorpions in der Sexualität, so scheint sich das Unbewußte der Fische-Menschen ins Gedächtnis der Menschheit versenkt zu haben, in jenes kollektive Unbewußte, aus dem die Mythen und Urreligionen und Symbole entsprungen sind.

Nach diesem Ausflug in das Land der Elemente schließt sich der Kreis. Wir sahen, wie sich die Triebkräfte der menschlichen Aktivitäten beschreiben lassen. Das Feuer hat uns seine Kraft und Willensstärke gezeigt, die Erde ihre Inkarnation und ihre Verwirklichung. Die Luft erschloß sich über die Intelligenz und ihre Kommunikationsfreude. Das Wasser schließlich offenbarte sein sensibles Seelenuniversum. Damit Sie nun das Spiel des Gleichgewichts dieser Strukturen erkennen können, wollen wir nun noch sehen, wie die vier kardinalen, fixen und beweglichen Zeichen untereinander in Beziehung treten.

Die vier Kardinalzeichen stehen einander zu je zwei in einem Kreuz gegenüber, das aus der Achse Widder–Waage – den Zeichen der Tag-und-Nachtgleiche – und der Achse Krebs–Steinbock – den Zeichen der Sommer- und Wintersonnenwende gebildet wird. Alle vier Zeichen werden von ihrer Leidenschaftlichkeit bewegt.
Der Widder ist leidenschaftlich erfüllt von der Lust an der Aktion. Seine Spontaneität wird gespeist von seiner Willenskraft.
Die Waage, ihm gegenüber stehend, liebt leidenschaftlich die Gerechtigkeit; sie ist auf der Gefühlsebene spontan und verkörpert den goldenen Mittelweg.
Der Krebs gibt sich leidenschaftlich der Erinnerung hin; spontan ist er in seinen Phantasieschöpfungen. Er verkörpert die Beharrungskraft.
Der Steinbock vertieft sich leidenschaftlich; spontan ist er da, wo es um Reflexion geht. Er verkörpert die Widerstandskraft.

Die vier fixen Zeichen stehen sich in zwei Paaren in einem Kreuz gegenüber, das gebildet wird aus der Achse Stier–Skorpion, der »Zeugungsachse« oder der »Achse der Sexualität«, und aus der Achse Löwe–Wassermann (Mensch/Engel). Alle vier sind von der Aktion bestimmt.
Beim Stier geht es ums Bauen. Er hat die Hände eines Kunsthandwerkers. Er stellt sich in den Dienst des Lebens, der Lebenslust.
Die Aktion des Skorpions besteht vor allem im Zerstören; das tut er, um etwas Neues, anderes wiederaufbauen zu können. Er hat die Hände des Henkers oder des Chirurgen; er dient dem Tod, dem Schmerz.
Wenn der Löwe agiert, so herrscht er. Seine Hand wird durch das Zepter verlängert; seine Kraft liegt in seiner Autorität, in seiner Entschiedenheit.
Wenn der Wassermann handelt, so ist es eine Art des demo-

kratischen »Herrschens« im Sinne von Vorangehen und Verbinden, ihm sind die Hände ineinandergelegt. Seine Kraft liegt im Wissen und im Verantwortungsgefühl.

Die vier beweglichen Zeichen stehen einander paarweise in der Achse Zwillinge–Schütze und der Achse Jungfrau–Fische gegenüber. Alle vier lieben das Spiel und stehen damit in Beziehung zur äußeren Welt …
Der Zwilling stellt die Beziehung zwischen dem Nahegelegenen und dem Entfernten her. Er beginnt irgendwo in der Weite und kommt doch zum Ausgangspunkt zurück. Er ist Opportunist.
Der Schütze stellt die Beziehung zwischen dem Nahegelegenen und der Ferne her; er beginnt dort, wo er ist, um in die Ferne zu schweifen. Er ist Idealist.
Die Jungfrau stellt die Beziehung zwischen den Dingen her, die ihr nahe sind. Sie bleibt, wo sie ist; sie ist Realistin.
Der Fische-Mensch sieht Beziehung nur in der Weite. Dort verharrt er; er ist »Irrealist«.

All diese Zeichen haben jedoch ein Doppelantlitz, sie stehen im beständigen Austausch miteinander, sehen einander immer wieder an und nehmen Charakteristika des gegenüberliegenden Zeichens an. So können die Zwillinge zu Idealisten werden, der Schütze zum Opportunisten, die Jungfrau kann etwas vom Irrealismus der Fische annehmen, die Fische können realistischer werden. Bei ihnen ist nie etwas fixiert, denn als bewegliche Zeichen sind sie wirklich immer in Bewegung. Daher rührt ihre Komplexität und die Schwierigkeit, ihre Persönlichkeit wirklich zu erfassen.

Kapitel II

Männliche und weibliche Zeichen

Der Tierkreis ist in sechs männliche und sechs weibliche Zeichen aufgeteilt. Alle Feuer- und Luft-Zeichen sind männlich, alle Erd- und Wasser-Zeichen weiblich.

Es scheint also, als gäbe es wirklich einen Unterschied zwischen der männlichen und der weiblichen Rolle – wenn eifrige Verfechterinnen der Emanzipation davon auch wenig begeistert sein werden.

Was symbolisiert das Feuer? Eine aktive Seelenverfassung, das Bedürfnis, schöpferisch zu sein, etwas auf die Beine zu stellen, vorwärts zu drängen, Risiken einzugehen, aber auch den Mangel an Maß und Mitte, die Gefahr, sich die Finger zu verbrennen, Impulsivität, Gewalttätigkeit.

Und die Luft? Die Zirkulation von Ideen, den Schritt ins soziale Leben, Intellekt, die Kommunikation. Aber auch die »Verkopftheit« des bloß abstrakten Denkens, die Unausgeglichenheit, die Vorliebe für Ideen auf Kosten des Handelns.

Aus der Verbindung beider Elemente ergibt sich ein recht anschauliches Porträt des Mannes, der vom Bedürfnis erfüllt ist, stets neues zu (er)finden, der immerzu Pläne macht, dem es um Fortschritt und den Bezug zum gesellschaftlichen Leben geht. Er ist ganz Aktion, ganz Kopf, und eine von Frauen beherrschte Gesellschaft wäre wohl wirklich bewahrender, ausgeglichen-gleichbleibender, da die Frau von Natur aus das Bedürfnis hat, das Leben zu schützen und weniger abenteuerlustig, weniger »nomadenhaft« ist.

Die Frage bleibt, ob man über solch eine Gesellschaft zu klagen hätte und ob die Männer die äußere Entwicklung nicht gar zu sehr vorangetrieben haben …

Das Weibliche ist also Erde und Wasser. Die Erde: jene Kraft, die hervorbringt, die das Gleichgewicht erhält, die bewahrende Kraft. Sie war es, die die frühen Menschen als Erdgöttin, Göttinmutter oder Große Göttin verehrten, denn sie symbolisierte den Fortbestand des Lebens, das Schöpferische an sich (und nicht den Trieb, schöpferisch zu sein), die Fruchtbarkeit, Tod und Wiedergeburt, die Mysterien des Lebens in seiner Unwandelbarkeit. Die Frau ist so die ewige Wiederkehr von Leben und Tod, die furchteinflößende Macht des Mütterlichen. Ohne sie, ohne die irdische Konkretisierung, den Boden unter den Füßen, ist der Mann mit all seinem Feuer, all seiner Luftigkeit nichts; er bringt ohne sie nichts zustande.
Und das Wasser? Es symbolisiert die Kraft des Unbewußten, die Welt der Gefühle, der Empfindung und des Traums, des Spürens und der passiven Seelengestimmtheit. Es ist die scheinbare Schwäche des Weiblichen, hier erscheint die Frau verloren, wehrlos, zerbrechlich, beeinflußbar … zugleich aber auch träumerisch, geschmeidig, kindlich und verführerisch. Hier kann sie aber auch den Mann anziehen, indem sie ihn zwingt, sich in die verborgenen Bereiche seines eigenen Unbewußten zu wagen, ihn in den Netzen der Sirene fängt, ihm Einblick in jenes feingesponnene Universum gewährt, in dem nicht der Gedanke, sondern die Empfindung und Empfindsamkeit herrschen und aus dem auch er schöpfen wird, wenn er etwas hervorbringen will. Das Wasser ist die faszinierende Welt der Frau, in der sich der Mann verlieren oder erneuern kann, während die Erde nichts sein will als Festigkeit und Dauer. An diesen Ausführungen läßt sich erkennen, daß man schon an der Verteilung der Planeten in den Elementen im Augenblick der Geburt das seelische Wesen des einzelnen, das Vorherrschen des Archetypischen ablesen kann.
Doch auch hier bedarf es der Nuancierung, denn jedes weibliche und jedes männliche Zeichen wird diese Eigenschaft auf seine eigene Weise leben, jedes wird anders getönt sein. So ist

der von Mars beherrschte Widder ein rein männliches Zeichen, sicherlich das männlichste von allen, für das »Männlichkeitskult« kein leeres Wort ist. Seine Virilität ist für ihn etwas sehr Wesentliches, wenn nicht das Wichtigste überhaupt. Er ist der »Krieger« im Tierkreis, der Wagemut und den Kampf, der seiner Feuer- und Marsnatur gemäß ist, symbolisiert. Die Zwillinge sind, beherrscht von Merkur und als ein Doppelsymbol, vieldeutiger. Merkur ist ein männlicher, aber luftiger Gott, für den Intelligenz mehr zählt als Aktion. Dem Kriegsgeschrei des Widders kann er nichts abgewinnen. Sein androgynes Wesen erlaubt ihm zudem, weniger frauenfeindlich zu sein als der Widder.

Der von der Sonne regierte Löwe ist ebenfalls ein rein männliches Feuerzeichen. Er ist der sich seiner Kraft Bewußte, der wohl erkennt, welche Ausstrahlung er hat, der beschützend, schön und aller weiblichen Huldigung würdig ist. Sein Narzißmus ist beachtlich. So wird er eher eine Wasser-Frau brauchen als eine erdhafte Frau, denn die Kraft der letzteren könnte zu Rivalitäten führen.

Die Waage ist ein männliches Zeichen trotz seines weiblichen Namens, und dieser Widerspruch ist am Platz, denn sie ist von allen männlichen Zeichen das am wenigsten »virile«. Sie wird von Venus beherrscht, und daher rührt auch ihre Ambivalenz. Als Luftzeichen fühlt sich die Waage, ganz wie die Zwillinge, fern vom männlichen Kampf. Der waagegeborene Charmeur versteht die Frauen sicher am besten und liebt sie am meisten; auch ist er am künstlerischsten, da er zugleich die Intelligenz der Luftzeichen und die venushafte Sensibilität besitzt. Er hat viele Trümpfe, denn er versteht es, seinen Charme in den Dienst seiner Ideen zu stellen.

Der Schütze ist ein Feuerzeichen, das von Jupiter beherrscht wird. Auch hier haben wir wieder den »starken Mann«, den Pater familias, den Menschen, der gerne das Leben der anderen in die Hand nimmt und sie beschützt, ohne jedoch Widerspruch zu dulden; er übernimmt gern Verantwortung, oft sogar die der anderen.

Das letzte männliche Zeichen, der Wassermann, ist von Uranus beherrscht und gehört dem Reich der Luft an. Hier sind wir in der Welt der Ideen, des Erfindungsgeistes, des Planens und des Fortschritts, den Männer so lieben. In gewisser Weise kann man vom Wassermann sagen, daß er der zivilisierte Mensch ist. Aber er lebt selbst in der dünnen Luft der Abstraktion und braucht sicher vor allem eine erdhafte Frau, die ihm hilft, seine Ideen zu verwirklichen und über dem Nachdenken nicht das Essen und Schlafen zu vergessen …

Man sieht es gleich: von allen männlichen Zeichen sind die Feuerzeichen die allermännlichsten; zu ihnen würde eine Wasserfrau am besten passen, denn sie würde es verstehen, »ihn« zu bewundern und von ihm die Hilfe und den Schutz zu erwarten, die er so gerne gibt, sie wüßte, wie sie Liebe in ihm wecken kann. Männer mit Luft-Zeichen stellen eher ihre Intelligenz in den Vordergrund; für sie wären Partnerinnen mit Erdzeichen günstig; sie würden ihnen ermöglichen zu konkretisieren, was ohne sie nur abstraktes Gedankenspiel und Planen bliebe.

Wenden wir uns nun den weiblichen Zeichen zu.

Stier ist sicher eines der weiblichsten Zeichen des Tierkreises, denn es verkörpert zum einen die Kraft der Erde, ihre Fruchtbarkeit, und zum anderen ist es von Venus beherrscht, dem Planeten, der die Liebe symbolisiert und der so sehr zu bezaubern vermag. Die Stier-Frau zieht beide Register zugleich …

Krebs ist ein vom Mond beherrschtes Wasser-Zeichen. Hier finden wir die extreme Weiblichkeit, beinahe die Karikatur des Weiblichen, wie es der Mann sieht: es ist die Kindfrau, lieblich, reizend, kapriziös, launenhaft und verträumt, furchtbar intuitiv, ganz Gespür. Oder es ist die Charlotte des Werther, die Brot an die Kinder ihrer Umgebung verteilt, mütterlich, hausfraulich. Oder auch die geheimnisvolle Frau, die Frau »für die Nacht«, ein wenig Vamp, faszinierend und fremdartig, eine Mischung aus Hexe und Medium ... und die Krebs-Frau kann all das abwechselnd sein, je nachdem, mit welchem Mann sie es zu tun hat, je nachdem, was er in ihr wachruft.

Die Jungfrau-Geborene ist die pflichtbewußte Frau schlechthin. Sie ist Demeter, die Göttin der Fruchtbarkeit, der Ernte, die dafür sorgt, daß die Menschen Brot und Früchte haben. Sie ist die hingebungsvolle Frau, die ihr Leben in den Dienst an den anderen Menschen stellt, die sich ihren Kindern aufopfert, ihrem Mann, ihren Eltern, kranken Menschen in ihrer Umgebung ... Auf sie kann man sich verlassen, denn sie hat die Erd-Kraft; Merkur jedoch gibt dem Zeichen gleichzeitig eine gewisse Vieldeutigkeit und öffnet es der Welt des Verstandes.

Skorpion ist ein von Pluto beherrschtes Wasser-Zeichen. Es gilt als ein geheimnisvolles Sternzeichen; oft symbolisiert es den beunruhigenden, faszinierenden und verwirrenden Aspekt des Weiblichen. Da Pluto als Herrscher des Zeichens zugleich Herrscher über das Reich der Unterwelt und der Sexualität ist, erweckt die Skorpion-Frau beim Mann oft das Gefühl, als zöge sie Angstgefühle an. Viel mehr als die Krebs-Frau ist sie »Weibchen« im stark sexuell getönten Sinn des Wortes. Zugleich aber ist sie, wie Eurydike, das Wesen, das den Mann dazu zwingen kann, in sein eigenes Unbewußtes hinabzutauchen, die verborgen in ihm ruhenden Kräfte zu entdecken und seiner eigenen Angst Herr zu werden.

Und der Steinbock? Von der Steinbock-Frau sagte Conrad Moriquand: »Sie ist Vesta, die Geheimnisvolle, Vesta, die unter der Erde Lebende, von der der Große Priester nur das geheime Feuer kennt ... sie gibt sich kaum je hin, ist nur für sich selbst da.« Sie besitzt die ganze Kraft der Erde, ihr Gleichgewicht, ihre Langsamkeit, ihre Macht, die in die Tiefe geht, ihre Dauerhaftigkeit; alles Werte, die Saturn, der Herrscher des Zeichens, noch verstärkt. »Weiblich« im klassischen Sinn ist sie nicht, weil sie nicht zu verführen versucht; Wasser ist in dieser Erde nicht zu finden. Doch durch ihren saturnbetonten Anspruch gelingt es ihr, den Mann auf den Boden zu bringen, ihn zu stützen, ihm zu helfen, ihn mit offenen Armen aufzunehmen.

Die Fische schließlich, das letzte weibliche Wasser-Zeichen, von Neptun beherrscht, verkörpert die Frau, die unmittelbaren Zugang zum Reich des Unbewußten und des Unterbewußten hat. Sie fühlt sich im Bereich des Irrationalen zu Hause »wie ein Fisch im Wasser«, sie lebt in einer Realität, die jenseits des Alltäglichen ist, jenseits unserer konkreten, stabilen, in sich geschlossenen Welt. Sie geht gleichsam mit schlafwandlerischer Sicherheit über das Wasser in ihrem selbstgewissen Glauben an ein Jenseits, das greifbarer ist als unsere Wirklichkeit hier unten. Sie ist die Loreley, die Sirene, das Wesen, das den Mann lockt und fasziniert, da sie ihm das enthüllt, was er mit seinem Feuer und seiner Erde nie entdecken wird.

Was aber geschieht, wenn eine Frau unter einem Feuer- oder Luftzeichen, ein Mann unter einem Wasser- oder Erd-Zeichen geboren wird?

Die Widder-Frau beispielsweise wird notwendigerweise eine »männliche Frau« sein, ein »tapferer Soldat«, mutig und aktiv, leidenschaftlich und eroberungswillig. Sie wird die Männer im Sturm nehmen, sie wird sich für die Rechte der Frauen kämpferisch einsetzen und sich zu Recht in der Lage sehen, zu vollbringen, was sonst in die Domäne der Männer fällt. Schwierigkeiten wird sie jedoch im Gefühlsbereich haben; sie wird vor den Feuer-Männer fliehen müssen, will sie nicht aus ihrem Haus ein Schlachtfeld machen. Sie wird sich einen weiblichen Mann suchen müssen, zur Not einen »luftigen« Mann, der froh sein wird, in ihr eine tüchtige Partnerin zu finden.

Die Zwillinge-Frau wird ihr Leben lang den falschen Habitus

eines nie erwachsen werdenden androgynen Wesens beibehalten. Sie ist lebhaft, humorvoll, geistvoll, aber die Männer werden sie mehr als »Kameradin« betrachten denn als Frau. Sie sind froh, in ihr eine Komplizin zu finden, doch sie ist ohne Geheimnis für einen Mann.

Die Löwe-Frau ist die ideale Gefährtin für einen ehrgeizigen Mann: sie wird ihn nach Kräften antreiben. Durch ihre Schönheit ersetzt sie das Feminine, und ein Mann wird immer Grund haben, stolz auf sie zu sein. Sie hat etwas sehr Einnehmendes und verfügt über eine starke Anziehungskraft; die Männer fliegen auf sie. Häufig jedoch begegnet sie weiblichen Männern oder Männern, die unter einem Luft-Zeichen geboren wurden, wie alle Frauen mit »männlichen« Sternzeichen.

Auch die Waage-Frau zieht beide Register: durch den Venus-Einfluß ist sie schön, sensibel, sentimental und verführerisch, doch da sie zu einem männlichen Zeichen gehört, wird sie ganz unmerklich ihre Partner so lenken, wie es ihr gefällt. Weil sie so viel Charme hat, läßt man ihr alles durchgehen. Mit ihrer Intelligenz wird sie es verstehen, sich verständnisvoll zu zeigen, herzlich; da sie sich wirklich für die anderen Menschen interessiert, kann sie ihnen auch viel geben.

Die Schütze-Frau ist eine Amazone, ziemlich geheimnisvoll und von der Welt und allen Formen des Abenteuers angezogen. Nach Conrad Moriquand wirkt sie ebenso lässig, wenn sie sich ein Pferd gefügig macht oder einen Mann. Dennoch sieht sie in ihm auch ganz gern ihren »Herrn« … leider zieht sie aber gerade Sklaven an – oder schwache Männer, die sie verändern will, die sie nach ihren Vorstellungen formen möchte. Ihr Seelenleben ist nie einfach, sobald bei ihr wirklich Gefühl im Spiel ist.

Die Wassermann-Frau interessiert sich für hunderterlei Dinge und hält leidenschaftlich an ihrer Unabhängigkeit fest. Paradoxes ist ihr recht vertraut, und ihr Gefühlsleben ist fast immer recht sprunghaft, denn was sie sich ersehnt, ist nicht zu verwirklichen: Sie will eine große Leidenschaft leben, doch ihre Freiheit dabei nie aufgeben.

Und die »weiblichen« Männer?
Der Stier-Mann hat, als Erd-Zeichen, beachtliche Möglichkeiten, Dinge zu realisieren. Er wird immer auch seine Intuitionsgabe nutzen. Seine Sensibilität ermöglicht es ihm oft, sich durch eine künstlerische Aktivität zu verwirklichen. Er ist der Natur und seinen eigenen Rhythmen nahe. Er liebt die Frauen.
Der Krebs-Mann, als Wasser-Zeichen, fühlt sich in seiner Haut nicht recht wohl. Er bleibt stark mit seiner Kindheit verbunden und hat Schwierigkeiten, die Nabelschnur zu seiner Mutter zu zertrennen. Er besitzt einen gefühlvollen Charakter, ist eine poetische Natur, strahlt Charme aus, braucht aber eine energische Frau an seiner Seite.
Der Jungfrau-Mann, ein Erd-Zeichen, ist realistisch und aktiv, egoistisch und hingebungsvoll und ein wenig manieriert. Er hängt zu sehr an seiner Sicherheit, um sich auf großartige Projekte einzulassen; der Sinn fürs Abenteuer fehlt im gänzlich.
Der Skorpion-Mann, ein Wasser-Zeichen, wird von den unterirdischen Kräften seiner Seele oft gequält, überrollt. Er spürt, daß er das Feminine in seiner Natur nur überwinden kann, wenn er über sein instinkthaftes Wesen und die Macht der Sexualität siegt, und manchmal gelingt ihm das auch durch Philosophie oder Mystik. Aber Pluto verleiht ihm eine bemerkenswerte Energie, und wenn es ihm gelingt, die weibliche Wasser-Natur und die plutonische Macht in sich zu versöhnen, wird er große Dinge zuwege bringen.
Der Steinbock-Mann fühlt sich mit diesem Sternzeichen sicher weniger wohl als die Steinbock-Frau. Er entrinnt seinen Frustrationen durch seinen Ehrgeiz oder versucht es zumindest: er findet Geschmack an der Macht, und wenn er Macht ausübt, fühlt er sich in den eigenen Augen männlicher. Rückzug in die

Einsamkeit, Arbeit und Nachdenken erlauben es ihm, seine ehrgeizigen Pläne zu verwirklichen.
Der Fische-Mann besitzt eine außerordentlich weibliche Seele, wirkt oft mystisch, ist sehr fasziniert vom spirituellen Leben, zugleich sinnlich und frei von Bindungen. Oft wird er aber in seiner Schwäche von Gefühlen überrollt; es fehlt ihm an Rückgrat, an innerem Halt. Die Frauen lieben ihn, denn er versteht sie. Oft ist etwas Don-Juanhaftes an ihm.

KAPITEL III

Die zwölf Tierkreiszeichen

WIDDER

Der männliche Widder

Woran erkennt man ihn?

Der Widder geht schnell. Er ist der Eilige, der Gehetzte, er nimmt gleich mehrere Stufen auf einmal, und wenn er vor seiner Tür angekommen ist, hat er den Mantel schon ausgezogen … oder noch mehr. Er spricht schnell, etwas abgehackt, präzise. Sein Blick trifft. Er ist direkt und stechend. Er wendet den Blick nicht ab, wenn er mit jemanden redet, es ist unmöglich, sich seiner Wirkung zu entziehen. Doch wenn er lacht, bekommen seine Augen etwas Schalkhaftes und Blitzendes. Seine lebhaft ausdrucksvolle Mimik gibt seinem Gesicht etwas einnehmend Kindliches. Auch sein breites Lächeln hat nichts Verhaltenes.

Sein Körper ist meist dürr, nervös, muskulös, oft eher athletisch. Er hat große, knotige Hände; die Tradition schreibt ihm rötliche oder dunkle, kleingelockte oder krause Haare (»wie ein Schaf«) zu. Beim Gehen wiegt er den Kopf oft leicht hin und her. Ausdrucksvolle Linien haben sich in sein Gesicht eingegraben, zwischen den eher tiefliegenden Augen ist eine tiefe senkrechte Falte zu sehen. Die Nase ist ausgeprägt, beinahe eine Adlernase, das Profil markant. Das »gemeißelte« Gesicht drückt Männlichkeit aus, der eher schmale Mund wirkt fest. Der Widder preßt häufig die Lippen zusammen, wenn er konzentriert denkt. Er ist sowohl brüsk in seiner Gestik wie in seiner Ausdrucksweise und unbeholfen, wenn es darum geht, Rührung zu zeigen. Er atmet Energie, Kraft, Vitalität aus.

Wie steht es um seine Gesundheit?

Der Widder-Mann ist von ungeheuerer Dynamik. Er liebt das Risiko, die Geschwindigkeit, verachtet den Schmerz. Ausruhen erschöpft ihn. Er muß seine Reserven immerzu »verbrennen«. Er lebt in einem Tempo, mit dem wenige mithalten können, und das ist sein Problem. Doch er kann den Fuß nicht vom Gaspedal nehmen. Weder im eigentlichen noch im übertragenen Sinne. Er kennt zwar plötzliche Erschöpfungszustände, die seine Stimmung beeinträchtigen und depressive Zustände von verheerender Intensität nach sich ziehen. Heftige Krankheiten können ihn niederstrecken. Er verbraucht seine Batterien zu schnell. Oder er landet im Straßengraben. In einer Konfliktsituation, in der er zu ungeduldig ist, um sich zum Krankwerden Zeit zu nehmen, entledigt er sich des Problems, indem er einen Unfall verursacht.

Im ganzen Tierkreis ist der Widder derjenige, der die meisten Knochenbrüche, Autounfälle, Verbrennungen und andere Verletzungen erleidet. Immer sind es, seinem heftigen Temperament entsprechend, einschneidende »Übel«. Übrigens sammelt dieser »Halsbrecher« von Kindheit an Narben aller Art.

Fast immer hat er zumindest eine davon im Gesicht. Gebrochene Nasen sind bei diesem Zeichen übrigens erstaunlich oft zu finden. Beinahe immer treffen ihn die »Schicksalsschläge« am Kopf, und sein Gesicht trägt die Spuren.
Zu den Gesundheitsstörungen, die ihn befallen können, gehören Migräne, Gesichtsneuralgien, Nebenhöhlenaffektionen, Zahnschmerzen. Er bekommt zuweilen plötzlich starkes Fieber, Entzündungen und Reizzustände. Da er emotionaler ist, als es scheint, wird er manchmal auch das Opfer von Allergien wie Heuschnupfen oder Psoriasis (Schuppenflechte).
Der Widder muß sich Zeit nehmen, seine »Batterien« wieder aufzuladen, er sollte nicht zu lange nachts aufbleiben, nicht unbedingt zehn Tassen Kaffee am Tag trinken und weniger Zigaretten rauchen ... oder auf seine tägliche Pfeife verzichten und sich gesund ernähren, anstatt einfach schnell eine Konservendose aufzumachen und etwas hinunterzuschlingen. Und es wäre gut für ihn, Sport zu treiben: Tennis, Laufen, Radfahren, Tanzen ... anstatt am Steuer seines Autos den Verrückten zu spielen oder mit dem Motorrad Kopf und Kragen zu riskieren. Kurz: er sollte seine Lebenskerze nicht von beiden Enden abbrennen.
Fleisch ist wichtig für ihn, jedoch nicht in übertriebenen Mengen, ebenso wie Süßes und Früchte. Er liebt Pfeffer und andere scharfe Gewürze, sollte aber sparsamer damit umgehen. Es wäre besser, er würde sie durch Knoblauch, rohe Zwiebeln, Meerrettich, Rettich und Oliven ersetzen. Er braucht Lebensmittel, die reich an Phosphor und Kalium sind und viele Vitamine enthalten (z. B. Kohl, Nüsse, Spinat.)
Das homöopathische Mittel, das er im Leben immer wieder brauchen wird, ist *Kalium Phosphoricum.*

Wie reagiert er?

Seelisch erscheint der Widder willensstark und mutig. Er gibt sich nie geschlagen, und wenn er besiegt wird, bringt ihn das

schier um. Sein wesentliches Charakteristikum sind seine unmittelbaren und spontanen Reaktionen. Er mogelt nicht, und gerade durch diese Aufrichtigkeit und Direktheit ist er verletzlich. Er begreift nicht, daß man ihn belügen, hereinlegen, verraten kann. Und sein Gegenangriff wird, wenn er merkt, daß man ihm übel mitgespielt hat, äußerst heftig sein. In seiner Natur steckt ein kämpferischer Zug, und er kann gefährlich werden, wenn ihn blinder Zorn ergreift.
Aber er trägt das Herz auf dem rechten Fleck und wagt für seine Freunde alles. Er ist im besten Sinne des Wortes ein Abenteurer. Seine Unternehmungen sind kühn. Er kümmert sich wenig um sein Leben im Alter, seine Rentenversicherung – er liebt es, gefährlich zu leben. Er braucht ein Ziel, am liebsten ein hohes Ziel, etwas, das seine Kräfte herausfordert, und dessen er sich nicht schämen muß. Er kämpft immer gegen das Verhärtete und ist erfüllt von revolutionärem Geist. Er begibt sich gerne in die Politik… bis er eines Tages entdeckt, daß rings um ihn nicht nur Unschuldslämmer leben. Dann gibt er auf, denn er ist kein Zyniker.
Sein »Machogebaren«, sein Männlichkeitskult wird ihm oft zum Verhängnis, weil er sich auf heroische Unternehmungen einläßt, die seinem Glück nicht unbedingt zuträglich sind.
Manchmal, wenn er seiner Ahnungslosigkeit vertraut, hat er sogar etwas Geniales. Seine Intelligenz besteht vor allem in einer sehr raschen Auffassungsgabe, durch die er einen zeitlichen Vorsprung vor den anderen hat. Er muß sich vor Fanatismus hüten, vor übereilten Schlüssen und Vereinfachungen, die angenehm sind, weil sie ihm Zweifel ersparen – etwas, das er nicht erträgt. Er akzeptiert kein Zögern, obwohl ihm ein Innehalten oft ersparen würde, sich schmerzhaft in Frage stellen zu müssen. Steht er vor unabänderlichen Tatsachen, kann ihm das einen vernichtenden Schlag versetzen.

Für was ist er begabt?

Kämpferische Berufe liegen ihm. Ihm liegt Autorität, Mut, Heroismus, und er liebt die Menschen, die die Gefahr mit ihm teilen. Er gäbe einen guten Offizier ab … aber in einer Kaserne würde dieser Krieger zugrunde gehen. Funktionär zu sein, das ist nicht seine Sache. Aber Detektiv zu sein oder Polizist, das liegt ihm schon eher, vorausgesetzt, er muß nicht im Büro arbeiten. Auch als Rechtsanwalt kann er Hervorragendes leisten, und die sadistischen Tendenzen des Zeichens überwindet und sublimiert er in medizinischen oder paramedizinischen Berufen, als Chirurg, Zahnarzt, Tierarzt (er liebt Tiere sehr); und er wäre ein hingebungsvoller praktischer Arzt, dem es gleich wäre, wieviel er verdient, und der weder mit seinen Kräften noch mit seiner Zeit geizen würde.

Mit ihrer Vorliebe für Risiken und große Unternehmungen haben manche Widder Erfolg als »Industriekapitäne«, die große Unternehmen aufbauen und zur Prosperität führen, wobei ihnen gerade ihre Fähigkeit zu raschesten Entscheidungen hilft. Gewinnsucht bewegt sie nie, aber sie machen ihr Glück, vielleicht weil sie ihre Geschäfte führen wie Strategen auf einem Schlachtfeld, die nur an den Sieg denken. Machen sie Bankrott, so beginnen sie wieder unverdrossen von vorne.

Dieser schaffenslustige Mensch läßt Dinge entstehen, die es auf der Welt vorher noch nicht gab. Dieser Erneuerer scheut kein Opfer. Er scheitert nur manchmal, weil er die Dinge nicht weiterführt, ihn interessiert es mehr, etwas in Gang zu setzen, als es zu verwirklichen und durchzuhalten, er liebt den Anfang, nicht das Ende. Vielleicht fehlt es ihm aber auch einfach an Geduld.

Wie liebt er?

Als Spezialist für »Liebe auf den ersten Blick« begeistert er sich blitzschnell und duldet keinen Aufschub. Sofort macht er Pläne über Pläne, in die er die Frau seiner Wahl auch gleich einbezieht, und er ist dabei ganz aufrichtig. Doch er wird von seiner Leidenschaft so rasch verzehrt, daß sie sich allzubald in kalte Asche verwandelt. Verläßt man ihn, verraucht sein Zorn nicht ... bis zu dem Augenblick, in dem er sich aufs neue verliebt. Jung zu heiraten, jagt ihm keine Angst ein. Er tut es auch mehrere Male, wenn's sein muß. Aber er liebt Kinder, und seine Beziehung zu ihnen gestaltet er wunderbar. Er lebt ihnen den Glauben daran vor, daß das Dasein etwas Begeisterndes ist.

Er ist so warmherzig und großzügig, daß die Erwählte sich von ihm wirklich geliebt fühlt. Erfaßt von dem Wirbel, den das Leben mit ihm bedeutet, ist sie ganz überwältigt und, wenn sie nicht über eine robuste Gesundheit verfügt, bald auch erschöpft. Er neigt dazu, für sie Entscheidungen zu treffen, ihr seine Vorlieben, seine Ideen, seine Kapricen aufzuzwingen. Und er ist der naiven Überzeugung, daß ihr das doch gefallen müsse. Um sich gegen ihn zu wehren, bedarf es großen Fingerspitzengefühls, vielleicht sogar einer gewissen Raffinesse. Und da er so gutgläubig ist, funktioniert es auf diese Weise auch unfehlbar. Wenn man sich ihm mit Gewalt oder Gezeter widersetzt, bricht unvermeidlich Krieg aus, und in diesem Spiel ist er auf jeden Fall der Stärkere.

Auf sexuellem Gebiet hat dieser ins Verlieben Verliebte oft Probleme. Was er zustande bringt, ist für den Geschmack seiner Partnerinnen oft allzu flüchtig. Er neigt ein wenig dazu, zu schnell zum Angriff überzugehen und sich wie ein Draufgänger aufzuführen. Nicht alle Frauen lieben diese Art, auch wenn sie natürlich durch und durch »männlich« ist!

In Anlehnung an ein altes Gesellschafts-Ratespiel könnte man als Charakteristika, hier für den Widder – wie wir das für jedes Zeichen tun wollen – folgendes vorschlagen:

Wenn er ein … wäre

Wenn er Tier wäre, dann ein Hahn oder ein Jaguar.
Wenn er ein Baum wäre, dann eine Zeder oder eine Lärche.
Als Pflanze: eine Brennessel.
Als Blume: eine rote Canna oder eine Reseda.
Als Gewürz: Knoblauch, Senf oder Basilikum.
Als Metall: Eisen.
Als Farbe: Zinnoberrot.
Als Stein: Feuerstein. Als Edelstein: Amethyst oder Rubin.
Als Duft: Myrrhe.
Wenn er ein Musikinstrument wäre, dann natürlich eine Trompete.
Als Sammlerobjekt: Feuerwaffe.

Der weibliche Widder

Woran erkennt man die Widder-Frau?

Ihr Gesicht ist häufig länglich, ein ausgeprägtes Oval; die Backenknochen sind breit, die Stirn hoch, das Kinn willensstark, aber klein. Man wird irgendwie an ein Schaf erinnert. Der Abstand zwischen der Oberlippe und der Nase ist meistens sehr groß … Der Tradition nach ist der Widder ein Sternzeichen, das für eine wohlwollende Natur steht. Der Blick der Widder-Frau ist zugleich offen und sanft, sanfter jedenfalls als der ihres männlichen Pendants. Sie kann ihre Gefühle nicht verbergen.

Ihre Zähne sind nicht immer gleichmäßig. Manchmal hat sie einen vorspringenden Eckzahn, der erstaunlicherweise sehr reizvoll wirkt.

Im Gegensatz zum männlichen Widder hat die Widder-Frau schmale, starke und schöne Hände. Ihre Figur ist wohlgeformt, sie hat lange, muskulöse Beine und ist eine sportliche Erscheinung. Sie hält sich gerade und neigt den Kopf leicht zurück, um ihrem Gegenüber besser in die Augen sehen zu können. Sie trägt gern Hosen, die ihr auch gut stehen. Und da sie oft dünnes Haar hat, entscheidet sie sich meist für einen kurzen, knabenhaften Schnitt, der ihre Jugendlichkeit unterstreicht. Sie schminkt sich stark und trägt am liebsten einfachen, ursprünglichen Schmuck, der individuell ist. Sie sieht gesund aus und hat ein unwiderstehliches Lächeln. Sie wirkt durchaus auch verführerisch.

Wie steht es um ihre Gesundheit?

Im allgemeinen gut! Sie hat Energie und Ausdauer und achtet nicht übermäßig auf sich, oft sogar viel zu wenig, denn sie vermindert ihre Aktivitäten nicht, selbst wenn sie müde ist. Wenn sie sich beim Erwachen erschöpft fühlt, sollte sie das spätestens als Alarmsignal erkennen … Führt sie ein gesundes Leben mit genug Aufenthalt an der frischen Luft, mit etwas sportlicher Betätigung und ausreichend Schlaf, so hat sie nichts zu befürchten.

Gefährlich werden für sie große seelische Erschütterungen, die ihren Stoffwechsel durcheinanderbringen und ihr ganzes physiologisches Gleichgewicht stören können. Unglückliche Leidenschaften schaden ihr jedenfalls mehr als Viren oder Mikroben.

Wenn sie ihre Weiblichkeit ablehnt – aus komplexen psychoanalytischen Gründen beispielsweise –, kann es geschehen, daß sie psychosomatische Symptome produziert (ihren Konflikt also auf der körperlichen Ebene auslebt); sie bekommt beispielsweise eine Krankheit, die die Brust oder ihre weiblichen Geschlechtsorgane betrifft.

Manchmal lassen ihre Kräfte ganz plötzlich stark nach. Früher nannte man das »Gemütsleiden«, doch es ist vielleicht nichts anderes als eine nervöse Depression.

Die Ratschläge, die für den männlichen Widder gegeben wurden, gelten auch für sie: sie sollte ihre Grenzen akzeptieren und nicht zu spät zum Arzt gehen, wenn etwas nicht in Ordnung ist, anstatt ihr Leiden mit Ungeduld oder Verachtung zu übergehen. Sie muß zudem lernen, sich nicht von ihren Gefühlen überwältigen zu lassen, und sollte an das Wort von Freud denken: »Leidenschaft ist eine sozial akzeptable Psychose« …

Wie reagiert sie?
Die Widder-Frau verhält sich im Leben geradeheraus und energisch. Sie kann viel geben und tut daher einiges für diejenigen, die sie liebt. Aus Stolz und Vorliebe für edle Gesten wird sie sich oft weigern, sich zu rächen, sie geht sogar so weit, ihren Feinden zu helfen, nur um ihnen zu beweisen, daß sie mehr wert ist als eben diese Gegner. Das ist ihre Art von Heroismus. Aber sie verfügt auch noch über andere Möglichkeiten, sich von der heroischen Seite zu zeigen. Sie kümmert sich beispielsweise um Alleinstehende. Und da sich das schnell herumspricht, tut sie auch hier schließlich mehr, als sie eigentlich verkraftet. Aber sie will nun mal nicht nein sagen …
Sie ist eine wunderbare Mutter, kann aber manchmal nicht anders, als eines ihrer Kinder vorzuziehen. Das wirft sie sich dann aber auch unaufhörlich vor und bemüht sich nach Kräften, gerecht zu sein. Sie meistert ihr Leben als »tapfere Kämpferin«. Man schätzt sie, denn sie verdient Respekt.

Für was ist sie begabt?
Sicherlich gehört sie zu jenen Frauen, die sich von Männerberufen nicht abgestoßen fühlen, und die sie genauso gut, wenn nicht besser ausüben. Oft fühlt sie sich von altruistischen Berufen angezogen, da sie ihrem tiefverwurzelten Drang nach Selbstaufopferung entsprechen – eine Möglichkeit, dafür zu sorgen, daß sie geliebt wird. Sie kann Ärztin, auch Zahnärztin

werden; manchmal fühlt sie sich sogar zur Chirurgie hingezogen. Mit Kindern, die ihrem Charme nicht widerstehen, kann sie gut umgehen.

So manche Widder-Frau fühlt sich zum Beruf der Anwältin hingezogen. Die Vorstellung, einen »armen, unschuldigen Kriminellen« zu verteidigen und das steinerne Herz der Richter zu erweichen, ist für sie ungeheuer anziehend. Sie fürchtet aber auch nicht sportliche oder mit Gefahren verbundene Berufe. Die Fliegerei in den Pionierzeiten kannte viele mutige Vertreterinnen ihres Zeichens, die sich den Ruhm mit einigen Schütze-Frauen teilten. Im Krieg war sie Krankenschwester oder Sanitäterin.

Mit Erfolg kämpft sie in Gemeindeeinrichtungen oder für die Emanzipationsbewegung. Man weiß, daß sie Mut hat und sich immer für die edelsten unter den hoffnungslosen Sachen einsetzt. Da sie den Kontakt mit Menschen liebt und sehr aktiv ist, findet man sie oft in der Werbung, im Journalismus usw.

Natürlich kann die Widder-Frau viel gewinnen, wenn sie einen großen Teil ihrer Kraft einer Karriere oder einem interessanten Beruf widmet. Ist sie nicht beschäftigt, wird sie der Lust nicht widerstehen können, ihre Eroberungen immer noch zu vermehren, und wird das unglückliche Los der Madame Bovary teilen, also nie rechte Erfüllung finden bei ihren Eskapaden.

Ihre häusliche Umgebung genügt ihr fast nie; sie ist bestimmt nicht das, was man eine klassische Hausfrau nennt.

Wie liebt sie?

Sie ist leidenschaftlich, wie der männliche Widder. Ihre Gefühle sind jedoch tiefer und dauerhafter. Hat sie sich einem Mann völlig verschrieben, lebt sie schließlich nur noch durch ihn, sie hofft, atmet durch ihn, sieht die Welt mit seinen Augen. Und diese Leidenschaft verzehrt sie.

Doch bevor sie dieser »großen Liebe« begegnet, läßt sie unentwegt ihren Charme wirken. In jungen Jahren spielt sie dauernd mit dem Feuer. Sie hat aber weniger Liebhaber, als man ihr zutraut, da sie viel zu sehr nach dem Absoluten hungert, um sich allzu lange mit einem Ersatz zufriedenzugeben. Es genügt ihr, verführerisch zu wirken und einige glühende Verehrer zu haben, denn es macht ihr einfach Spaß zu erobern, und sie möchte sich immer wieder vergewissern, daß sie unwiderstehlich ist. Das ist ihr schon Sieg genug.

Manche sehr »befreite« Widder-Frauen beschließen eines Tages, der Sklaverei in Gefühlsdingen zu entrinnen, und leben von da an wie ein Mann. Wenn nötig, gehen sie abends auf »Anmache« aus, weil sie die Einsamkeit oft nicht ertragen. Man findet hier Frauen, die Männerberufe haben, die männliche Verantwortung auf sich nehmen und die nicht mehr als richtige Frauen angesehen werden von jenen, die sie am Arbeitsplatz oder anderswo kennenlernen. Aus den gleichen Gründen werden andere Widder-Frauen lesbisch.

Ein weiblicher Widder jedoch, der allein lebt und scheinbar auf die Liebe verzichtet hat, verbirgt eine unheilbare Wunde, denn seine Existenz bekommt nur Sinn durch »ihn«.

Die verschiedenen Aszendenten-Typen

Widder ***Aszendent*** **Widder** ***(Mars-Mars) Feuer/Feuer:***
Hier haben wir einen »Widder hoch zwei«, bei dem alle Tendenzen des Zeichens (siehe Kapitel III) noch verstärkt auftreten. Es ist nie einfach, den »Überdruck« auszuhalten, der sich oft in Explosionen entlädt. Der »doppelte Widder« findet ein »Ventil« in dem ihm gegenüberliegenden Zeichen, der Waage, wird also charmanter und weniger heftig sein, ohne jedoch seine Egozentrik so einfach überwinden zu können. Er handelt und reagiert so schnell, daß er keine Zeit hat, sich auf

die Umstände oder die Gefühle der anderen einzustellen. Er ist die Impulsivität in Person mit einem starken Bedürfnis nach Selbstbestätigung. Allerdings zögert oder zweifelt er manchmal ganz unerwartet ... darin muß man das Einbrechen seines »Waage-Gewissens« sehen, von dem er manchmal hin- und hergerissen wird und das ihn vor Gefahren warnt. Er fühlt sich zu Menschen vom Zeichen Waage hingezogen.

Widder ***Aszendent*** **Stier** ***(Mars-Venus) Feuer/Erde:***
Der Widder legt los, setzt etwas in Bewegung, entdeckt Neues, beginnt Neues, und der Stier knüpft daran an, bringt ein Element der Geduld und Ausdauer ein, bleibt bei der Sache und führt das zu einem guten Ende, was der Widder initiiert hat. Der Stier kann den Egoismus des Widders noch verstärken, weil er sinnlich, realistisch, an die Güter dieser Erde gebunden und wenig geneigt ist, Opfer zu bringen, aber er hilft ihm auch, sich besser zu organisieren, konkretere Ergebnisse aus seinen manchmal genialen Ideen zu beziehen, die auf jeden Fall vollkommen neu und ungewohnt sind. Starke Liebe zum Leben, Zielgerichtetheit, der Wunsch, tüchtig und tätig zu sein, erstaunliche Arbeitskraft und die Ausdauer und Stärke des Stiers verbinden sich mit dem feurigen Schwung des Widders. Eine Persönlichkeit, die Zeit braucht, um sich durchzusetzen. Probleme im Zusammenhang mit dem Vater (der krank, abwesend, finanziell ruiniert sein kann). Fühlt sich zum Zeichen Skorpion hingezogen.

Widder ***Aszendent*** **Zwillinge** ***(Mars-Merkur) Feuer/Luft:***
Die Zwillinge »verkopfen« den Widder, verstärken sein Bedürfnis nach Kontakten und Kommunikation, »beschleunigen« das Zeichen jedoch noch und verstärken dadurch die Gefahr der Instabilität, der Zerstreuung, der spielerischen Risikobereitschaft. Unfähigkeit, innezuhalten, zurückzuschauen. Der Widder stürmt nach vorne, der Zwilling lebt im Au-

genblick, und so hat dieser Feuerkopf keine Möglichkeit, seelisch und geistig irgendwo Wurzeln zu schlagen. Bleibt lange jung; lacht gern, liebt das Vergnügen. (Wer Jean-Paul Belmondo kennt, weiß, was gemeint ist!). Steckt die anderen gerne »in die Tasche«, aber ohne List und böse Hintergedanken. Liebt die Geschwindigkeit, die Veränderung, neue Ideen, Abenteuer. Mars und Merkur sind Komplizen; beide Herrscher des Zeichens verleihen das Talent, sich sprachlich gewandt auszudrücken, treffend und spöttisch sein zu können, und sorgen für eine gewisse Nervosität. Zappelphilipp. Fühlt sich zum Zeichen Schütze hingezogen.

Widder ***Aszendent*** **Krebs** ***(Mars-Mond) Feuer/Wasser:*** Dieser Mensch reift langsam; er will alles und alles sofort. Er hat zugleich das Bedürfnis, Risiken einzugehen und einen ruhigen Zufluchtsort zu haben. Schwierigkeiten, zur Familie und dem damit verbundenen Milieu Abstand zu gewinnen: Mischung aus Revolutionsgeist und Konservativismus. Scheitert oft wegen seines heftigen Temperaments und verdankt seine Erfolge seiner Phantasiebegabung. Muß alles ausprobieren, um seine Träume verwirklichen zu können. Liebt Kinder und Familie; sehr zärtlich; bleibt selbst lange kindlich. Liebt mütterliche Frauen. Sensibel und empfänglich. Starke innere Konflikte, hat jedoch Schwierigkeiten, über seine Ängste zu sprechen. Lebendig und unbefangen, spontan, schwärmerische Natur, wird oft enttäuscht. Erfolg kann alles verändern, er braucht ihn, um seine Kraft zu spüren. Verborgener Ehrgeiz, der seinem Handeln zugrunde liegt. Fühlt sich zum Steinbock hingezogen.

Widder ***Aszendent*** **Löwe** ***(Mars-Sonne) Feuer/Feuer:*** Ist impulsiv, mutig, tapfer; hat eine starke Wirkung durch seine Ausstrahlung; kann durch sein »Charisma« Macht über andere ausüben. Großzügige Natur, »königlich«, unfähig zur Berechnung. Stolzes Auftreten. Liebt große Gesten und großmütige Taten so sehr, daß es schon herausfordernd wirkt. Sehr gefühlvoll; bei seinem Gefühl kann man ihn »packen«, das ist seine Achillesferse. Recht eingenommen von sich, braucht er es, eine hohe Meinung von sich haben zu können. Manchmal Hang zum Mystischen. Liebt Aufbruch und Eroberung, läßt sich durch nichts entmutigen und bleibt immer optimistisch. Will oft zu hoch hinaus oder hält sich für allzu unangreifbar. Diese Eigenschaften, die im Grunde männlich sind, lassen sich von einer Frau schwer ausleben, deshalb braucht die Widder-Frau mit Löwe-Aszendenten die Möglichkeit, im Beruf Autorität auszuüben. Ein Leben, das im allgemeinen von großen Reisen geprägt ist. Fühlt sich zum Zeichen Wassermann hingezogen.

Widder ***Aszendent*** **Jungfrau** ***(Mars-Merkur) Feuer/Erde:*** Schwierig und voller Widersprüche. Bei dieser Planetenstellung, bei der die Sonne ins achte Haus fällt, wird die Neigung zu Ängsten und inneren Konflikten verstärkt. In diesem Leben spielt Kummer, Trauer, die Gegenwart des Todes eine wichtige Rolle. Widerspruch zwischen der Sehnsucht nach Abenteuern und der Notwendigkeit, sich Sicherheit zu verschaffen. Die Nervosität, Vernunftbetontheit und intellektuelle Wachheit und Neugier sind hier verstärkt. Löst sein Problem manchmal dadurch, daß er/sie einen Teil seines Lebens dem Ansammeln von materiellen Gütern opfert, vielleicht bekommt er auch eine Erbschaft, die ihm zu Sicherheit verhilft. Mut und praktischer Sinn können sein Vermögen sichern helfen. Mit dem Älterwerden können die widersprüchlichen Anlagen sich harmonisieren, wobei die Jungfrau für innere Ruhe sorgt und den wilden Widder zur Ordnung ruft und ihm hilft, nicht mehr so tollkühn zu handeln. Mehrere Berufe oder ein starken Veränderungen unterworfenes Berufsleben. Fühlt sich zum Zeichen Fische hingezogen.

Widder ***Aszendent*** **Waage** ***(Mars-Merkur) Feuer/Luft:*** Oppositions-Konstellation, die schwer zu leben ist, weil der Betreffende ganz auf Effektivität eingestellt ist, wobei er für sich selbst Glück fordert, zugleich aber zu absoluten Opfern für andere imstande ist. Oft hin- und hergerissen zwischen blindem Eifer und dem Bedürfnis, auf die Meinung der anderen zu achten. Es besteht die Gefahr, daß der Betreffende nur noch für andere lebt. Ein Mensch mit glücklicher Natur, gibt allen gern, gewinnt alle Herzen, ja, wird noch einen blinden Taubstummen bezaubern. Starkes Bedürfnis, zu gefallen, geliebt und bewundert zu werden. Bei Liebeskummer in Gefahr, zusammenzubrechen, in Depression, Krankheit, Alkoholismus zu versinken oder seine Kräfte nunmehr vollständig einem wohltätigen Zweck zu widmen… Man wird schwerlich einen romantischeren, leidenschaftlicheren Menschen finden. Fühlt sich zu Menschen hingezogen, die ebenfalls unter dem Zeichen Widder geboren sind.

Widder ***Aszendent*** **Skorpion** ***(Mars-Pluto) Feuer/Wasser:*** Bemerkenswerter Tatendrang, Kampfeslust, opponiert gern kräftig. Sicher kein einfacher Charakter, aber eine präsente Persönlichkeit. Alles hängt hier davon ab, wie der Betreffende mit seiner Aggressivität umgeht: Kann er sie so kanalisieren, daß sie in eine altruistische Tätigkeit, zum Beispiel auf medizinischem Gebiet, fließt, geht es gut. Hat dieser Widder jedoch nicht den Mut, seine Energie und seine kühnen Impulse zu leben, läuft er Gefahr, krank zu werden oder die destruktiven Tendenzen seelisch gegen sich selbst zu richten. Plötzliche Entschlüsse. Erweckt oft den Eindruck, schlecht gelaunt zu sein. Ungeschickt, wenn er geliebt werden möchte. Sehr leidenschaftlich hinter seiner rauhen Schale … Fühlt sich zum Zeichen Stier hingezogen.

Widder ***Aszendent*** **Schütze** ***(Mars-Jupiter) Feuer/Feuer:*** Zwei einander ähnliche Temperamente, die Intuition, Impulsivität, das Bedürfnis nach Unabhängigkeit und Dominanz, Großzügigkeit und Optimismus noch verstärken. Übermäßig vertrauensselig. Leicht zu täuschen, da der/die Betreffende sich nicht vorzustellen vermag, daß man zweideutig oder hinterlistig sein könnte. Muß von der Nützlichkeit seines Handelns überzeugt sein, um es zu einem guten Ende zu führen; muß an die anderen und ans Leben glauben können. Enttäuschungen und Betrug treffen ihn/sie sehr; läßt sich durch eine großzügige Geste jedoch gleich wieder versöhnen und glaubt dann wieder bereitwillig an die Menschheit. Sehr abenteuerlustig und draufgängerisch. Hat etwas »Pfadfinderhaftes«, mit der er/sie Menschen mit kühlerem Kopf irritiert. Gibt gern gute Ratschläge, wird aber auch Himmel und Hölle in Bewegung setzen, um seinem Nächsten zu helfen. Beeindruckbar, emotional, leicht zu beirren und gutmütig. Erstaunliche Entscheidungskraft. Spielernatur. Kann heroische und spektakuläre Taten vollbringen. Kavalier, gern berühmt, aber nicht eitel. Das Gefühlsleben ist für ihn/sie sehr bedeutsam. Zahlreiche Liebschaften. Fühlt sich zum Zeichen Zwillinge hingezogen.

Widder ***Aszendent*** **Steinbock** ***(Mars-Saturn) Feuer/Erde:*** Widerspruch zwischen einem jungen, impulsiven, draufgängerischen Wesen und dem anderen Teil seiner Natur, die »alt«, vorsichtig und diplomatisch ist. Handelt spontan, besinnt sich dann aber wieder, was zu heftigen Sprüngen führt. Überlegter, berechnender als die anderen seines Zeichens, dazu ehrgeiziger und ausdauernder. Ist er vom Glück begünstigt, kann er in der gewählten Lebensform durchaus Außergewöhnliches erreichen, sei es nun in der Politik, im Geschäftsleben, als asketischer Einsiedler oder hingebungsvoller Wissenschaftler. Nicht immer sehr beweglich, auch nicht konziliant; beide Zeichen sind »moralisch«, dem Absoluten verschrieben, neigen zur Prinzipienreiterei ... und seien es nur ihre eigenen Prinzipien. Man durchschaut sie schwer. Die familiäre Atmosphäre ist für sie wichtig. Diese Menschen fühlen sich zum Zeichen Krebs hingezogen.

Widder ***Aszendent*** **Wassermann** ***(Mars-Uranus) Feuer/Luft:***
Revolutionsgeist oder asoziales Verhalten; verursacht bei jeder Gelegenheit Explosionen; verteidigt seine Ideen mit Leidenschaft. Von starkem Unabhängigkeitsgeist erfüllt, erfinderisch, immer voll neuer Ideen; kümmert sich nicht um gesellschaftliche Verpflichtungen, gebraucht keine Ausflüchte. Guter Freund mit Kameradschaftssinn. Duldet keine Kompromisse, keine Ungerechtigkeit. Sagt offen und recht brüsk, was er/sie denkt. Lebt und entfaltet sich am besten, wenn er/sie ganz seinen eigenen Weg gehen kann. Hat oft etwas Geniales oder eine bemerkenswerte Erfindungsgabe, vielleicht, weil er/sie übernommene Ideen nicht wichtig nimmt. Kann zu Geld kommen, ohne sich darum bemüht zu haben, und läßt es dann auch Freunden zugute kommen. Großer Freiheitssinn. Findet leicht Kontakt. Fühlt sich zum Zeichen Löwe hingezogen.

Widder ***Aszendent*** **Fische** ***(Mars-Neptun) Feuer/Wasser:***
Neigung zum Utopischen oder Mystischen; Sehnsucht nach dem »Anderen«, das nicht von dieser Welt ist. Gefühlsbetonter und sensibler, als er/sie sich anmerken läßt. Viel Charme, Humor, Sinn fürs Komische, zartfühlend und schelmisch. Hat ein zutiefst mitfühlendes gutes Herz. Bei ihm/ihr findet man immer ein offenes Ohr, Trost, eine warme Mahlzeit, oder man bekommt Geld geliehen. Ein bißchen verrückt und sehr edelmütig. Es fehlt ihm/ihr an Realismus und Vernunft, dafür hat er/sie oft Glück und gute Intuitionen zu Hilfe. Weiß wie er/sie es anstellen muß, um geliebt zu werden. Verdient mühelos Geld und gibt es leichtherzig aus. Liebt das Leben und das

Vergnügliche, kann sich aber von heute auf morgen von allem lösen. Bekommt, was er/sie will, scheinbar ohne sich sehr darum bemüht zu haben. Hilfsbereit, hat aber Anfälle von Bequemlichkeit. Liebt das Spiel, Reisen, Ausflüchte, Bücher. Unternimmt vieles (nur) in der Phantasie … manchmal aber auch wirklich. Fühlt sich zum Zeichen Jungfrau hingezogen.

STIER

Der männliche Stier

Woran erkennt man ihn?

Der Stiergeborene ist normalerweise klein und untersetzt. Wenn er älter wird, bekommt er ein leichtes Bäuchlein. An ihm ist alles »rund«: das Gesicht, die Nase, die vollen, genießerischen Lippen. Seine Augen sind meist von langen Wimpern umrandet, er öffnet sie weit. Trotz dieser scheinbaren Erdenschwere wirkt sein Schritt tänzerisch, leicht ... das ist wohl die Seite an ihm, die an Pan erinnert. Oft erscheinen auf seiner hohen Stirn zwei Buckel. Seine Hände und Füße sind klein und ebenfalls rundlich. Auch wenn er älter wird, verliert er diese Weichheit nicht. Er hat einen kräftigen Hals, einen »Stiernacken« (der nach der Meinung mancher Deutungen den großen Liebhaber verrät), der mit einem kräftigen Rücken und robusten Schultern gepaart ist. Er versammelt seine Kräfte vor allem im oberen Teil des Körpers.

Der Stier fährt sich oft mit der Zunge über die Lippen, was ihm das Aussehen eines genießerischen Katers gibt. Er liebt es, Dinge und Menschen zu berühren, zu befühlen; er ist ein sinnliches, taktiles Wesen. Man kann sich diesen Genießer gut als Weinkenner vorstellen, der die Vorzüge dieses oder jenes

Anbaugebietes auf der Zunge zergehen läßt. Sein Wortschatz ist dann überraschend reichhaltig.
Seine Stimme ist musikalisch, farbig, man könnte fast sagen, schillernd. Es ist kein Zufall, daß die meisten Sänger unter diesem Zeichen geboren sind.
Manchmal findet man bei ihm einen Hauch von Vulgarität …

Wie steht es um seine Gesundheit?

Der Stier-Geborene ist robust. Er verfügt über viel Arbeitskraft, aber er agiert langsam, ißt langsam, bewegt sich langsam. Er versteht es, mit seinen Kräften ökonomisch umzugehen, seine Energie einzuteilen und sinnvoll einzusetzen. Weil sein Motto »langsam, aber sicher« zu heißen scheint, kommt er auch weit. Sein Hang zur Übertreibung und seine Genußsucht jedoch bewirken eine Art körperlicher Übersättigung bis hin zur Stauung und Verstopfung, was um so schlimmer ist, da er keine Lust hat, Sport zu treiben, und lieber beschaulich dasitzt und angelt, anstatt vielleicht einen Waldlauf zu machen. Oft hat er Kreislaufstörungen; im höheren Alter kann er unter Couperose (erweiterten Äderchen) und Übergewicht leiden.
Der Hals ist sein Schwachpunkt. Als Kind lebt er mit dauernder Angina. Auch Ohren und Nase sind bei ihm empfindlich, und es kann passieren, daß er in späteren Jahren von Schwerhörigkeit befallen wird.
Manchmal leidet er unter zu »dickem« Blut und bekommt möglicherweise Furunkel oder Milzbrand. Darmgeschwüre sind bei ihm ebenso zu befürchten wie Hämorrhoiden. Insgesamt aber ist der Stier-Mann kräftig, und wenn er es vermeiden kann, Bluthochdruck zu produzieren, wird nichts ihn daran hindern, ein rüstiger Greis zu werden. Seine Liebe zum Leben und sein Spaß an einer Sexualität, die durch Komplexe ungetrübt ist, tragen sicher dazu bei, daß er sich gut hält. Dieses friedliebende Wesen legt großen Wert darauf, sich den Rhyth-

men der Natur unterzuordnen, mit der Sonne aufzustehen und schlafen zu gehen, auf dem Land zu leben oder zumindest dort seine »Batterien« regelmäßig aufzuladen. Das Leben im Grünen bringt ihn eher wieder ins Gleichgewicht als Kuren und Diäten.

Man müßte ihm raten, seine Trägheit zu überwinden und seinem Körper ein wenig mehr Bewegung zu gönnen: Wenn er Gymnastik nicht leiden kann, könnte man ihn vielleicht dazu anleiten, jeden Tag wenigstens eine Strecke zu Fuß zu gehen oder zu tanzen; vor allem aber müßte er strenger hinsichtlich seiner Eßlust mit sich sein und sollte es unterlassen zu naschen, wenn er müßig ist. Was ihm übrigens sehr helfen könnte, ist das genießerische Essen ... indem er lange kaut, hat er mehr Genuß und überlastet seinen Magen nicht.

In seiner Ernährung sollte er nahrhafte Saucen, Süßspeisen, überhaupt alles zu Fette und Schwere meiden. Auch Fleisch sollte er nicht zu viel essen. Eier (in Maßen), Milchprodukte (vor allem aus Sauermilch), Käse bekommen dem Stier, ebenso wie Salate und Gemüse, die er im allgemeinen auch sehr mag. Eigentlich verträgt er fast alles, vorausgesetzt, er genießt es maßvoll.

Sein homöopathisches Medikament: *Natrium sulfuricum.*

Wie reagiert er?

Der Stier-Mann liebt das Leben und genießt es. Da er mit Schönheitssinn und Lebenslust begabt ist, kann er sich an einfachen Dingen zutiefst erfreuen. Der Anblick einer Blume oder einer schönen Frau, ein glücklicher Augenblick, eine schöne Musik – mehr braucht er nicht, um sich von tiefer Dankbarkeit seinem Schöpfer (oder Erzeuger) gegenüber erfüllt zu fühlen ... Er ist glücklich, auf der Welt zu sein, und beschwert sich nicht mit irgendwelchen metaphysischen Ängsten.

Wehe dem, der ihm Unrecht getan hat, der ihm genommen hat,

was ihm gehört: sein Groll überlebt ihn noch. Er mag verzeihen; vergessen kann er jedoch nicht.
Sein großer Fehler ist zweifellos seine besitzergreifende Art, seine Eifersucht. In ihm lebt ein Besitzerinstinkt, der sich auf irgendeiner Ebene immer manifestieren wird: entweder ist es »seine« Frau oder »sein« Haus oder »sein« Geld – oder »seine« Erfindung. Nichts hindert ihn daran, vollkommen zufrieden zu sein, wenn er sein Stückchen Erde bearbeitet, seine Rosen pflegt oder zusieht, wie seine Kinder heranwachsen. Schönheit berührt ihn. Er hat Geschmack, hängt liebevoll an Gegenständen, liebt natürliche Dinge und edle Materialien, versteht es aber, sich auf das Wesentliche zu konzentrieren, auf Überflüssiges zu verzichten.
Nicht leicht zu erschüttern und verschwiegen, schenkt er, trotz seiner zur Schau getragenen Wärme, sein Vertrauen nicht dem nächstbesten; er wartet ab, bis die anderen ihre Vertrauenswürdigkeit bewiesen haben. Er trifft niemals überstürzte Entscheidungen. Hat er jedoch seine Entscheidungen getroffen, grübelt er nicht mehr darüber nach.
Starrköpfigkeit und Sturheit sind zugleich seine Stärke wie seine Schwäche. Er ist zu wenig beweglich, zu unflexibel, er verarbeitet die Dinge langsam. Sein Verstand ist jedoch klar und sein Urteilsvermögen solide. Er verliert sich nie in den Wolken, sondern bezieht sich gerne aufs Konkrete, physisch Greifbare, Bio-logische als verläßlichste Quellen. Er ist mit gesundem Menschenverstand ausgestattet, geht behutsam vor und achtet immer genau darauf, wohin er den Fuß setzt. Geld spielt eine wichtige Rolle für ihn, sei es, daß er spielend zu einem Vermögen kommt, sei es, daß das Gewicht des Notwendigen sein Leben lang auf ihm lastet, und es ihm nicht gelingt, sich von seinem Sicherheitsbedürfnis zu befreien.

Für was ist er begabt?
Häufig fürs Geschäftsleben. Er hat Organisationstalent, praktischen Sinn, ist realistisch und läßt sich von den Problemen anderer nicht leicht aus der Fassung bringen. Er verteidigt seine Interessen, und man wirft ihm zuweilen vor, zu wenig großzügig zu sein. Es ist keine leichte Sache, aber man muß herausbekommen, wie man in ihm den Wunsch zu geben wecken kann, ohne ihn zu irgend etwas zu zwingen.
Er kann Immobilienhändler werden, Unternehmer, Baumeister. Er muß mit Konkretem umgehen und sich vor Spekulationen hüten. Als finanzbegabter Mensch hat er Erfolg im Bankwesen oder treibt immer das nötige Kapital auf, um etwa ein eigenes Geschäft auf die Beine zu stellen.
Er ist auch ein geschickter Bastler, sollte aber die Feinarbeiten lieber anderen überlassen. Vielleicht ist er deshalb so geeignet für Maurerarbeiten und alle anderen gröberen handwerklichen Tätigkeiten? Er interessiert sich für Architektur und Städtebau. Sein Bezug zur Erde erlaubt es ihm, erfolgreich im Bereich der Agrarwissenschaft, der Landwirtschaft, der Gärtnerei, der Düngemittelforschung etc. zu arbeiten.
Da er ein venusbeherrschtes Zeichen ist, kann er sich gut auf verschiedenen künstlerischen Gebieten ausdrücken. Den Gesang erwähnten wir schon, es kommt der Tanz hinzu, Bildhauerei, Malerei – er hat eine Vorliebe für jene Künste, die in konkreten Dimensionen bleiben, die Bezug zum Material, zur Materie haben.
Wenn die intellektuellen Fähigkeiten vorherrschen, finden wir unter den Stier-Männern Mathematiker, Geometer oder Biologen; immer ist die Verwurzelung im realen Leben dominierend.
Nach den Worten Conrad Moriquands »hebt er die Welt aus den Angeln, wenn er einen Ansatzpunkt gefunden hat«. Es fehlt hierzu nicht an Beispielen in der Geschichte, von Marx bis Freud …

Wie liebt er?

Der Stier, der das Leben so liebt, liebt natürlich auch die Liebe. Dieser sinnenfreudige Mensch verachtet jene »Saboteure«, die sich keine Mühe geben, einer Frau all das Vergnügen zu bereiten, das sie sich erwartet. Er spielt auf ihr wie auf einem Violoncello … hingebungsvoll, geschickt – und dankbar. Die Liebe nimmt in seinem Leben großen Raum ein.

In seiner Jugend mimt er ein wenig den Schmetterling und legt eine gewisse Unersättlichkeit und große Neugier an den Tag. Dann beschließt er eines Tages, sich ein Zuhause zu schaffen. Und bei diesem Kapitel kennt er keinen Spaß. Seine Frau und seine Kinder sind für ihn etwas Heiliges. Er trifft eine sorgfältige Wahl – auch hier kennt er keine unnötige Hast. Er wägt Vorteile und Nachteile gegeneinander ab und trifft dann seine Entscheidung. Gibt es Hindernisse, räumt er sie aus dem Weg. Er gibt sich wirklich Mühe, sich sein Glück auch zu verdienen, und erwartet, dafür belohnt zu werden. Er überwindet seinen Egoismus, tut etwas für die anderen, packt mutig an und bemüht sich, seiner Frau das Leben so angenehm wie möglich zu gestalten. Dafür erwartet er von ihr, daß sie auch ganz für ihn da ist, daß sie ihm treu ist. Hat sie eine »Vergangenheit«, sollte sie ihm nie zuviel davon erzählen.

Er wird von ihr erwarten, daß sie sich intensiv um ihn kümmert, ihn gut ernährt und sich nach seinen Vorstellungen richtet. Das heißt, es lebt sich angenehm mit ihm, er ist ein gesprächiger Tischgenosse, eine »Stimmungskanone« im Kreis von Freunden, geradezu redselig in euphorischen Augenblicken … vor allem, wenn er sich bei Tisch in angenehmer Gesellschaft befindet und wenn der Wein reichlich fließt. Hat er aber schlechte Laune oder ist eingeschnappt, so ist es schwer, ihn aufzuheitern; besser wartet man ab, bis es vorbei ist … und dann sollte man, damit nicht allzu viel Zeit vergeht, in dem Augenblick den ersten Schritt tun, wo er beginnt, wieder lockerer zu werden. Und nun wieder unser Ratespiel:

Wenn er ein … wäre
Wenn er ein Tier wäre, dann wäre er vielleicht ein Ochse, ein Bär oder eine Kröte.
Eine Pflanze: Ein Kohlkopf, ein Rhododendron.
Eine Blume: Bestimmt eine Rose oder eine Pfingstrose.
Ein Baum: Apfelbaum.
Eine Farbe: Kräftiges Rosa oder Grasgrün.
Ein Metall: Kupfer. Ein Edelstein: Smaragd.
Ein Duft: Moschus oder Nachthyazinthe.
Eine Geschmacksrichtung: Fett und süß.
Ein Musikinstrument: Waldhorn, Baßgeige oder vielleicht ein Akkordeon.
Ein Sammlerobjekt: Kupfergerät, Masken oder Werkzeuge.

Der weibliche Stier

Wie erkennt man die Stier-Frau?
Die Stier-Frau ist im allgemeinen schön, außerordentlich weiblich, ja geradezu »weibchenhaft« feminin und sinnlich. Manchmal hat sie etwas Junohaftes, ist recht füllig, blühend, mit lilien- oder rosenfarbenem Teint. Man kann sie sich irgendwo zwischen der Venus von Milo und den Rubensfrauen vorstellen … Da sich die Schönheitsideale geändert haben, hat auch sie sich verändert, denn es kommt ihr vor allem darauf an, geliebt zu werden. Sie ißt weniger und überwacht ihr Gewicht, sie betont die schönen, großen Augen, sie schminkt ihre Lippen, die von Natur aus rot und voll sind. Aber wie sie sich auch kleidet, sie wird ihre herrliche Weiblichkeit immer betonen. Sie benutzt Parfum (reichlich), liebt Schmuck und Pelze.
Ob sie nun groß oder klein ist, dunkel oder blond, »rundlich«

oder schlank, sie wird alles daransetzen zu gefallen. Sie läßt die Augen blitzen oder schmachten, sie nimmt ihre kehlige, warmtönende Stimme zu Hilfe und wird alle erotischen Waffen benutzen, über die sie auch reichlicher verfügt als die anderen. Man muß schon aus kühlem Marmor sein, um ihr zu widerstehen ... oder sehr ängstlich.

Wie steht es um ihre Gesundheit?

Wie der männliche Stier verfügt auch sie über eine solide Konstitution und ein robustes Temperament. Da sie aber manchmal irgendeine Diät einzuhalten versucht (meist ziemlich wahllos und unregelmäßig), bringt sie ihren Organismus durcheinander. Das geschieht auch deshalb leicht, weil sie zu Störungen der Drüsenfunktionen neigt – sie leidet zum Beispiel häufig unter Schilddrüsendysfunktionen, was sich auf ihre Stimmung auswirken kann. In ihrer Jugend machen ihr allerlei gynäkologische Probleme zu schaffen. Es kommt übrigens oft vor, daß dieses sinnliche Wesen frigide ist oder »impotent«, das heißt, daß ihre sexuellen Reaktionen verlangsamt sind. Viel hängt hier von ihren ersten Partnern ab.

Im übrigen hat sie die gleichen Schwächen wie der männliche Vertreter des Zeichens: Probleme mit dem Hals, Neigung zu Sinusitis (Neben- oder Stirnhöhlenentzündungen), Kreislaufstörungen, Anfälligkeit für Zellulitis und zur Gewebeschwellung. Brust- oder Eierstockzysten oder Fibrome (Fasergeschwülste) tauchen oft auf, wenn sie die Vierzig überschritten hat. Regelmäßige ärztliche Kontrollen können jedoch dafür sorgen, daß sie die Menopause ohne allzu gravierende Probleme übersteht.

Wenn sie zu Übergewicht neigt, sollte sie unbedingt auf vernünftige Ernährung achten und eine ärztlich überwachte Schlankheitskost zu sich nehmen, die jedoch nicht zu drakonisch sein darf, da sie es nicht auf die Dauer verträgt, sich zu viel zu versagen. Sie sollte Sport treiben oder tanzen, was ihr

Bewegung verschafft und zugleich ihrer Vorliebe für das Schöne, Ästhetische entgegenkommt. Zwei Stunden Tanztraining pro Woche sorgen für eine schlanke Taille.
Sonst gilt für sie das gleiche wie für den männlichen Stier. Es wäre ihr im übrigen zu raten, nach dem Essen Kräutertee zu trinken, am besten Zitronenverbena (Eisenkraut) oder Lindenblüten, gemischt mit Brombeerblättern oder auch Tees, die Orangenblüten enthalten … das mag altmodisch klingen, ist aber wirksam.
Stier-Menschen haben gewöhnlich einen guten Schlaf, und der ist ein kostbares Mittel zur Regeneration, das sie sich auf jeden Fall erhalten müssen.

Wie reagiert sie?

Die Stier-Frau hat die gleichen »soliden« Tugenden wie der Mann mit diesem Sonnenzeichen: sie ist schlicht und unkompliziert, direkt und gutmütig, humorvoll und fröhlich. Sie scheint weniger mißtrauisch zu sein als der männliche Stier und weniger wortkarg.
Ihre Persönlichkeitsentwicklung hängt stark von dem Milieu ab, in dem sie aufwächst. Sie bleibt mit den Traditionen verbunden, die sie in ihrer Jugend geprägt haben; ist sie auf dem Land geboren, wird sie immer mit dem ländlichen Leben verbunden bleiben und einen sicheren Instinkt für erdhafte Dinge bewahren. Ist sie in luxuriöser Umgebung groß geworden, wird sie auch später nur schwer auf ein gewisses Maß an Luxus verzichten können. Und wenn sie in finanzielle Schwierigkeiten kommt, wird sie nicht frei sein von Bestechlichkeit und sich einen reichen Beschützer suchen, der ihren Schwierigkeiten ein Ende bereitet, vor allem, wenn sie nicht über Fähigkeiten verfügt, die ihr erlauben würden, sich selbst zu helfen. Auf solch einfache Lösungen greift sie ohne große Schuldgefühle zurück, denn sie glaubt, sich ruhig der Vorzüge bedienen zu dürfen, die ihr der liebe Gott mit auf den Weg

gegeben hat: Schönheit und die Gabe, sich einen Mann »gefügig zu machen« … Ist sie in einer Familie groß geworden, in der man ihr Arbeitsmoral und Verantwortungsgefühl beigebracht hat, wird sie bereitwillig selbst eine Familie gründen oder sich ernsthaft ins Berufsleben stürzen.

Die Stier-Frau hat, trotz ihrer unbekümmerten Fröhlichkeit, einen schwierigen Charakter, ist manchmal rachsüchtig und nachtragend, und sie schmollt zuweilen lange und kann selbst dann nicht aufhören, wenn sie es möchte. Sie ist empfindlich und glaubt nur zu gerne, daß man hinter ihrem Rücken schlecht über sie redet. Kritik erträgt sie schlecht, und sie ist humorlos. Sie neigt zu heftigen Zornausbrüchen, während derer sie Dinge sagt, die ihr nachher leid tun; sie würde viel darum geben, sie rückgängig machen zu können, glaubt aber nur zu oft, daß an etwas Gesagtem oder Getanem nicht mehr zu rütteln sei.

Überfluß gibt ihr ein Gefühl von Sicherheit. Sie hat gern gefüllte Schränke, eine reichhaltige Garderobe ober ganz einfach ein wohlausgestattetes Bankkonto. Auf die Wirkung von Schmuck setzt sie jedoch mehr als auf die von Titeln, auf Grundbesitz mehr als auf Gold.

Sie hat gern Gäste und kümmert sich mit unendlicher Zuvorkommenheit um sie. Sie bereitet köstliche Menüs zu, die sich in die Länge ziehen. Sie hat Sinn für Rituale.

Wofür ist sie begabt?

Die Stier-Frau hat dem Stier-Mann vergleichbare Gaben, ihr künstlerisches Temperament ist jedoch noch ausgeprägter. Sie singt wie eine Nachtigall, tanzt hinreißend schön; sie ist eine begabte Musikerin und die geborene Innenarchitektin. Ihre Schönheit bringt ihr Angebote von Photographen und Filmregisseuren ein. Da es ihr nicht allzu schwer fällt, ihre Schönheit zu verkaufen, macht sie in diesen Berufen leicht Karriere und versucht, so schnell wie möglich viel Geld zu verdienen, um es in irgendwelche Unternehmen zu stecken, wie zum Beispiel

einen Friseursalon, eine Modeboutique, eine Kosmetikfirma, mit deren Leitung sie bestens zurechtkommt.
Ihr praktischer Sinn und ihre verbindliche, charmante Art kommen ihr auch zugute, wenn sie sich im Hotelwesen versucht oder in irgendeinem anderen Beruf, in dem es darauf ankommt, einen klaren Kopf zu behalten und mit der potentiellen Kundschaft guten Kontakt zu halten.
Am Arbeitsplatz ist sie eine außerordentlich wertvolle Kraft: ausdauernd, gewissenhaft, gründlich, diskret und fähig, große Verantwortung zu tragen. Es genügt, ihr ausreichend Zeit zu lassen, bis sie mit den Dingen zurechtkommt. In kleinen Familienbetrieben sieht man sie an der Kasse sitzen, Kunden empfangen. Auf ihren Schultern ruht dann alles. Und ihre Umgebung weiß das. Als Seele des Unternehmens macht man ihr Komplimente … und sie nimmt dafür alle Mühe gern auf sich.

Wie liebt sie?
Wir sahen anhand der verschiedenen Möglichkeiten der Persönlichkeitsentwicklung, daß die Stier-Frau ebenso gut die großherzige Dienende verkörpern kann wie die Prostituierte oder das Call-Girl, das Geld beiseite legen will, um eines Tages eine ehrbare Familie zu gründen, die verläßliche, unermüdliche und hingebungsvolle Lebensgefährtin, die Intellektuelle, die Künstlerin, die Architektin oder die Floristin … All diese Frauen aber haben eine Schwäche gemeinsam: sie kommen nicht ohne Mann aus. Denn wenn es ihnen nicht gelingt, in »seinen« Augen Begierde oder Leidenschaft aufblitzen zu sehen, fühlen sie sich für immer unvollständig. Mit dem Alter werden sie zu friedlichen Matronen, denen es Vergnügen bereitet, mit einem kehligen Lachen die Erinnerung an ihre vergangenen Reize und Eroberungen wachzurufen, an die Leidenschaften, die sie geweckt haben in jenen Zeiten, in denen sie noch jung und schön waren …

Wenn sie verliebt sind, dann sind sie eifersüchtig und besitzergreifend und ertragen es schwer, wenn der Angebetete einen Seitensprung begeht – was sie selbst sich schon eher gestatten … Auf eine Scheidung lassen sie sich nur ungern ein, sie halten leidenschaftlich an dem fest, was sie sich geschaffen haben, an ihrem Haus, an ihren Gewohnheiten. Sie sind als Erzieherinnen sehr begabt, halten unverrückbare Prinzipien hoch und schrecken auch vor Bestrafungen nicht zurück; sie sind ihren Kindern gegenüber aufmerksam und sehr »präsent«. Wenn die Ehe nicht gut ist, richten sie es so ein, daß die Kinder so wenig wie möglich darunter zu leiden haben.

Die verschiedenen Aszendenten-Typen

Stier ***Aszendent*** **Widder** ***(Venus-Mars) Erde/Feuer:***
Hat mehr Tatkraft und Sinn für das Mögliche als Widder/Stier. Geduldig und vorausschauend, aber oft heftig im Umgang; weiß, was er/sie will, ist hartnäckig im Verfolgen ihrer/seiner Ziele … Starkes Durchsetzungsvermögen, wenn es um ausdauerndes Betreiben einer Sache geht. Gutmütig und großzügig, zeigt aber eine »harte Schale«. Vertritt mutig ihre/seine Meinung; nach außen hin recht aggressiv. Im Grunde geht es ihr/ihm nur um das Erreichen eines bestimmten Zieles. Sie/er bekommt vom Schicksal, was dazu notwendig ist. Fühlt sich zum Zeichen Waage hingezogen.

Stier ***Aszendent*** **Stier** ***(Venus-Venus) Erde/Erde:***
Große Hartnäckigkeit und Ausdauer; steht mit beiden Beinen fest auf der Erde. Hat etwas Schwerfälliges an sich. Starke Bindung an die Erde, an die Natur; verarbeitet die Dinge langsam; Schwierigkeit, Entscheidungen zu treffen, ist es aber

einmal so weit, wird nichts mehr rückgängig gemacht, selbst wenn der/die Betreffende sich geirrt hat und es weiß. Hat ein Gedächtnis wie ein Elefant; nachtragend, solange das Gedächtnis funktioniert. Bindung an die Materie, ans Geld; lebt in einer ganz und gar konkreten Welt. Sehr sinnlich und genußfähig. Wünschenswert wären einige Planeten in Luftzeichen, um etwas Leichtigkeit beizutragen. Fühlt sich zum Zeichen Skorpion hingezogen.

Stier ***Aszendent*** **Zwillinge** ***(Venus-Merkur) Erde/Luft:***
Durch den Stier Stabilität und Sinn für das Reale, durch die Zwillinge aber zugleich eine gewisse Auflösung des allzu erdhaften, materialistischen Elements. Diese Kombination gibt es so oft bei Künstlern, die es verstehen, sich zu »verkaufen« und zu einem gewissen Opportunismus neigen. Humor und Charme. Liest gern und weiß viel über seine/ihre Wissensgebiete. Leitet gern Kurse, hält Vorträge. Bastelt gern, ist handwerklich geschickt. Treu und hilfsbereit in der Freundschaft, in Liebesdingen eher flatterhaft aus Gefallsucht und Verspieltheit. Verbessert seinen/ihren Charakter meist mit dem Älterwerden. Hat Schwierigkeiten der Selbstfindung. Probleme mit Atmung und Lunge. Fühlt sich zum Zeichen Schütze hingezogen.

Stier ***Aszendent*** **Krebs** ***(Venus-Mond) Erde/Wasser:***
Sehr liebenswert und vielgeliebt. Tut alles für seine/ihre Freunde. Fühlt sich mit seinem/ihrem Haus und Hauswesen, seiner/ihrer Familie sehr verbunden. Hält sich am liebsten in der häuslichen Atmosphäre auf. Lebt er/sie in der Stadt, so ist sein/ihr Traum ein Haus auf dem Land und Kinder, für die er/sie sich ein Stückchen Erde und (materielle) Güter erkämpfen kann. Hat Sinn für Erbe und Vererbung. Einfache Ansprüche; sinnlich und genießerisch (Gourmand), eher konservativer Natur. Hat oft Erfolg, was er/sie zugleich seinen/ihren

Talenten, dem Glück und der Gabe, sich Freunde zu machen, verdankt. Die Phantasie hilft ihm/ihr. Er/sie sollte jedoch nicht zu sehr ins Träumen geraten. Wenn er/sie zu Ende bringt, was er/sie sich vorgenommen hat, kann er/sie es zu einem Vermögen bringen. Fühlt sich zum Zeichen Steinbock hingezogen.

Stier *Aszendent* Löwe *(Venus-Sonne) Erde/Feuer:*
Diese Kombination ergibt eine künstlerische Natur, einen großen Ästheten (so haben z. B. bekannte Kunsthistoriker und Autoren diese Konstellation). Der Horoskopeigner liebt die Schönheit und erträgt Mittelmaß und Häßlichkeit schwer. Ebenso liebt er seine Bequemlichkeit; zu seinen Kindern hat er eine starke Verbindung. Im allgemeinen sind diese Menschen recht egoistisch und ein wenig selbstherrlich; Kritik mögen sie nicht besonders. Komplimente hingegen sind ihnen willkommen, manchmal werden sie jedoch das Opfer von Schmeichlern. Diese Konstellation, bei der die Sonne hoch am Himmel des Horoskops steht, hat das Talent zu sozialem Erfolg und weist darauf hin, daß der Betreffende sich das selbst kunstvoll erarbeitet hat. Er/sie macht leicht Eroberungen im Gefühlsleben. Fühlt sich zum Zeichen Wassermann hingezogen.

Stier *Aszendent* Jungfrau *(Venus-Merkur) Erde/Erde:*
Dem Betreffenden ist der materielle Erfolg sicher; er/sie wird seine Güter geduldig vermehren und Früchte tragen lassen. Hat praktischen Sinn, denkt logisch und rational. Kann gut rechnen, sich verteidigen und wenn nötig angreifen. Intelligent und von positiver Grundeinstellung, gibt er/sie hervorragende konkrete Ratschläge. Sollte sich bei Unternehmungen klarmachen, worauf sie hinauslaufen könnten; nichts irritiert sie/ihn mehr, als »ins Blaue hinein« zu arbeiten. Obwohl die/der Betreffende recht bequem und ans Haus gebunden ist, können Reisen bei ihr/ihm eine große Rolle spielen.

Lebt oftmals im Ausland. Manchmal ist ihr/sein Leben auch von einem abwesenden oder vielreisenden Vater geprägt. Fühlt sich zum Zeichen Fische hingezogen.

Stier ***Aszendent*** **Waage** ***(Venus-Venus) Erde/Luft:*** Kaum jemand besitzt mehr Charme und Verführungskraft (es gibt bekannte Schauspieler/innen mit dieser Konstellation). Ist humorvoll, will geliebt werden, verbirgt seine/ihre romantische Seele hinter vernünftigem Gebaren. Vielseitige starke Begabungen. Sehr sinnlich. Innere Widersprüche, verborgene Ängste. Braucht Geld, um sich sicher und geborgen zu fühlen. Musikalische Natur, singt und tanzt gern; wenn er/sie nicht für die Kunst lebt, lebt er/sie für die Liebe. Anmut und Schönheit – in den meisten Fällen. Ist mehreren Menschen nacheinander vollkommen treu. Fühlt sich zum Zeichen Widder hingezogen.

Stier ***Aszendent*** **Skorpion** ***(Venus-Pluto) Erde/Wasser:*** Leidenschaftliche Natur voller Widersprüche, stark beherrscht von einem Instinkt, den der/die Betreffende beinahe das ganze Leben zu meistern versucht. Interesse für alles, was mit Tod und Sexualität zusammenhängt, mit Lust und Schmerz. Liebe zum Leben; die Freuden des Lebens sind jedoch fast immer vergiftet durch Angst oder die Gewißheit ihrer Vergänglichkeit. Schwieriger Charakter, hartnäckig, tyrannisch und egoistisch. Anfälle von schlechter Laune, Heftigkeit. Sehr nachtragend, manchmal geradezu rachsüchtig. Nicht sehr konzessionsbereit im Denken. Ein berühmter Vertreter dieser Gestirnkonstellation: Sigmund Freud. – Fühlt sich zum Zeichen Stier hingezogen.

Stier ***Aszendent*** **Schütze** ***(Venus-Jupiter) Erde/Feuer:*** Voller Lebenslust, sinnlich, aber frei von Lastern; es geht dem/der Betreffenden vor allem um Gesundheit und Normalität. Fähig zu Idealismus und Großzügigkeit. Arbeitet gern, macht oft große Pläne; verleiht gerne etwas, stellt sich selbst zur Verfügung. Liebt auf schlichte Weise die Liebe; zerstreut sich gerne bis zur Verehelichung; wenn er/sie sich bindet, versucht er/sie ernsthaft, sein Versprechen und seine Verpflichtungen einzuhalten. Wird alles tun, damit es der Familie gutgeht, sorgt dafür, daß sie ein schönes und glückliches Leben haben. Fühlt sich zum Zeichen Zwillinge hingezogen.

Stier *Aszendent* Steinbock *(Venus-Saturn) Erde/Erde:*
Stark »erdhaftes« Wesen. Sinn für materielle Dinge; Geduld; lebt in dem Gefühl, eine Ewigkeit vor sich zu haben. Und in gewisser Weise stimmt das auch ... denn diese Konstellation sorgt für Langlebigkeit und bringt rüstige Greise hervor. Große Arbeitsenergie, will aber seine Zeit selbst einteilen, ohne gehetzt zu werden. Sammlernatur. Das Gefühlsleben ist wichtig für diesen Menschen; er bindet sich nicht leicht, ist aber ausdauernd und treu, wenn er sich einmal entschieden hat. Liebt Kinder und will sie an den Früchten seiner Arbeit teilhaben lassen. Stiller Genießer; liebt gute Dinge und edles Altes mit Patina. Schlichtheit und Natürlichkeit des Wesens. Hat etwas »Bäuerliches«. Fühlt sich zum Zeichen Krebs hingezogen.

Stier *Aszendent* Wassermann *(Venus-Uranus) Erde/Luft:*
Hat oft die Neigung zu künstlerischer oder wissenschaftlicher Tätigkeit, forscht gern, ist schöpferisch. Charakter voller Widersprüche, hat Schwierigkeiten, sein Bedürfnis nach Sicherheit mit seinem Freiheitsdrang in Einklang zu bringen. Sammelt viele Erfahrungen. Die Familie hat großen Einfluß auf solch einen Menschen. Frühe materielle Unterstützung kann ihm/ihr helfen, einen typischen »Wassermann-Weg« mit all seinen Überraschungen und Risiken einzuschlagen. Unter schwierigen finanziellen Verhältnissen kann die Neigung zur Unentschlossenheit sich verstärken. Hängt zugleich an seinem

Zuhause und sehnt sich nach Reisen, sitzt hinter dem Ofen und träumt von Abenteuern. Schwieriges Wesen mit Launen und Schmollen. Wird nach einem flatterhaften Leben bürgerlich. Fühlt sich zum Zeichen Löwe hingezogen.

Stier ***Aszendent*** **Fische** ***(Venus-Neptun) Erde/Wasser:***
Ein schöner Mensch mit leuchtenden Augen. Viel Intuition, Sensibilität, hat die Gabe, »Atmosphäre« herzustellen. Für Studien begabt, die ihm/ihr eigentlich nicht liegen, lernt langsam und beinahe ohne es zu merken. Findet leicht und schnell Kontakte. Geschwister sind wichtig, liebt kindliche Spiele. Freundlich, sanft, hat Lebensart; Liebe zur Natur und zum angenehmen Leben ohne exzessiven Materialismus; hat den Wunsch, zu verstehen und geliebt zu werden. Hingabefähig, kann aber die Gutmütigkeit der anderen auch ausnützen oder sie dazu bringen zu tun, was er/sie will und dann doch wieder nicht will. Ist manchmal bequem, trotz des vorhandenen Ehrgeizes. Bei diesem Naturell hängt viel von den Lebensumständen ab. Fühlt sich zum Zeichen Jungfrau hingezogen.

ZWILLINGE

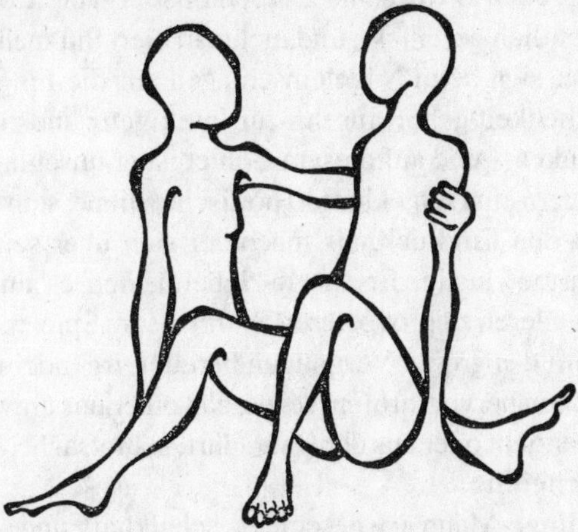

Der männliche Zwilling

Wie erkennt man ihn?

Der Zwillinge-Mann ist schlank, feingliedrig, geschmeidig. Er ist eher hochgewachsen und hat einen leichten, tänzelnden Schritt. Er spricht mit den Händen und zuckt mit den Beinen, sobald er sitzt. Er ist ein Zappelphilipp. Seine Schulzeit ist eine Qual für ihn, weil sie ihn zum Stillsitzen zwingt, was ihm das Gefühl gibt, explodieren zu müssen. Wie sein Herr und Meister, Merkur, hat er Flügel an den Füßen. Sein Gesicht gleicht einem länglichen Dreieck. Ein bißchen wird man an einen Fuchs erinnert: breite Wangenknochen, schmale Wangen, hohe, aber fliehende Stirn und eine schmale Nase, die manchmal etwas spitz ist. Das feine Kinn bildet die »Spitze« des Dreiecks. Alles ist Bewegung in diesem Gesicht, vor allem die Augen. Dem Blick des Zwillings, dem das Schauen die größte

Freude macht, entgeht nicht so leicht etwas. Er kann sogar die Nase, die Ohren bewegen ... das gehört zu seiner sozialen Begabung, ebenso wie seine Zauberkünstlergabe. Denn er ist außerordentlich geschickt, und nichts irritiert ihn mehr als ein Tölpel, der sich beim Nägeleinschlagen auf die Finger haut. Geschicklichkeit gehört für ihn zur Intelligenz und zum logischen Denken – und auf diesem Gebiet ist er unschlagbar.
Er macht gern eine schalkhafte, spöttische Miene, sein Lächeln vermittelt den Eindruck, als mache er sich über seinen Gesprächspartner lustig. Er ist ein Schelm, den es ungeheuer reizt, die anderen zu provozieren, er treibt sein Spiel mit ihnen, weil es ihm das größte Vergnügen bereitet, irgendeine Reaktion bei ihnen hervorzurufen, sei es, daß einer nur unwillig das Gesicht verzieht oder aus der Haut fährt. Hauptsache, er bleibt nicht gleichgültig.
Der Zwillinge-Mann ist geschickt, schalkhaft und sieht im höheren Alter immer noch jungenhaft aus. Auch noch mit sechzig ist er ein puer aeternus mit all seinem Charme.

Wie steht es um seine Gesundheit?

Er ist ein nervöses Wesen mit wenig Widerstandskraft. Er leistet Erstaunliches, ist unglaublich ausdauernd und zäh – und »klappt« dann plötzlich zusammen, wobei nur ausreichend Schlaf ihm helfen kann, wieder zu Kräften zu kommen. Hier ist er, wie beinahe überall, unberechenbar, auch für sich selbst. Einmal bleibt er bis zum Morgengrauen auf, weil er sich in so anregender Gesellschaft befindet, dann wieder hat er mitten am Tag das dringende Bedürfnis, zwei Stunden zu schlafen oder mit den Hühnern ins Bett zu gehen, weil er vollkommen erschöpft ist, gleichgültig, ob er vorher wie ein Pferd geschuftet oder Däumchen gedreht hat. Im Lauf der Zeit lernt er es, sich seinem schwachen Nervenkostüm entsprechend disziplinierter und vernünftiger zu verhalten und wird dann auch stabiler.

Vor allem hat er das Bedürfnis, frei zu atmen. Er braucht viel frische Luft. Dennoch neigt er dazu, wie ein Schlot zu rauchen. Vor allem in seinen jungen Jahren sollte er auf seine Atemwege achten. Auch ist er für Rheuma an den oberen Gliedmaßen, vor allem an den Schultern und Handgelenken, anfällig.
Trotz seines mehr oder weniger desorganisierten Lebens, seiner ziemlich chaotischen Ernährung und seiner plötzlichen Exzesse kann er recht geschickt mit seinen Kräften jonglieren und verfügt über eine rasche Regenerationsfähigkeit seiner Nervenkräfte.
Im erotischen Bereich ist er recht kapriziös, und so darf man von ihm hier kein berechenbares, ausgeglichenes Verhalten erwarten. Man wird mit ihm eine Woche lang die reinste Raserei erleben – woraufhin man einen Monat lang nicht mehr das geringste von ihm hört.
Wenn er auf einen Rat hören oder eine vernünftige Meinung akzeptieren würde, müßte man ihm dringend anraten, weniger zu rauchen, ein regelmäßigeres Leben zu führen und Sport zu treiben, um seinen Bewegungsdrang zu kanalisieren. Dabei kämen vor allem Dinge in Frage, bei denen er seine Reaktionsschnelligkeit und Geschicklichkeit einsetzen kann, also etwa Pingpong, Tennis, Fechten, Volleyball, Wasserski, Surfen … oder tanzen. Übrigens neigt er auch dazu, unvernünftig viel zu trinken.
Gut wäre es für ihn, Orangen und Zitronen zu essen, außerdem rote Beeren wie Johannisbeeren, deren säuerlicher Geschmack ihm liegt, und Heidelbeeren oder Brombeeren, die gut für die Augen sind. Wichtig wären für ihn auch die verschiedenen Getreidearten und, in der Kindheit, Haferbrei.
Sein homöopathisches Heilmittel: *Kalium muriaticum,* vor allem, wenn er unter Störungen der Atmungsorgane und Dauerhusten leidet.

Wie reagiert er?

Um den Zwillinge-Menschen zu verstehen, dessen Zeichen wohl das komplexeste ist, muß man sich mit seiner Merkurnatur beschäftigen, seiner »Luftigkeit« und Zwiespältigkeit. Sein Handeln wie sein Reagieren ist vom Spielerischen bestimmt. Er nimmt nichts tragisch und paßt sich mühelos allen Umständen an, ohne sich je von irgend jemandem belasten zu lassen. Er entledigt sich ohne schlechtes Gewissen der Leute, die so geschmacklos sind, ihn zu langweilen oder ihm Schwierigkeiten zu machen. Wenn es notwendig ist, greift er auch auf Unaufrichtigkeiten zurück.

Vor einem gewissen Opportunismus scheut er sich nicht; er verteidigt geschickt seine Interessen, und wenn man ihm seinen Egoismus vorwirft, entwindet er sich mit einer geschickten Kehrtwendung. Seine Stärke ist das Verwirrspiel. Er lebt vor allem im Augenblick, und seine Wahrheit kann sich verändern, je nachdem, welches Wetter gerade ist oder welche Laune er gerade hat.

Er schont seine nächste Umgebung nicht, denn er meint, jeder müsse sich selbst verteidigen und man müsse auf die Schwachen keine Rücksicht nehmen. Die Zwillinge versetzen einem ganz ungeniert kräftige Schläge, sind aber gleich darauf wieder lieb Kind und erreichen es durch ihr Schmeicheln fast immer, daß man ihnen verzeiht. Manchmal ist man irritiert durch ihre Sicherheit, mit der sie auftreten, keinen Widerspruch duldend. Sie können aber kurz darauf ebenso bereitwillig ihre Fehler zugeben.

Man sagt, sie seien unbeständig und oberflächlich. Diese Art ist aber vielleicht nichts anderes als eine bequeme Methode, Zudringliche abzuweisen, und vor allem, sich zu wehren, einfach, indem die Zwillinge irgend etwas daherreden. Jemandem, der gescheiter ist als sie selbst, werden sie sich dabei immer beugen. Ihre Unausgeglichenheit ist vielleicht nichts als Phantasie, die Weigerung, sich der herrschenden Meinung

und Erziehung zu beugen, Teile einer Herde zu sein. Sie schlüpfen durch die Maschen, wo sie können ...
Die Falle besteht darin, daß sie nicht einfach unbefangen leben können, wenn sie sich zugleich aus einer gewissen Distanz betrachten, und daß sie sich dem Bild, das man sich von ihnen macht, kaum entziehen können ...
Als Schlafwandler, die auf einem schmalen Grat dahinbalancieren, empfinden sie ein widersinniges Vergnügen daran, alles in Frage zu stellen, was ihnen Sicherheit verschaffen könnte. Sie verachten »geistige Tröstungen«, wie Jean-Paul Sartre, ein berühmter Zwilling, sagen würde.

Für was ist er begabt?
Die Zwillinge haben fast immer das Bedürfnis, zwei Hauptbeschäftigungen nachzugehen, wobei sie sich bei der einen von der anderen erholen oder sich die neuen Anregungen suchen, die sie brauchen. Es sei denn, sie haben einen sehr »mobilen« Beruf – was einer der Gründe ist, warum man unter den Zwillingen viele Händler, Geschäftsleute und Journalisten etc. findet. Da sie sich nicht lange konzentrieren können, brauchen sie Aufgaben, die in kurzer Zeit erledigt sind. Kissinger, der reisende Diplomat, hat einen höchst geeigneten Weg gefunden, seine Zwillingseigenschaften zu nutzen.
Da sie intelligent sind, sich gewandt ausdrücken können, brillant mit Widersprüchen umgehen können, eignen sich diese Merkurmenschen hervorragend für Berufe, in denen sie die Feder oder das Wort gebrauchen, wie beispielsweise als Schriftsteller oder Politiker, oft auch als Lehrer. Bei ihren Schülern und Studenten hinterlassen sie übrigens einen starken Eindruck ... zumindest bei den intelligenteren unter ihnen. Auf die anderen könnten sie einen schädlichen Einfluß nehmen, wenn diese jungen Menschen den Zynismus des Zwilling-Menschen ernst und seine Scherze zu wörtlich nehmen (man denke an Jean-Paul Sartre oder Louis-Ferdinand Céline).

Der Zwilling-Mensch ist ein begabtes Wesen, er schreibt, zeichnet, musiziert gern und gut. Und er wird hart arbeiten, die anderen aber glauben machen, er sei nichts als ein Dilettant! Es sei hinzugefügt, daß man zwei Arten von Zwillinge-Geborenen unterscheiden muß: Castor und Pollux. (Wenn der Mond, Neptun oder Saturn dominieren, hat man es mit dem Castor-Typus zu tun, während bei Pollux Uranus, Mars oder Jupiter vorherrschen.) Der erstere ist der eher künstlerische Typus, der jedoch Schwierigkeiten im Umgang mit der Realität hat; der letztere ist gerissener, opportunistischer und pfiffiger.

Wie liebt er?

Wenn er einer Frau den Hof macht, braucht er, nach Conrad Moriquand, keine Gitarre dazu, und kopflos verhält er sich auch nicht. Er benimmt sich dann lässig, komisch, charmant und sorglos. »Willst du?« – »Du willst nicht?« »Na, dann eben nicht«, oder: »Schade für dich!« ... So einfach ist das bei ihm. Vor allem mißtraut er der Leidenschaft. Dieser »Schmetterling« weiß aber auch, daß er sich eines Tages auf eine festverwurzelte Blume setzen muß, durch die er mit dem Boden der Tatsachen Verbindung bekommt. Da er selbst so wurzellos ist, wird er die notwendige Festigkeit bei einer Frau finden, die stabiler und ausgeglichener ist als er, ein »erdhaftes« Wesen, von dem er erwartet, daß es ihm nach Kräften hilft.
Freilich spricht er viel über seine früheren, gegenwärtigen und zukünftigen Treulosigkeiten, Amouren, Seitensprünge. Aber das sind oft nur große Worte, denen keine Taten zugrunde liegen oder folgen werden, und oft genügt es ihm, sich irgendwelche Eroberungen vorzustellen oder sich an frühere zu erinnern ... denn im Grunde wird dieser Kopfmensch nicht von der Sexualität beherrscht; er hat sie gut unter Kontrolle.
Hinter diesem scheinbaren Zynismus verbirgt sich jedoch wirkliche Zärtlichkeit – vor allem beim Castor-Zwilling. Und

da spielt er auch nicht Theater. Er läßt sich auch hier ganz von seiner augenblicklichen Stimmung treiben, wenn man ihn nur nicht mit Fragen wie »Liebst du mich?« bedrängt, was er überhaupt nicht leiden kann.
Er ist weder eifersüchtig noch besitzergreifend und empfindet es als ungeheuerliche Anmaßung, eine Frau ganz für sich haben zu wollen. Er wird sie perverserweise sogar drängen, sich anderen Liebhabern zuzuwenden, unter der Bedingung allerdings, daß sie ihm dann alles haarklein erzählt und daß er sich immer in der Sicherheit wiegen kann, der »Beste« zu sein.
Er lügt, ohne viel Federlesens zu machen, und nimmt kein Blatt vor den Mund, wenn es gilt, harte Wahrheiten auszusprechen. Und was heute Wahrheit ist, das kann morgen schon Lüge sein. Er leugnet dann natürlich: »Ich? Das habe ich nie gesagt!«

Wenn er ein ... wäre

Wenn er ein Tier wäre, so wäre er vielleicht ein Affe oder ein Marder.
Ein Baum: Birke.
Eine Pflanze: Wacholder.
Und wenn er eine Blume wäre, dann wäre er wohl ein Maiglöckchen oder Gipskraut.
Ein Gewürz: Anis.
Ein Metall: Quecksilber.
Eine Farbe: Mischfarben, changierend, schillernd.
Ein Edelstein: Beryll oder Chalzedon.
Ein Duft: Grüne Zitrone oder Flieder.
Eine Geschmacksnote: säuerlich.

Der weibliche Zwilling

Woran erkennt man die Zwillinge-Frau?

Wie der männliche Vertreter des Zeichens bewahrt sie sich lange ihr junges Aussehen, ihre schlanke, biegsame Figur. Mit ihren feinen Gesichtszügen, ihrem hübschen, oft dreieckigen Gesichtsschnitt und ihrem wachen Blick fehlt es ihr dennoch an wirklicher Weiblichkeit, und die Männer finden sie nicht »sexy«. Sie suchen ihre Gesellschaft, weil sie »dekorativ« ist, Schwung und Esprit hat, den sie allerdings nicht so sehr genießen, sondern dessen Opfer sie werden. Sie kann nämlich nicht anders als aggressiv sein und den Dummkopf, der ihr den Hof gemacht hat, angreifen und mit ihren geschliffenen Worten vernichten – die Versuchung ist einfach zu groß, auch wenn er sich nichts hat zuschulden kommen lassen.

Es besteht zwischen dem Zwillinge-Mann und der Zwillinge-Frau weniger Unterschied als zwischen den männlichen und weiblichen Vertretern aller anderen Zeichen, ja, sie wirken beide oft wie androgyne Wesen zwischen Jüngling und jungem Mädchen. Die junge Zwillinge-Frau hat oft etwas Heftiges, Brüskes, eine spitze Zunge und ein jungenhaftes Äußeres, das sie durch das Tragen von Blue-jeans und kurzen Haaren betont, während der junge Zwillinge-Mann sich die Haare wachsen läßt und ein indisches Flattergewand trägt.

Wie steht es um ihre Gesundheit?

Alles hängt von ihren Nerven ab. Und von ihrem seelischen Gleichgewicht. Wenn sie nicht unter zu vielen Gefühls- oder anderen Problemen leidet, ist sie ganz Charme, immer in Bewegung – um nicht zu sagen: zappelig –, zungenfertig und gut gelaunt. Wenn es »nicht stimmt«, leidet sie unter allerlei Wehwehchen, die von Migräne über ungreifbare Schmerzen und gynäkologischen Problemen bis zu Dauerhusten reichen können; es kann so ziemlich alles sein. Dabei geht es ihr vor allem darum, ein Alibi zu haben, ihre Unzufriedenheit, ihre Angst, ihre Aggressivität oder Nervosität auf irgendeine Art auszuleben … also all das zu verdrängen, was ihr ihre Umgebung vorwirft.

Wie der männliche Zwilling sollte sie auf ihre oberen Atemwege achten, ihr schwächster Punkt jedoch scheint tatsächlich ihr zentrales Nervensystem zu sein.

Daraus folgt natürlich, daß sie alles vermeiden sollte, was sie aus dem Gleichgewicht bringt: durchwachte Nächte, Alkohol, Tabak, ein allzu hektisches Leben, das ihr zwar liegt, das sie aber nicht ungestraft führen kann. Sie braucht Freiheit, und sie liebt die Großstadt und ihre Zerstreuungen. Sie sollte sich also ab und zu ein paar Tage an der frischen Luft in der freien Natur gönnen, um ihre Gewohnheiten zu durchbrechen. Allerdings sollte sie dafür sorgen, daß sie sich dort nicht zu sehr langweilt und nicht zu lange allein ist. Denn sonst bekommt sie ihre unterschwellige Melancholie zu spüren, und das Heilmittel wäre schlimmer als die Krankheit.

Bei Zwillingen gibt es eine gewisse Tendenz zum Manisch-Depressiven; sie schwanken zwischen Phasen der Exaltiertheit und depressiven Zuständen. Eine belebende Atmosphäre, ein ausgeglichener Tagesrhythmus, genug Schlaf und gesunde Ernährung sind also absolut notwendig für sie. Entspannung kann sie ungeheuer stärken und erfrischen.

Wie reagiert sie?

Da sie so eigenwillig, kapriziös und launenhaft ist, hat sie Kontaktschwierigkeiten, obwohl sie so sehr auf Kommunikation aus ist. Sie zeigt ihre Verachtung ein bißchen zu deutlich, und urteilt ein bißchen vorschnell … Dabei verbirgt sie – und das macht sie so rührend – das Naive und Kindliche ihres Wesens nicht, ebensowenig ihre jugendliche Unruhe, mit der sie immer auf Identitätssuche ist. Wenn sie spottet oder sich

über andere lustig macht, ist sie sich nicht bewußt, daß sie damit den anderen weh tun könnte. »Er braucht das doch wirklich nicht übelzunehmen!« … Sie spürt etwas Unvollendetes, etwas Unerreichbares im Leben, vielleicht auch eine Aufgabe oder Hingabe, zu der sie nicht fähig ist.
Die Zwillinge-Frauen wären gern frei von Moral, sind aber nur amoralisch … und auch das nicht ganz so, wie sie es gerne wären. Sie sind so aufrichtig zuzugeben, daß, wenn dunkle Wolken aufziehen, sie wohl das Gewitter selbst hervorgerufen haben.
Sie respektieren nur diejenigen, die sich ihnen mit größerer Autorität entgegenstellen oder sie durch ihr Phlegma besiegen. Wenn man sich weigert, ihr Spiel mitzumachen, beruhigt sie das. Das Karussell, auf das sie gestiegen sind, hört dann auf, sich zu drehen …

Wofür ist sie begabt?

Man trifft Zwillinge-Frauen in den schon bei den Zwillinge-Männern erwähnten Berufen an: sie verstehen es, ihre Nase in allerlei Angelegenheiten hineinzustecken, Kontakte anzuknüpfen, die richtigen Leute anzusprechen und ausfindig zu machen – vor allem, wenn es nicht um ihre unmittelbaren Interessen geht. Sie geben gute Journalistinnen ab, Interviewerinnen, Presseattachées, Scriptgirls. Sie interessieren sich für Film und Theater – sie sind exzellente Schauspielerinnen, sie schreiben und redigieren gern Artikel, sind gute Dolmetscherinnen oder Übersetzerinnen.
Im Grunde finden sie sich in allen Berufen rasch zurecht. Sie können ebensogut in einem Restaurant bedienen, weil sie so wendig sind und ein hervorragendes Gedächtnis haben, wie Geschäfsfrauen sein, die sich den tüchtigsten Männern gegenüber bestens bewähren. Man findet unter ihnen begabte Lehrerinnen oder geschickte Rundfunk- oder Fernsehmoderatorinnen. Die Frau vom »Pollux-Typus« kommt besser mit dem

Leben zurecht als die »Castor«-Frau, die abhängiger und weniger wagemutig ist. Letztere ist ziemlich schüchtern, obwohl es nicht den Anschein hat, und deshalb manchmal ungeschickt.

Wie liebt sie?

Im Grunde hätte sie gern ein Liebesleben wie die anderen, wenn sie sich nur nicht mit dem Auserwählten langweilen müßte. Doch sie hat einen schwierigen Charakter, sie ist nachtragend bis rachsüchtig und kann mit einem Schlag »Schluß machen«, obwohl sie eigentlich gar nicht will, daß man sie beim Wort nimmt. Wenn der andere es müde ist, sich immer wieder eins draufgeben zu lassen, wird er aber eines Tages versucht sein zu sagen: »Ich gehe … wir können ja gute Freunde bleiben.« Sie glaubt allzuleicht, sie könne »es schon wieder hinkriegen« … mit einem freundlichen Wort und einem einschmeichelnden Lächeln.
Sie hat keinen Sinn für Treue und verzeiht dem anderen alle Seitensprünge und Torheiten, die sie sich selbst nachsieht, unter der Bedingung, daß man sie nicht mit dem Herzen betrügt. Und diese Doppeldeutigkeit macht die Dinge manchmal ganz schön kompliziert …
Wenn sie etwas reifer geworden ist, liegt ihr daran, eine auf Freundschaft gegründete Ehe mit einem Mann einzugehen, den sie achten kann. Er wird in ihr eine wertvolle, intelligente, scharfblickende, mit Intuition begabte Ratgeberin finden … die er jedoch nicht zu oft mit sexuellen Anliegen langweilen sollte, und von der er keine heftigen Zuneigungsbekundungen erwarten darf. Sie liebt auf ihre Weise, mit Charme und Sprödigkeit nach dem Motto: »Die wichtigen Dinge muß man nicht aussprechen.«
Wenn eine Scheidung sein muß, ist sie ohne weiteres einverstanden, und sie gewöhnt sich ebenso rasch ans Alleinleben wie an einen neuen Partner, wobei sie glaubt, die Kinder

würden schon alles verstehen, wenn man es ihnen nur unbefangen erkläre. Sie erzieht sie übrigens gut, denn sie respektiert ihre Persönlichkeit und bemuttert sie nicht zu sehr.

Die verschiedenen Aszendenten-Typen

Zwillinge ***Aszendent*** **Widder** ***(Merkur-Mars) Luft-Feuer:*** (Vgl. Widder-Zwillinge). Beziehungen zu den anderen Menschen sind wichtig, müheloser Kontakt, Leichtigkeit, Jugendlichkeit, Verspieltheit. Brillante Intelligenz, die mit allen Schulschwierigkeiten spielend fertig werden müßte. Starke geistige Neugier. Neigt zur Verzettelung. Interessiert sich für zu viele Dinge, als daß er/sie sich leicht entscheiden könnte. Sehr lebhaft, ungestüm, hat eine böse Zunge, macht aber durch ein Lachen wieder alles halbwegs gut. Urteilt etwas vorschnell. Hat etwas Nachtragendes und Streitsüchtiges, aber nur, wo es um seine/ihre Ideen geht. Starke Überzeugungen ... im jeweiligen Augenblick. Aufrichtig und widersprüchlich. Der Freundeskreis ist ungeheuer wichtig. Rasch verfliegende Leidenschaften. Fühlt sich zum Zeichen Waage hingezogen.

Zwillinge ***Aszendent*** **Stier** ***(Merkur-Venus) Luft-Erde:*** (Vgl. Stier-Zwillinge). Stellt seine/ihre verbale Geschicklichkeit und Intelligenz in den Dienst des materiellen Erfolges. Sehr opportunistisch; Sinn für Spekulation, Spiel und Geld. Geschickt, fröhlich, angenehmer Gesellschafter im alltäglichen Leben; flexibel und unkompliziert. Kann sich für Forschung im Bereich der Wissenschaft wie der Kunst interessieren; vielfältige Erfahrungen im beruflichen Bereich. Liebt Veränderungen und Neues, hat aber auch konservative Seiten. Fühlt sich zum Zeichen Skorpion hingezogen.

Zwillinge ***Aszendent*** **Zwillinge** ***(Merkur-Merkur) Luft/Luft:***
Sehr unbeständig und wankelmütig. Harlekin oder Sganarelle (eine recht »luftige«, freche Gestalt aus der Commedia dell'arte); in ständiger Bewegung. Nimmt schnell auf, begreift schnell; entledigt sich seiner Erinnerungen sofort; lebt nur im Augenblick. Zu viele Ideen, wurzellos; hat Begabungen, die er/sie nutzt, Hansdampf in allen Gassen. Lebt mit vielen Auslassungspunkten ... Schwer zu durchschauen: es macht ihr/ihm ein boshaftes Vergnügen, sein Gegenüber zu verwirren. Wechselt die Ansichten wie die Hemden. Nimmt alles spielerisch, auch seine Liebesgeschichten; findet Leute schrecklich, die sich ernst nehmen; sehr egoistisch. Braucht dauernd Publikum; liebt die Kommunikation. Intelligent, aber oberflächlich; hat Schwierigkeiten, etwas auf die Beine zu stellen, wenn kein stabilisierender Planet wie Saturn im Horoskop ein Gegengewicht bildet. Sehr verschwenderisch. Fühlt sich zum Zeichen Schütze hingezogen.

Zwillinge ***Aszendent*** **Krebs** ***(Merkur-Mond) Luft/Wasser:***
Hat Phantasie und schöpferische Begabung, aber zu wenig Bestimmtheit; oft Anfangshemmnisse oder familiäre Probleme, die den Start erschweren. Mangel an praktischem Sinn und Reife. Schwierigkeiten, die Kindheit hinter sich zu lassen. Weiß nicht, woran er/sie sich festhalten soll. Viele Begabungen, sehr sensibel, bleibt aber ohne äußere Stütze oder selbsterrungene Disziplin schwankend und unbestimmt. Liebt schöne Dinge, hat Sinn für Luxus. Leidet unter Mittelmaß und zu bescheidenem Leben. Fühlt sich zum Zeichen Steinbock hingezogen.

Zwillinge ***Aszendent*** **Löwe** ***(Merkur-Sonne) Luft-Feuer:***
Ebenso wie die umgekehrte Konstellation vielleicht das begabteste Wesen des Tierkreises. Hat Schwierigkeiten, sich

zwischen vielen Möglichkeiten zu entscheiden. Interessiert sich für alles, hat überall Erfolg – das ist oft gerade die Tragödie. Wird erst dann erfolgreich sein, wenn er/sie sich auf eine Kunstart oder einen Beruf festlegen und seine ganze Kraft diesem Bereich widmen kann. Hat viel Charme und viele Freunde und eine starke persönliche Ausstrahlung. Zahlreiche Eroberungen. Trotz des äußeren Anscheins und einer gewissen Großzügigkeit kann er/sie seine materiellen Interessen gut vertreten. Begabung fürs Schauspiel, für Malerei und Schriftstellerei. Heftige und unerwartete Zornesausbrüche. Augenblicke der Depression, weil er/sie mit seinen/ihren Kräften nicht haushalten kann. Ungeduldig und oft intolerant. Fühlt sich zum Zeichen Wassermann hingezogen.

Zwillinge ***Aszendent*** **Jungfrau** ***(Merkur-Merkur) Luft/ Erde:***
In dieser Verbindung herrscht Merkur vor, deshalb ist der Betreffende intelligent, von rascher Auffassungsgabe und Geschicklichkeit. Versteht es, etwas aus seinen Begabungen zu machen. Im ganzen jedoch zu viel Nervosität und Verkopftheit. Oft zum Schreiben, manchmal auch zum Unterrichten begabt: Bedürfnis, das erworbene Wissen weiterzugeben. Journalismus. Lust auf Bewegung, Veränderung. Kommt leicht zu Geld, gibt es aber für seine Vergnügungen und seine Freunde gleich wieder aus. Hat früh im Leben Erfolg, vor allem, wenn er/sie sich in einem intellektuellen Beruf engagiert. (Eine Illustration dieser Konstellation haben wir in der Schriftstellerin Françoise Sagan, die mit achtzehn Jahren ihren ersten, sehr erfolgreichen Roman veröffentlichte.) Fühlt sich zum Zeichen Fische hingezogen.

Zwillinge ***Aszendent*** **Waage** ***(Merkur-Venus) Luft/Luft:***
Auch hier künstlerische Begabung. Starke Verführungskraft, Leichtigkeit, Anmut und Intelligenz. Die Meinung und die

Sensibilität der anderen sind ihr/ihm sehr wichtig; wird sich weniger egoistisch verhalten als der reine Zwillinge-Typus. Oft Begabung für Photographie, Tanz und alles, was mit dem Film zu tun hat. Ein Teil des Lebens oder der Karriere kann sich im Ausland abspielen. Neigung zu fernen Ländern. Frühe oder sehr plötzliche Heirat. Schwärmerisch und romantisch. Insgesamt nicht sehr konstant. Findet den notwendigen Halt im Erfolg. Erreicht viel durch seinen/ihren Charme … Fühlt sich zum Zeichen Widder hingezogen.

Zwillinge *Aszendent* **Skorpion** ***(Merkur-Pluto) Luft/Wasser:***
Der Skorpion gibt hier der Zwillinge-Intelligenz eine tiefere und stärkere Dimension; durchdringende Kraft und starker Kritikgeist; sieht alles, läßt nichts durchgehen. Keinerlei Duldsamkeit; »tötet« den anderen, um ihn zur Bewußtwerdung zu zwingen; erträgt weder Dummheit noch Furchtsamkeit bei anderen. Kann eine gefährliche Faszination ausüben, denn nur der Zwilling weiß, in welchem Maß er aufrichtig ist; seine Liebe zum Paradoxen treibt ihn/sie manchmal sehr weit … man sollte ihm dann nicht mehr folgen. Liebäugelt mit dem Tod. (Großartige Illustration dieser Konstellation: Jean-Paul Sartre.) Fühlt sich zum Zeichen Stier hingezogen.

Zwillinge *Aszendent* **Schütze** ***(Merkur-Jupiter) Luft/Feuer:***
Zwei spielerische Zeichen, die einander Streiche spielen, um sich zu verbieten, die Dinge zu ernst zu nehmen, um nicht zu zartfühlend zu sein und wirkliche Emotionen zu beherrschen. Zynischer Idealist oder idealistischer Zyniker. Mehrere Persönlichkeiten sind in einer verborgen. Einmal charmant, einmal irritierend. Entweder sehr ruhig oder zappelig. Phlegmatisch-nervöse Seiten. Liebe zu Kontrasten. Liebt es, mit irgendwelchem Gerede Reaktionen bei anderen zu provozie-

ren. Niemand wird wirklich mit ihm/ihr fertig. Begeht seine Untaten »nur« mit Worten. Genau und fast kleinlich; eher spielerisch als ehrgeizig. Fühlt sich zum Zeichen Zwillinge hingezogen.

Zwillinge ***Aszendent*** **Steinbock** ***(Merkur-Saturn)***
Luft/Erde:
Zähigkeit, Ausdauer und Ehrgeiz helfen dem/der Betreffenden, zur Verwirklichung zu kommen, seine/ihre Begabungen zu nutzen. Viel praktischer Sinn, Realismus, Illlusionslosigkeit. Bemerkenswerte geistige Klarheit, die wenig Raum für Rührung läßt. Tiefer Konflikt zwischen der unvollendeten Jugend des Zwillings und der Altersweisheit des Steinbocks. Arbeitet hart, ohne daß man es merkt. Kann Sichgehenlassen nicht leiden, haßt Pfuscherei und Ungeschicklichkeit. Liebt die Genauigkeit, kann in der Jugend Schwierigkeiten mit der Atmung oder Rheuma haben. Die Gesundheit festigt sich mit dem Älterwerden. Interessiert sich für Wissenschaft und Medizin. Hat diplomatische Fähigkeiten ... Geduldiger als die anderen Zwillinge. (Ein vielsagendes Beispiel: Charles Aznavour.) Fühlt sich zum Zeichen Krebs hingezogen.

Zwillinge ***Aszendent*** **Wassermann** ***(Merkur-Uranus)***
Luft/Luft:
Zwei Zeichen, für die Intelligenz, Erfindungsgabe und ein spielerischer Zugang zur Kommunikation charakteristisch sind. Wir haben es hier mit einem Merkurwesen »hoch zwei« zu tun. Alles geschieht auf Verstandesebene; die Ideen sind wichtiger als ihre Verwirklichung, Pläne wichtiger als ihre konkrete Ausführung. Tausend Ideen am Tag, von denen viele gut sind, aber so »hochgestochen«, daß niemand sie akzeptieren kann. Unabhängiger jugendlicher Geist, immer in Bewegung. Läßt den »Motor« fortwährend auf Hochtouren laufen, deshalb oft nervöse Erschöpfungszustände. Braucht Freund-

schaften. Hat geniale Züge, läuft aber Gefahr, nichts zu verwirklichen, wenn kein gut »geerdeter« Mensch seinen Weg kreuzt. Romantischer und schwärmerischer, als man meinen möchte. Liebesgeschichten und das Gefühlsleben überhaupt sind sehr wichtig, weil sie dem/der Betreffenden als Stütze in Lebensproblemen oder Enttäuschungen helfen. Wird Erfolg haben, wenn es ihm/ihr gelingt, sich wirklich für eine Sache einzusetzen, und wenn er/sie die nötige Unterstützung bekommt. Das ist durchaus möglich, da er/sie Sympathie erweckt. Fühlt sich zum Zeichen Löwe hingezogen.

Zwillinge ***Aszendent*** **Fische** ***(Merkur-Neptun) Luft/Wasser:***
Diese beiden Zeichen haben es sehr schwer miteinander, da sie einander weder durchschauen noch akzeptieren können. Zudem sind beide Doppelzeichen, was die Verwirrung, die Instabilität, die Unbekümmertheit und die inneren Widersprüche noch vermehrt. Scheut Verantwortung, geht Sorgen aus dem Weg – all das überläßt der/die Betreffende lieber anderen. Monolithischer Egoismus mit Anwandlungen von Hingabebereitschaft. Hohe Intuitionsgabe, die dem/der Betreffenden hilft, Chancen zu nutzen, die er/sie nicht immer verdient hat, die aber sehr konkret sein können. Man täuscht sich über dieses Wesen, wenn man es zu hart beurteilt, ebenso aber, wenn man ihm zu viele altruistische Empfindungen unterstellt. Oberflächlicher Großmut; er besteht vor allem im Bestreben, in Ruhe gelassen zu werden und mit anderen Menschen angenehme Beziehungen zu unterhalten. Es sind zwar Fähigkeiten vorhanden, aber auch Trägheit und Bequemlichkeit. Der familiäre, vor allem väterliche Einfluß hat große Bedeutung. Er/sie sollte lernen, sich nicht mit dem äußeren Schein zufriedenzugeben. Fühlt sich zum Zeichen Jungfrau hingezogen.

KREBS

Der männliche Krebs

Wie erkennt man ihn?

Man muß zwei Krebs-Typen unterscheiden: den »runden Mond-Typus« mit dem Kindergesicht, der kleinen Nase, die manchmal geradezu eine Stupsnase ist, den großen, naiven Augen, die weit offen sind wie bei einem Kind, das alles bestaunt. Er hat einen nicht allzugroßen, aber genießerischen Mund – oft einen richtigen Schmollmund.

Sein Körper neigt zur Rundlichkeit, er hat keine festen Muskeln, oft blasse Haut. Sein Bäuchlein ist recht früh rundlich, die Hüften schwer, der Brustkorb lang, die Beine hingegen eher kurz. Es ist etwas Unreifes in seiner Erscheinung.

Der zweite, der »lange Mond-Typus«, ist ein Pierrot, ein Ritter von der traurigen Gestalt, Don Quichote im Kontrast zu seinem rundlichen Gesellen Sancho Pansa. Er ist der nostalgische Poet, man erkennt ihn an den träumenden Augen, der langen, schmalen Nase, den schmalen Lippen, dem ausgemergelten Gesicht. Sein ebenso erstaunter und verträumter Blick sieht hinter die realen Erscheinungen, er sieht jenseits des Konkreten Feinde, die in Wirklichkeit Windmühlen sind. Dieser Krebs ist hochgewachsen, schmal, oft dünn und ebenfalls nicht sehr muskulös. Der Dichter Jean Cocteau illustriert diesen Typus des scheuen Poeten sehr gut. Aber auch hinter der Clownsmaske des runden, jovialen Krebs-Typus sieht man das Verträumte, Poetische und Zerbrechliche …

Wie steht es um seine Gesundheit?

Die auffälligste Krankheit des Krebs-Menschen ist seine Hypochondrie. Er hat einfach immer Angst, krank zu werden, und erfindet Leiden, deren Symptome er schließlich wirklich erleidet. Er hat Angst vor dem Tod und Angst vor dem Schmerz, gefällt sich in der Beschreibung seiner Beschwerden, läßt sich von drei Ärzten gleichzeitig behandeln und telefoniert dau- ernd mit ihnen, um sie von seiner Beunruhigung zu unterrichten. Wenn er wirklich leidet – zum Beispiel Magenschmerzen hat –, stößt er herzerweichende Seufzer aus und bringt seine Umgebung auf Trab, scheint ihre Versuche, ihm Aufmerksamkeit und Hilfe zukommen zu lassen, aber zurückzuweisen. Als außerordentlich gefühlsbetontes und beeindruckbares Wesen sieht er sich schon früh im Grab oder von einer unheilbaren Krankheit heimgesucht.

Wenn er sich unwohl fühlt, verkriecht er sich auf regressive Weise: er schläft dann etwa übermäßig viel, trinkt zu viel (am Fläschchen nuckeln!), kauft sich Berge von Kuchen oder Süßigkeiten oder macht sich mitten in der Nacht über den Kühlschrank her. Oder er beginnt seine Umgebung auf geradezu geniale Weise zu erpressen.

Im Gegensatz zum vielschlafenden Krebs gibt es seinen Bruder, den Nachtmenschen, der immer einen Vorwand findet, den Augenblick des Zubettgehens hinauszuzögern. Hier kann man wohl seine alte unbewußte Angst vor dem Tod als Ursache vermuten.

Der Schwachpunkt des Krebsmenschen ist sein Magen. Er ißt zuviel und zu vieles, was ihm nicht bekommt. Er kann auch an Aerophagie (Luftschlucken), an allergischen Störungen (Nesselfieber, Schuppenflechte) leiden. Manchmal hat er nervlich bedingte oder durch Parasiten hervorgerufene Verdauungsstörungen. Trotz allem besitzt er mehr Abwehrkräfte, als er den Anschein erwecken möchte.

Er sollte sich zu einer vernünftigen Lebenshygiene zwingen,

als weder zu viel noch zu wenig schlafen, Exzesse jeder Art vermeiden (vor allem auf sexuellem Gebiet), seinen Alkoholkonsum begrenzen und sauerstoffhaltige Getränke meiden, durch die die Luft in Magen und Därmen noch unangenehmer wird. Seine Ernährungsweise spielt eine entscheidende Rolle bei der Wahrung seines physiologischen Gleichgewichts. Er liebt Milchprodukte und kann sie auch ruhig zu sich nehmen, ohne sich dabei zu übernehmen. Er sollte viel frisches Gemüse und Obst essen, außerdem Mandeln, Nüsse, Fisch und Schalentiere in Maßen, aber Fleisch in zu großen Mengen und nahrhafte Saucen meiden. Er liebt Zucker, von dem er zu viel ißt, das gleiche gilt für Brot. Dabei wäre für ihn ein Verzicht auf Kohlehydrate anzuraten.

Das Essen sollte in entspannter Atmosphäre stattfinden. Nichts ist schädlicher als ein hastig hinuntergeschlungenes Frühstück in spannungsgeladener Atmosphäre. Solche Gewohnheiten können tatsächlich zu einem Magengeschwür bei ihm führen …

Wassersportarten sind für ihn bestens geeignet: Schwimmen, Segeln, Wasserski, Kanufahren, Tiefseeangeln etc. Das Wasser ist sein Element, es ist das Ur-Element, ihm überläßt er sich mit einem tiefen Glücksgefühl.

Sein homöopathisches Heilmittel: *Calcarea Fluorica.*

Wie reagiert er?

Der Krebs-Geborene ist ein charmantes Wesen, voller Poesie und Zartgefühl, sensibel und träumerisch. Er versteht es wie keiner, Geschichten zu erzählen, und hat unter allen Tierkreiszeichen die fruchtbarste Phantasie. Doch seine kostbarste Gabe ist das Ausstrahlen von Geborgenheit. In seiner Nähe fühlt man sich wohl und vertraut; man kann der sein, der man ist, zwanglos. Vielleicht liegt das an seiner kindlichen Natürlichkeit und Spontaneität. Und an jener Unbekümmertheit und Frische der Seele, die ihn vor jeder Form des Alterns schützt.

Seine Reaktionen sind überaus subjektiv. Es fällt ihm, der immerzu in der Welt des sinnvollen Zufalls und der geheimen Bezüge lebt, schwer, Distanz einzunehmen, die Dinge nüchtern zu betrachten. Seine starke Wahrnehmung ist vor allem gefühlsmäßig, er kann sich von seinen Affekten nur schwer distanzieren.

Er bleibt lange ein großes Kind, das immer auf der Suche nach seiner Mutter ist. Er meint, eine bequeme, angenehme und geschützte Lebensform zu brauchen, die aber der passiven Seite seiner Natur noch mehr Nahrung gibt.

Er hat ein ausgezeichnetes Gedächtnis ... was ihn nicht daran hindert, oft in den Wolken zu schweben. Da er mit Nonchalance arbeitet, tut er mehr, als man glauben möchte, macht aber dabei nie den Eindruck, sehr beschäftigt zu sein. In seinem Dilettantismus, seiner Vielseitigkeit, seiner Brillanz und Neugier und seiner facettenreichen Intelligenz interessiert er sich für hunderterlei Dinge, die er kaum je vertieft, aber die er »erspürt«.

Wofür ist er begabt?

Alles was mit Bildern, Phantasie, Imagination und dem Imaginären zu tun hat, ist die Welt des Krebs-Geborenen. Deshalb ist er fürs Photographieren begabt wie fürs Filmen, für das Schreiben von Gedichten und Romanen wie für das Malen (er malt mit Vorliebe naiv oder surrealistisch).

Ebenso versteht er es hervorragend, mit Menschengruppen, mit Frauen und Kindern umzugehen. Deshalb kann er Erfolg haben in einem »publikumsbezogenen« Beruf, in dem er mit Kunden oder Klienten zu tun hat, sich mit sozialen Problemen beschäftigen kann, mit der ärztlichen oder therapeutischen Behandlung von Kindern, mit Geburten.

Aber auch Mode und Innenarchitektur liegen ihm; seine Vorliebe für Gemütlichkeit, Bequemlichkeit und für das häusliche Leben kommen ihm dabei zugute, zudem hat er einen Sinn für technische Spielereien und ist deshalb auch ein tüchtiger Installateur.

Eine Gefahr in seinem Berufsleben ist jedoch die Neigung zur Selbsttäuschung. Er hat die Tendenz, seine Wünsche für die Wirklichkeit zu halten. Wenn er andere Menschen belügt, so in erster Linie, weil er sich selbst belügt. Alles ist immer kurz davor zu klappen, er hat die tollsten Projekte vor, das Glück steht vor der Tür, die Kontakte sind alle aufgenommen, die Verträge sind so gut wie unterschrieben … und schon gibt er Geld aus, das er noch gar nicht bekommen hat … und das er auch nie bekommen wird. Um seine Schulden zu bezahlen, läßt er sich auf neue grandiose Projekte ein, die natürlich todsicher gelingen werden! Und in diesem Teufelskreis kann er sehr herunterkommen, manchmal bis in die Gosse. Wenn nicht ein Glücksfall eintritt … und daß der im Leben von Krebsmenschen oft eine Rolle spielt, ist nicht zu leugnen.

Krebs-Männer geben unglaublich gern und viel Geld aus. Je ängstlicher sie sind, desto verschwenderischer sind sie auch. Sie können sich sehr großzügig gebärden – vor allem, wenn sie selbst etwas davon haben, beispielsweise, wenn sie eine Reise finanzieren oder die Einrichtung ihres Hauses – und im gleichen Atemzug Geiz an den Tag legen oder alle in der Umgebung zu unverständlichen kleinlichsten Sparprogrammen zu drängen versuchen.

Wie liebt er?

Wenn die Fixierung auf die Mutter zu stark ist, kann der Krebs-Mann sich ihren Fängen nie entziehen und schließlich homosexuell werden. Häufiger jedoch sucht er in seiner Sensibilität eine Frau, ob sie nun dem Bild seiner Mutter gleicht oder nicht. Hat er in der Vaterschaft nicht zur Reife gefunden, wird es ihn zu »Mädchen« hinziehen, für die er im reiferen Alter eine Vatergestalt sein kann … was natürlich einen stark inzestuösen Charakter hat. Die Mädchen wiederum werden

sich stark an diesen erfahrenen und unermüdlichen Liebhaber binden.
Man wirft ihm oft vor, die Quantität der Qualität vorzuziehen; man muß jedoch zu seiner Verteidigung sagen, daß er den Frauen sehr gefällt und daß er sie besser versteht als jeder andere, zumal er physisch selbst so weiblich ist. Er schaut in die Frau hinein, errät ihre Wünsche, nimmt sie mit sich in eine wunderbare Welt.
Man wirft ihm weiter vor, daß er recht empfindlich sei, dazu neige, extravagante Szenen zu inszenieren, sich Gefühlserpressungen auszuliefern, daß er sich in unreifen Beziehungen gefalle und zu Unterdrückung- und Opferspielen neige.
Neben dem untreuen und unbeständigen Krebs gibt es einen anderen Typus, der ganz einfach den Wunsch hat, sich mit einer liebenswürdigen Frau zu verheiraten, die die Mutter seiner Kinder wird, seine kleinen Narreteien akzeptiert und mehr oder weniger die Hosen anhat. Er wird sich seinen Kindern gegenüber wunderbar »mütterlich« verhalten, mit ihnen spielen und sie verstehen. Für ihn bedeuten eine Frau, ein Haus, blonde Kinderschöpfe, eine Pfeife und gemütliche Pantoffeln die ideale Gleichung. Er wird von weiten Reisen träumen, ohne den Fuß vor die Tür zu setzen … während der andere Krebs-Typus unaufhörlich reist und dabei von einem sicheren Heimathafen träumt, wo ihn zärtlich liebende Frauen zu Tränen rühren …

Wenn er ein … wäre

Wenn er ein Tier wäre, dann wäre er eine Katze, vielleicht auch ein Meerschwein – oder eine Grille.
Wenn er ein Baum wäre: eine Trauerweide oder noch eher eine Silberweide.
Eine Pflanze: Kopfsalat oder Kohlrabi.
Eine Blume: Mohn, die Blume des Schlafes und Traumes.
Ein Gewürz: Essiggürkchen.

Ein Metall: Silber.
Ein Edelstein: Mondstein oder Perle.
Orangenblütenwasser wäre für ihn ein leichter und angenehmer Duft.
Eine Farbe: bläuliches Weiß, Perlgrau.
Ein Musikinstrument: Cembalo.
Ein Sammlerobjekt: Photographien, alte Postkarten oder Verkleidungen und Kostüme.

Der weibliche Krebs

Woran erkannt man die Krebs-Frau?

Bei ihr sind die beiden morphologischen Typen (rund und lang/schmal) vermischter als beim Krebs-Mann. Ein sanftes, liebliches Aussehen, Züge, die lange kindlich-jung bleiben, der »Rehblick«, der immer ein bißchen verängstigt wirkt, oder große Augen, die das ganze Gesicht beherrschen – alles in allem ist sie eher süß und rührend als wirklich hübsch. Sie hat aber, vor allem, viel Charme, einen schönen rosigen oder blassen Teint, ein sehr junges Lächeln, das ihr auch im Alter erhalten bleibt, einen verträumten Blick und etwas Zerbrechliches, das bei den anderen Menschen Beschützerinstinkte weckt. Sie gibt sich im übrigen gern fragiler, als sie es in Wirklichkeit ist … denn das kommt ihrer natürlichen Passivität entgegen.
Man begegnet zwei Krebs-Frauen-Typen: die eine ist zierlicher, kindlicher, geschmeidiger und schaut wie das ewige kleine Mädchen drein; die andere hat einen eher »flämischen« Einschlag, ist fülliger, hat einen üppigen Busen und breite Hüften, verkörpert also eher den mütterlichen Typus.

Wie steht es um ihre Gesundheit?

Hier finden wir eine besondere Sensibilität für die Mondphasen, die sich auf ihre Laune und ihre Verfassung, aber auch auf ihren Schlaf auswirken; sie hat manchmal nachtwandlerische Störungen, Anfälle von Nervosität, auch mediale Fähigkeiten. Krebs-Frauen sollten bedenken, daß manche Träume durchaus Warnsignal sein können.

Man findet bei ihr eine ausgeprägte Tendenz, krank zu werden, wenn sie Sorgen oder Ängste hat. Solche somatischen Erscheinungen gibt es bei ihr auf den verschiedensten Ebenen: meist stehen sie mit der Verdauung in Zusammenhang, manchmal mit der Atmung, am allerhäuftigsten jedoch mit Allergien, Asthmaanfällen oder Nesselfieber-Schüben. Sie sollte ihre Brust im Auge behalten, an der Geschwüre wie Krebs, Zysten, Abszesse etc. auftreten können. In der Jugend gibt es bei ihr oft Probleme mit den Drüsen und eine Neigung zum Übergewicht. Krebs-Frauen haben oft schwere Beine und neigen zu Wasserablagerungen in den Geweben.

Oft tut es ihr überall weh, sie wird plötzlich von Müdigkeit überfallen oder leidet unter Muskelverkrampfungen, die nichts als die physische Erscheinungsform ihrer »seelischen Verkrampfungen« sind.

Man muß ihr dasselbe raten wie den männlichen Vertretern ihres Sternzeichens, was die tägliche Ernährungshygiene anbelangt. Krebs-Frauen sollten jedoch einen Psychologen aufsuchen, wenn ihre Störungen allzu hartnäckig sind oder wenn sie von zu vielen Ängsten heimgesucht werden.

Oft finden solche Frauen durch die Mutterschaft zu ihrem Gleichgewicht; sie lieben Kinder sehr – vor allem die ganz kleinen – und werden schon mit fünfzehn Jahren erzählen, daß sie einmal mindestens ein Dutzend davon haben wollen. Wenn sie allerdings dann nach dem zweiten oder dritten schon recht erschöpft sind, ändern sie rasch ihre Meinung.

Sie haben ein zartes Nervensystem und eine sehr emotionale

Natur. Ihre Gesundheit hängt von ihrem Lebensglück und von ihrer Sicherheit ab.
Sie weinen leicht und verachten das Alter – das der anderen, mehr noch aber ihr eigenes. Sie werden lernen müssen, es zu akzeptieren ... wenn sie einmal Großmutter werden, fällt ihnen das oft leichter.

Wie reagiert sie?
Die Krebs-Frau träumt viel und hat manchmal Mühe, zwischen der Realität und ihren Phantasievorstellungen zu unterscheiden. Als Kind liebt sie es, sich zu verkleiden und jemand anderer zu sein. Wenn sie lügt, so eher, um die Wahrheit zu »verkleiden«, zu verschönern, als um eines persönlichen Vorteils willen. Oder weil sie dadurch ein malerischeres, phantastischeres Bild von sich selbst bekommt ... Da sie über ein gutes Gedächtnis verfügt, kommt sie damit eine ganze Zeit lang gut durch. Aber sie macht sich nicht gern viel Mühe, und ihre Bequemlichkeit spielt ihr so manchen Streich. Dieses phlegmatische Wesen hat plötzliche Aktivitätsschübe; dennoch delegiert sie ihre Fähigkeiten gern und gibt irgend etwas ohne Gewissensbisse auf. Was ihr an Willenskraft mangelt, ersetzt sie durch Zähigkeit. Als Mutter kann sie ein ganz anderes Wesen werden als dieses begabte, verträumte, intelligente und schöpferische junge Mädchen, das sie einmal war. Sie ist dann verantwortungsbewußter, selbstsicherer, hat plötzliche Aufwallungen von autoritärem Gehabe und mehr Charakterstärke, dafür aber weniger Phantasie. Sie wird ein wenig hausbacken, interessiert sich nur noch für ihre Nachkommenschaft und gibt ihre Wunschträume auf.
Wenn sie von Ängsten geplagt ist, wird sie verschwenderisch; sie kauft sich drei Kleider an einem Tag, auch wenn ihr Budget darunter leidet.
Die Fixierung auf die Kindheit ist bei der Krebsfrau sehr stark; sie fühlt sich ebenso mit dem Vater wie mit der Mutter ver-

bunden. Manchmal ist sie noch mit vierzig »alte Jungfer«, die sich nie hat entschließen können, ihre Eltern zu verlassen; sie wird sie zu Grabe tragen, krank werden und weder ihren Tod noch die eigene Einsamkeit ertragen.

Wofür ist sie begabt?

Man trifft sie in allen »mütterlichen« Berufen: Säuglings- und Kinderschwester, Kinderpsychologin, Kindergärtnerin, Heilpädagogin, Krankenschwester etc. Sie vollbringt manchmal Wunder, weil sie zu Kindern und Jugendlichen eine so gute Beziehung hat.

Wie der Krebs-Mann kann sie auch in Berufen erfolgreich sein, die mit der konkreten Lebenssphäre, mit Haus, Einrichtung, Gestaltung, Möbeln zu tun haben. Sie kann sich sehr gut vorstellen, in welche Umgebung jemand paßt, und wird sich genau auf den Menschen einstellen, der sie beauftragt, seine Wohnung zu gestalten.

Da sie so phantasiegegabt ist und Sinn für Poesie hat, wird sie reizende Kindergeschichten schreiben können, ebenso aber frische und einfühlsame Romane; ihr Farbsinn ist noch ausgeprägter als ihr Formsinn, sie fühlt sich zum Zeichnen und Malen hingezogen. Sie macht schöne Photographien und hervorragende Porträts. Oft ist sie eine wegen ihres Charmes und ihrer Natürlichkeit geschätzte Schauspielerin (wie beispielsweise Leslie Caron oder Nathalie Wood).

Im allgemeinen gilt, daß sie einen festen Rahmen braucht, eine gewisse Arbeitsdisziplin, die ihr von außen auferlegt wird. Ihr beugt sie sich dann durchaus gutwillig.

Wie liebt sie?

War ihre Vaterfixierung stark – ob der Vater nun idealisiert wurde oder abwesend war –, so wird das junge Krebs-Mädchen sein Leben lang nach jenem Vaterbild suchen, das es nicht mehr aufgeben will und kann. Also wird sie als Frau –

denn es gibt keinen Zufall – immer wieder reifen Männern begegnen, von denen sie Schutz und Zärtlichkeit erwartet. Ist die Beziehung zu solch einem Mann jedoch zu neurotisch, zu gestört, wird die Krebs-Frau unbefriedigt bleiben, sie wird sich in kindliches Verhalten zurückziehen, was um so gefährlicher ist, je weniger sie sich weiterentwickeln kann. Die Rolle der Kind-Frau fordert viel Raffinesse ... Man muß sich schon anstrengen, wenn man immer den Eindruck erwecken will, ahnungslos zu sein, nichts allein fertigzubringen!
Die ausgeglichene Krebs-Frau wird danach streben, zu heiraten und Kinder zu haben. Muß sie sich eines Tages entscheiden zwischen ihrem Beruf und dem Hausfrauendasein, so wird sie ohne allzu langes Zögern ersteres opfern.
Als junges Mädchen träumt sie vom Märchenprinzen. Als reife Frau legt sie dann ihre Wunschträume ab und widmet sich ganz ihren Kindern, manchmal sogar auf Kosten des Ehemanns, der darauf mit einiger Eifersucht reagiert. Weder der Krebs-Mann noch die Krebs-Frau sollten bei ihren Eltern oder Schwiegereltern wohnen, denn dann werden sie ihre Abhängigkeit nie los, was die eigene Ehe zerstören kann.
Die Krebs-Frau sollte sich vor ihren masochistischen Tendenzen hüten, vor ihrem Hang zu Illusionen, der ihr immer wieder Enttäuschungen einbringt, aber auch vor ihren naiven und subjektiven Urteilen und vor ihrer Passivität, mit der sie allzu oft andere über ihr Schicksal entscheiden läßt.

Die verschiedenen Aszendenten-Typen

Krebs ***Aszendent*** **Widder** ***(Mond-Mars) Wasser/Feuer:***
(Vergl. Widder-Krebs). Hier ist der Einfluß des Familienlebens und der Eltern noch stärker als bei der umgekehrten

Konstellation. Starker Widerspruch zwischen der Versuchung, sich in den Mutterschoß zu flüchten, und der Lust auf Abenteuer. Setzt sich Schwierigkeiten aus, da er/sie sich brüsk und provozierend gibt, und verträgt diese Schwierigkeiten schlecht. Kann sich auch als ehrgeizig erweisen und nach einem schwierigen Start Erfolg haben. Übernimmt manchmal das Familienunternehmen oder -geschäft und bringt es zum Florieren, läuft aber Gefahr, in Konflikt mit dem Vater zu geraten, solange dieser das Heft in der Hand hält. Die Frau wird ihrem Mann nach Kräften helfen und ihm ein gemütliches Zuhause schaffen. In der Kindheit oft Neigung zur Anorexie (Nahrungsverweigerung, die durch eine ängstliche oder überbeschützende Mutter verursacht wird). Fühlt sich zum Zeichen Waage hingezogen.

Krebs ***Aszendent*** **Stier** ***(Mond-Venus) Wasser/Erde:***
(Vergl. Stier-Krebs). Der umgekehrten Konstellation sehr ähnlich: liebenswürdig und freundlich. Unkomplizierter Charakter, gutmütig im alltäglichen Leben; manchmal zerstreut, schafft es aber, daß niemand ernstlich zürnt. Starkes gefühlshaftes Gedächtnis; erträgt es nicht, daß man den von ihm/ihr geliebten Menschen etwas zuleide tut. Künstler oder Amateur, der Schönes liebt; schätzt romantische Literatur. Sentimental, leidenschaftlich, sinnlich. Muß sich vor Beziehungen hüten, in denen er/sie das Opfer oder der/die Beherrscher(in) ist.
Schicksal voller »Knalleffekte«. Dem Zufall wird ein wichtiger Platz eingeräumt; er/sie versteht es, sich immer wieder rasch ein bequemes, geschütztes »Nest« zu verschaffen. Vor allem die weiblichen Vertreter der Konstellation sind oft Glückskinder. Die Krebs/Stier-Männer laufen öfters Gefahr, in der Liebe in die Rolle des Opfers zu geraten, sich physisch von »Biestern« angezogen zu fühlen. Fühlt sich dem Zeichen Skorpion nahe.

Krebs ***Aszendent*** **Zwillinge** ***(Mond-Merkur) Wasser/Luft:*** (Vergl. Zwillinge/Krebs). Zwei Zeichen voller Phantasie und fruchtbarer Kreativität. Junger Charakter. Hat Schwierigkeiten, erwachsen zu werden und Verantwortung zu übernehmen. Geld zerrinnt ihr/ihm zwischen den Fingern. Hat etwas Kapriziöses, ein wenig das charmante, verwöhnte Kind. Versteht es, die Umwelt um den Finger zu wickeln ... und das Glück anzuziehen, weil sie/er den Eindruck erweckt, es allein nicht zu schaffen. Ruft Beschützerinstinkte hervor. Heiratet einen reiferen Menschen, der bei ihr/ihm die Elternrolle übernimmt. Manchmal homosexuelle Neigungen (wie bei der umgekehrten Konstellation). Hat mit Hilfe von Glück und Talent Erfolg, nicht so sehr durch harte Arbeit. Fühlt sich zum Zeichen Schütze hingezogen.

Krebs ***Aszendent*** **Krebs** ***(Mond-Mond) Wasser/Wasser:*** Viel Charme, Liebreiz und große Freundlichkeit; hat manchmal etwas Clownhaftes; andere fühlen sich in ihrer/seiner Gegenwart wohl; liebt es, Geschichten zu erzählen, tut es virtuos und mit überschäumender Phantasie. Hat die Gabe zu staunen, auch noch im Alter. Lässig und bequem. Erwartet, daß ihr/ihm die gebratenen Tauben in den Mund fliegen.
Viel Intuition, oft medial begabt. Liebt Bequemlichkeit und Luxus, aber nicht irgendwelche Anstrengungen. Geht den Weg des geringsten Widerstands, bis er/sie eines Tages seinen/ihren Weg findet, aufwacht und zu arbeiten beginnt. Heiratet spät ... weil es ihr/ihm fast nicht gelingt, die familiären Bande zu durchtrennen. Fühlt sich mit Traditionen, Riten, Zeremonien verbunden. Liebt Verkleidungen und alles, was schöne Träume und Phantasien nährt. Ist ganz entzückt von Kindern. Wenn sie in sein/ihr Leben treten, kann sich alles ändern – zum Guten. Fühlt sich zum Zeichen Steinbock hingezogen.

Krebs ***Aszendent*** **Löwe** ***(Mond-Sonne) Wasser/Feuer:***
Der Ehrgeiz wird von der Phantasie genährt, daher rührt die Gefahr, daß der/die Betreffende seine Zeit damit verbringt, von einer nahen wunderbaren Zukunft zu träumen ... und immer alles auf morgen zu verschieben. Manchmal Neigung zur Mythomanie oder, banaler gesagt, zum Aufschneiden und Lügen. Sehr idealistisch und naiv. Schafft sich einen schönen Schein, hat es aber schwer, in diese bewundernswerte Haut zu schlüpfen. Wäre gern vielbewundert, stellt sich gern zur Schau; hat ein verborgenes (Innen)leben. Trägt einen Kindheitstraum mit sich herum, den er/sie verzweifelt einzuholen versucht. Dafür ist manchmal die Mutter verantwortlich. Ist der Vater gescheitert, wird der Sohn, weil er sich so sehr mit ihm identifiziert, eines Tages selbst scheitern, selbst wenn er es materiell zu etwas gebracht hat. Fühlt sich zu starken Menschen hingezogen, die ihm/ihr Infantilismus vorwerfen, sich aber doch dazu durchringen können, ihn/sie im Stich zu lassen. Sehr mit der Familie und den eigenen Kindern verbunden. Hat großmütige Träume. Fühlt sich zum Zeichen Wassermann hingezogen.

Krebs ***Aszendent*** **Jungfrau** ***(Mond-Merkur)***
Wasser/Erde:
Freunden gegenüber sehr loyal und hingebungsvoll. Braucht eine Rechtfertigung durch eine altruistische Aktivität. Die Jungfrau fügt der Phantasiekraft des Krebses praktischen Sinn und einen gewissen Realismus hinzu. Hat lange gegen eine lähmende Schüchternheit und gegen Hemmungen zu kämpfen, die vor allem ihr/sein Gefühlsleben stören. Läuft Gefahr, sich von der Außenwelt abzukapseln und den eigenen Horizont einzuengen, obwohl im Grunde ein Hang zum Künstlerischen vorhanden ist. Begabt für minutiöse und präzise Arbeiten, Photographie, Zeichnen, Design. Bei den Krebs/Jungfrau-Frauen besteht die Gefahr, aus Angst vor Enttäuschungen zur

»alten Jungfer« zu werden. Fühlt sich zum Zeichen Fische hingezogen.

Krebs ***Aszendent*** **Waage** ***(Mond-Venus) Wasser/Luft:*** Sehr künstlerisch, sehnt sich nach Harmonie, nach Glück für sich und alle anderen. Sehr gefühlshafte und romantische Natur, aber, wie alle Träumer, Enttäuschungen ausgeliefert. Strebt nach Erfolg. Hat ihn auch durch seinen/ihren Charme und durch ein sehr reales Talent, wenn nötig Unterstützung zu finden. Bringt nichts zustande, wenn er/sie sich nicht geliebt fühlt. Geschickt in künstlerischen Berufen und in der Werbung. Diese Konstellation ist für Frauen günstiger als für Männer, die zu zögernd und beeinflußbar oder zu sehr von der Umgebung abhängig sind. Fühlt sich zum Zeichen Widder hingezogen.

Krebs ***Aszendent*** **Skorpion** ***(Mond-Pluto) Wasser/Wasser:*** Sensibel und intuitiv bis zur medialen Begabung. Warn-Träume und merkwürdige Vorahnungen, jedoch auch viel Angst; anfällig für Depressionen, wenn die Wirklichkeit sich enthüllt. Bei diesem Wesen ist alles Emotion, Empfindung, Mysterium und Geheimnis. Einnehmender, bezaubernder Charme. Bedürfnis nach Reisen und Fluchten jeder Art. Wenn das Glück zu Hilfe kommt, wird der sichere Instinkt des Horoskopeigners noch verstärkt. Muß sich über seine spontanen Sympathien und Antipathien bewußt werden. Von Kindheit an plötzliche Schicksalseinbrüche und ein »explosives« Zuhause. Erbt oft die mütterlichen Ängste. Fühlt sich zum Zeichen Stier hingezogen.

Krebs ***Aszendent*** **Schütze** ***(Mond-Jupiter) Wasser/Feuer:*** Schmerzhafte Ereignisse oder Kummer in der Kindheit; solche Schicksalsprüfungen machen den Betreffenden jedoch nicht bitter, sondern bestärken ihn in dem Wunsch, zu verstehen, zu beschützen, anderen das Leiden zu ersparen, das ihm/ihr auferlegt war. Hat etwas Missionarisches, Naives, kennt melancholische Augenblicke, Schatten, die seine fundamentale Lebensfreude trüben. Freundlicher, herzlicher, sympathischer Charakter; er/sie versteht es, Liebe zu wecken. Krebs/Schütze-Menschen sind Eltern mit einem goldenen Herzen, liebevoll, einfühlsam, gute Pädagogen. Lebhaftes Interesse für die Kindheit und ihre Probleme. Eine Erbschaft kann die Lebenssituation, die lange bescheiden war, verbessern. Das Glück zeigt sich jedoch auf verschiedenste nicht-materielle Weise. Fühlt sich zum Zeichen Zwillinge hingezogen.

Krebs ***Aszendent*** **Steinbock** ***(Mond-Saturn) Wasser/Erde:*** Oppositions-Konstellation; widersprüchliche Natur; vor allem bei Frauen der Konflikt zwischen dem Bedürfnis, einen verantwortungsvollen Menschen um sich zu haben, zugleich aber selbst im alltäglichen Leben gern die Initiative zu ergreifen und Autorität auszuüben. Neigung, sich zu viel aufzuladen, sich aber gleichzeitig zu beklagen, um bei den anderen Schuldgefühle auszulösen. Zugleich großzügig und kleinlich, verschwenderisch bei unnötigen Dingen, im Haushalt und gegenüber Kindern, jedoch plötzliche Anfälle von Geiz anderen gegenüber. Zugleich zartfühlend, poetisch, bereit, Nähe zuzulassen, und kühl, autonom und klar im Denken. Schwer vorhersehbare Reaktionen. Häufig Erschütterungen in der Kindheit oder ein gewisser Mangel an Zuneigung, den dieses verschlossene Wesen besonders deutlich empfand. Reagiert manchmal regressiv, indem er/sie sich in den Schlaf, in Bequemlichkeit oder Naschen bzw. Völlerei flüchtet. Gute Kontakte im gesellschaftlichen Leben. Fühlt sich zum Zeichen Krebs hingezogen.

Krebs ***Aszendent*** **Wassermann** ***(Mond-Uranus) Wasser/ Luft:***
Ideenreichtum, Erfindungsgabe, herzliche Freundschaften. Wäre gern unabhängig, erweist sich aber oft als unentschlossen. Erträgt zwar keinen Zwang, braucht aber einen festen Rahmen. Wenn es ihm/ihr gelingt, sich zu disziplinieren und wenn ein gewisser Druck von außen kommt, kann er/sie seine/ihre Erfindungsgabe und Gedankenfrische nutzen. Interessiert sich oft für Wissenschaftliches (z. B. Medizin und medizinische Forschung). Ein starker Mars im Horoskop, beispielsweise im Zeichen Löwe, Steinbock oder Widder, wäre wünschenswert. Muß sich im Lauf des Lebens festigen, hat aber Schwierigkeiten, die Kindheit abzuschütteln; bleibt lange leichtgläubig und naiv. Viel hängt hier von dem äußeren Einfluß – vor allem von den Liebesbegegnungen – ab, die sein/ihr Leben prägen. Eine Ehe kann für den/die Horoskopeigner(in) wichtige Anregung und Ermutigung sein. Fühlt sich zum Zeichen Löwe hingezogen.

Krebs ***Aszendent*** **Fische** ***(Mond-Neptun) Wasser/Wasser:***
Liebenswert und sensibel, ja übermäßig empfindsam, verletzlich und zuweilen sehr kindlich und naiv. Extrem versponnen. Hat ein weites Herz; träumt gern und ist stets bereit, das geliebte Wesen zu idealisieren. Alles geschieht auf der Seelen- und Imaginationsebene; leider fehlt es allzu oft an festem Willen. Planeten im Zeichen Löwe oder Widder sind in diesem Horoskop höchst notwendig, damit der/die Betreffende nicht in all dem Wasser versinkt. Hat oft eine mediale Begabung oder hellseherische Fähigkeiten. Die Welt des Weiblichen ist für Krebs/Fische-Frauen sehr anziehend, weil sie sich in ihr wohl fühlen; ein Krebs/Fische-Mann wird sich jedoch – vielleicht zu Recht – vor einer Ehe hüten. Die Frau mit dieser Konstellation ist sehr geheimnisvoll, irgendwo »anders« zuhause. Beide fühlen sich zum Zeichen Jungfrau hingezogen.

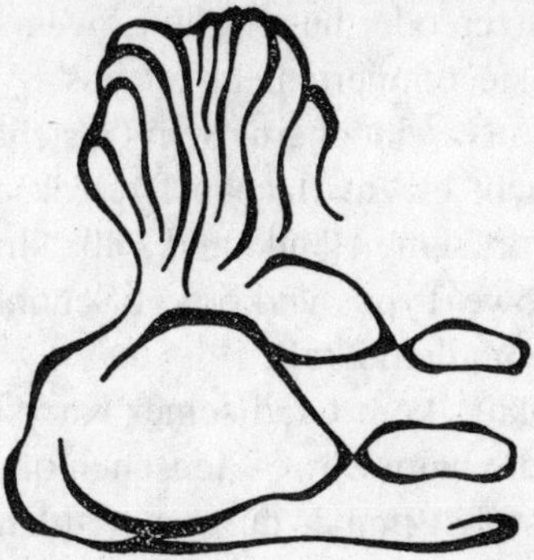

Der männliche Löwe

Woran erkennt man ihn?
Man erkennt ihn an seinem »Stil«. Er wirkt immer aristokratisch, er hat Klasse. Sein Gang ist geschmeidig, katzenhaft; er macht lange, gelassene Schritte und setzt die Fußspitze zuerst auf. Er hält sich aufrecht, verliert nie etwas von seiner Größe, hält den Kopf leicht nach hinten geneigt. Läßt er sich auf einen Sessel nieder, so geschieht das mit soviel Anmut und Würde, daß man meint, er säße auf einem Thron. Er demonstriert eine Art einstudierter Lässigkeit, die seine Sicherheit deutlich macht.
Man erkennt ihn oft auch an seinem herrlichen Haar … eine richtige volle »Mähne«.
Man muß zwei Arten von Löwe-Männern unterscheiden. Der erste ist ein Sohn Apollos: schön nach klassischem griechischen Vorbild, mit gerader Nase, hoher Stirn, mandelförmigen Augen und regelmäßigen Zügen; sein Körper ist harmonisch gebaut, er ist muskulös, hat schmale Hüften und wohlgeformte Oberschenkel. Der zweite Löwe-Typus ist ein Sohn des Her-

kules: sein Körper ist mächtiger, gedrungener, mit einem kräftigen Oberkörper und schmaler Taille, wie man es bei mageren Katzen oder hungrigen Löwen sieht ... Seine Nase ist flacher, sie erinnert mehr an das Symboltier mit ihren ausgeprägten Nasenlöchern. Sein Gesicht ist eher rechteckig oder entspricht einem flachen Dreieck, sein Kiefer springt stärker hervor, seine Hände und Füße sind groß und kräftig. Der erste Löwe-Typus verkörpert Schönheit und Harmonie, der zweite vor allem Kraft.
Der Blick hängt vom Grad seiner Kurzsichtigkeit ab – eine Schwäche, die beim Löwe-Menschen oft auftritt. Ein Detail: sein Kinn ist fast immer durch eine kleine horizontale oder vertikale Furche gekennzeichnet.

Wie steht es um seine Gesundheit?
Scheinbar hat er eine eiserne Gesundheit, doch gibt es durchaus Schwachpunkte. Abgesehen von seiner Kurz- oder Weitsichtigkeit muß er auf sein Herz achten. Dieser »gallige« Typ, der sich seiner selbst so sicher ist, hat mit mehr Ängsten zu kämpfen, als er wahrhaben will, vor allem, wenn er große Verantwortung auf sich laden soll. Er läuft dann Gefahr, sich von seinen Sorgen allmählich auffressen zu lassen. Und dann droht ihm der Infarkt, das, was man früher den »Schlag« nannte. Außerdem wird die Widerstandsfähigkeit des Löwen durch einen mit den Jahren schlechter werdenden Schlaf geschwächt, der bei einem so chronisch Überlasteten aber gerade ein besonders kostbares Gut ist.
Auch sein Rücken ist ein anfälliger Bereich: er kann unter Bandscheibenschäden leiden oder unter anderen Wirbelproblemen, die Schwindelgefühl und allerlei andere Unpäßlichkeiten mit sich bringen.
Dieses Arbeitstier verfügt jedoch über eine bemerkenswerte Widerstandskraft; es erschöpft seine Mitmenschen durch seine hohen Anforderungen. Der Löwe-Mann muß lernen, sich nicht

zu viel vorzunehmen: wenn er merkt, daß sein Solarplexus sich wie ein Knoten anfühlt, sollte er sich eine Pause gönnen.
Seine körperlichen Schwächen kommen aus seinem extremen Narzißmus (Sie erinnern sich ... der Gott Narcissos entdeckt sein verführerisch schönes Spiegelbild im Wasser, versucht, es zu küssen ... und ertrinkt), aber auch aus einem gewissen Größenwahn. Er prahlt gern und hält sich für großer Taten fähig. Und wenn er einen Hang zur Mythomanie hat, erfindet er sie einfach ...
Er sollte manchmal »den Fuß vom Gaspedal nehmen« und sich immer wieder Augenblicke der Besinnung gönnen, in denen er sich vielleicht zu etwas ganz anderem entschließt. Wichtig ist, daß er sich Abwechslung gönnt und sein neuro-vegetatives System zur Ruhe kommen läßt, das äußerst sensibel reagiert, wenn er »überdreht«. Für ihn wäre Hatha-Yoga oder T'ai chi zu empfehlen, denn diese Bewegungstechniken harmonisieren das Nervensystem und bringen die Energien wieder in Fluß.
In der Ernährung sollte er Dinge vorziehen, die für den Kreislauf gut sind, zu viel Fleisch und Alkohol vermeiden und auf alles verzichten, was den Blutdruck steigert. Delikat mit Kräutern und anderen Gewürzen zubereitete Speisen regen seinen Appetit an, was notwendig ist, denn er ist manchmal so angespannt, daß er fast nichts hinunterbringt. Gut sind für ihn Fruchtsäfte wie Orangen- oder Pampelmusensaft, ebenso Trockenfrüchte, denn diese enthalten viele Mineralstoffe und Spurenelemente und geben ihm durch ihren Fruchtzucker Energie. Safran und Lorbeer passen zu ihm, ebenso wie Knoblauch, ein ausgezeichnetes Mittel zur Blutdruckregulierung. Zudem sollte er Oliven, Karotten, Heidelbeeren (gut für die Augen!), Tomaten, Rote Bete, gekeimte Weizenkörner und alle Sorten Getreide essen.
Sein homöopathisches Heilmittel: *Magnesium phosphoricum.*

Wie reagiert er?

»Also, ICH ...« So beginnt der Löwe-Mensch seine Sätze oft. Gefolgt von wiederholten insistierenden Fragen wie: »Du verstehst doch!?« Narzißmus auf der einen, der Wunsch, verstanden zu werden und sich mitzuteilen auf der anderen Seite. Immer aber von einer Position aus, in der der Löwe dominiert. Er mustert die anderen, mißt sie mit seinem Blick – ohne es überhaupt zu merken. Man sagt, er sei »stolz«, akzeptiert diese Überlegenheit aber scheinbar wie von selbst, vielleicht, weil er sie gar so unschuldig zur Schau stellt.

Zu den großen Fehlern des Löwen gehört außerdem sein cholerisches Temperament, das ihn manchmal in blindem Zorn explodieren läßt, wozu große Gesten gehören, mit denen er alles beiseite fegt, was ihm in den Weg kommt. Alexandre Dumas, ein »doppelter« Löwe, war dafür berüchtigt. Erwähnt sei ferner sein Hochmut und seine unschuldige Selbstgewißheit, die an Naivität grenzt und nur dann unerträglich wird, wenn sie sich zu Despotismus versteigt.

Die andere Seite der Medaille zeigt uns einen ganz anderen Löwen: einen Menschen, der großer Gefühle fähig ist, eine außerordentliche Noblesse an den Tag legt, der frei von jeder Kleinlichkeit, voller Begeisterungsfähigkeit und Großmut ist, einen tieferen Gerechtigkeitssinn und einen stolzen und großmütigen Idealismus verkörpert. Seine klare, geschmeidige, lebendige Intelligenz erlaubt es ihm, Probleme unmittelbar zu erfassen. Er verfügt über eine bemerkenswerte Fähigkeit, Zusammenhänge zu durchschauen, und über eine lebensvolle Schaffensfreude. Erwähnt sei noch sein Mut, die Autorität, die er ausstrahlt, und das Gewicht, das er auf Ehre und guten Ruf legt. Seine persönliche Ausstrahlung verleiht ihm starken Einfluß auf seine Umgebung.

Wofür ist er begabt?

Vor allem für den Erfolg. Deshalb erträgt er auch alles Mittelmaß so schlecht. Er ist der Mann der großen Unternehmungen, der weitreichenden Projekte. Er hat ganz entschieden eine napoleonische oder mussolinihafte Seite. Mit der ruhigen Sicherheit seines Genies muß er gewiß sein, daß ihn kein Hindernis aufhält. Wehe, wenn er scheitert! Dann läuft er Gefahr, zu explodieren, sich in ein Nichts aufzulösen. Denn in seinem Abwehrsystem hat der Zweifel keinen Raum.

Das bedeutet, daß er wirklich große Erfolge erzielen kann, wenn seine Pläne einmal umfassend angelegt sind und er sich der notwendigen Kompetenz versichert hat. Als Mensch, der das Spektakuläre, den großen Auftritt liebt, ist er auf der Bühne wie auf der Tribüne am richtigen Platz. Er ist ein geschickter Schauspieler (oft von dem Typus, der ein bißchen zu viel chargiert); was ihn interessiert, ist vor allem das Regieführen, das Dirigieren einer Gruppe, das In-Szene-Setzen. Hat er politische Ambitionen, wird er bald ein Abgeordnetenmandat, das Amt eines Staatssekretärs oder sogar den allerhöchsten politischen Rang anstreben.

Auf einer bescheideneren Ebene wird er die Talente anderer fördern und nutzen oder seinen Lebensunterhalt mit Schönheit (von der Kunstgalerie bis zum Antiquitätenhandel, dem Entwerfen von Modellen über den Handel mit Luxusgütern bis zur Werbung) verdienen – alles Berufe, in denen man ein anonymes Publikum beeinflussen, manipulieren kann.

Die Geschäftswelt, das Bankwesen sind Tätigkeitsbereiche, in denen sich der Löwe-Mann wohl fühlt.

Er sollte sich ein wenig in acht nehmen vor seinem Hang zum Luxus, seiner Liebe zum Prunkvollen, seinem Drang nach Mäzenatentum ... denn damit kann man zwar ein Vermögen machen, aber sich auch komplett ruinieren. Nicht alle Löwen heißen Lorenzo il Magnifico!

Wie liebt er?

»Der herrliche und großmütige Löwe« liebt es, die geliebte Frau zu beschützen. Für sie versetzt er Berge. Dafür verlangt er von ihr unerschütterliche Bewunderung. Und sie muß es fertigbringen, daß die anderen Männer ihn darum beneiden, daß er eine so schöne und elegante Gefährtin an seiner Seite hat. Kurz gesagt, seine Frau muß ein Teil seines Prestiges sein. Auf keinen Fall aber sollte sie riskieren, eines Tages zu seiner Rivalin zu werden: seine ideale Partnerin kann nur eine Frau sein, die ihm zum Erfolg verhilft und die ihren persönlichen Ehrgeiz nur durch ihn allein verwirklicht!

Als glühend Verliebter, dem sehr an einer gewissen erotischen und ästhetischen Qualität seiner sexuellen Beziehung liegt, verschenkt er sich großmütig und macht daraus eine Art gute Tat, wenn er schon geruht, einer Dame seiner Wahl seine Gunst zu erweisen. Oder, sagen wir eher: er gewährt sich mit aller Güte und wahren Aufmerksamkeit jenem Wesen, zu dem er eine Beziehung hergestellt hat. Er strahlt wie die Sonne (sie ist Herrscherin seines Sternzeichens), und wenn er sein Gegenüber manchmal verbrennt, so tut ihm das aufrichtig leid, denn er haßt es, Kummer zu verursachen. Aber man muß ihm schon den schuldigen Respekt zukommen lassen!

Er ist zu sehr auf sich selbst konzentriert, zu sehr um sein eigenes Wohl besorgt, als daß er ohne Rückhalt lieben könnte; aber er wird dafür sorgen, daß die Frau seiner Wahl, die ihm Kinder schenkt und ihm eine ausreichend intensive Gefühlsbeziehung gewährt, ein angenehmes Leben hat … Mit Treue kann man bei ihm allerdings nicht sicher rechnen.

Wenn er ein … wäre:

Wenn er ein Tier wäre, so wäre er sicher ein Löwe, ein Puma, ein Jaguar … oder ein Pfau.

Ein Baum: Trompetenbaum.

Eine Blume: Sonnenblume oder Heliotrop.

Eine Frucht: Melone, Orange, Granatapfel.
Ein Gewürz: Safran, Rosmarin, Lorbeer.
Ein Edelstein: Rosa Edeltopas oder Diamant.
Ein Metall: hier kommt nur eines in Frage – das Gold.
Eine Farbe: Goldfarben, Orange.
Ein Duft: Thymian, Ambra, Weihrauch.
Eine Geschmacksrichtung: balsamisch.
Ein Musikinstrument: das Violoncello oder Zymbeln.
Ein Sammlerobjekt: Spiegel, Medaillen, alte Münzen, Löwen in jeder Form und allen möglichen Materialien.

Der weibliche Löwe

Woran erkennt man die Löwe-Frau?

An ihrer Schönheit. Wie beim männlichen Löwen zieht sie die Blicke auf sich durch ihren stolzen Gang, ihr gewandtes, sicheres Auftreten, ihre königliche Kopfhaltung, ihren Gazellengang und vor allem ihr flammendes Haar ... wie es beispielsweise die Schauspielerin Maureen O'Hara hatte, die in dem Film »Vom Winde verweht« so viele Menschen beeindruckte.

Auch hier finden wir die beiden Löwe-Typen wieder: die apollinische Löwin mit ihren regelmäßigen Zügen, ihrer klassischen Schönheit, ihren schlanken Beinen und ihrer unwiderstehlichen Anziehungskraft. Die Herkulestochter hingegen ist kleiner und muskulöser, sehr sportlich und ebenso in sich ruhend wie ihre Schwester, aber »physischer« als diese. Ihr Gesicht hat oft die Form eines flachen Dreiecks – wie eine Katze –, sie hat grüne oder goldfarbene Augen, die weit auseinanderliegen, und eine eher breite Nasenwurzel (Jacky Kennedy). Ihre Zähne sind sehr weiß, ihr Lächeln ist strahlend.

Löwe-Frauen wie Löwe-Männer haben etwas, das die Menschen einnimmt. Sie sind immer irgendwie siegesgewiß.
Die Löwin hat einen flachen Bauch, ein leichtes Hohlkreuz, feine Knochen und wenig Körperbehaarung. Manchmal betonen ein paar Sommersprossen ihren Charme zusätzlich – oder ihre Haut hat die Farbe reifer Pfirsiche, was ihre Verführungskraft noch erhöht.

Wie steht es um ihre Gesundheit?
Sie hat Vitalität, Widerstandskraft und verstärkt diese Gaben durch wirklichen Mut. Sie scheint noch stärker zu sein als der Löwe, ist noch authentischer in ihrer Ausdauer und Zähigkeit ... ähnlich wie im Tierreich, wo die Löwin ebenfalls als energischer gilt als ihr Herr und Meister. Sie geht besser als er mit Widrigkeiten um, sicherlich deshalb, weil sie weniger als er besessen davon ist, Erfolg haben zu müssen.
Auch sie sollte auf ihre Augen achtgeben ... und wenn ihre Eitelkeit es ihr verbietet, eine Brille zu tragen, wird sie wohl auf Kontaktlinsen zurückgreifen (oder Augenübungen machen).
Der Kreislauf ist ein Schwachpunkt bei ihr, ebenso wie Herzbeschwerden, die eher funktionell als organisch bedingt sind. Mit anderen Worten: die »Maschine« läuft gut, aber sie setzt manchmal aus. So leidet die Löwin ab und zu an starkem Herzklopfen, Tachycardie (Herzjagen) und Verkrampfungen im Herzbereich, die zwar Angst machen, aber wenig gefährlich sind. Beim Löwen findet man manchmal bei beiden Geschlechtern Rückenmarkserkrankungen.
Es wäre nicht besonders sinnvoll, ihr vorzuschlagen, sie solle ein gesundes, vernünftiges Leben führen. Aber sie sollte die Grenzen ihrer Belastbarkeit erkennen lernen. Sonst wird sie unter merkwürdigen Krankheiten zu leiden haben, die schwer zu diagnostizieren sind: eine Mischung aus Müdigkeit, Schwindelgefühl, Bluthochdruck oder niedrigem Blutdruck

und Anämie (Blutarmut, Eisenmangel). Und wie der männliche Vertreter ihres Zeichens erträgt sie Krankheit oder auch nur Inaktivität sehr schlecht.
Damit es ihr bessergeht, sollte sie es hinnehmen, daß man manchmal einen Arzt konsultieren muß, um eine Untersuchung, vielleicht auch ein Elektrokardiogramm zu machen. Sie sollte auf ausreichend Schlaf achten und anstatt Schlafmittel zu nehmen, wäre es besser, sie griffe auf natürliche, leichte Beruhigungsmittel zurück oder versuchte es mit Akupunktur. Tees aus Orangenblüten oder Lindenblüten sind empfehlenswert. Die einfachen Dinge schlagen bei ihr gut an; mit Hamamelis beispielsweise kann sie Kreislaufstörungen vorbeugen. Löwinnen lieben raffinierte, gut zubereitete Gerichte, essen aber wenig und haben selten Figurprobleme. Sie sind allerdings auch so sehr auf ihr gutes Aussehen bedacht, daß sie sich nicht im geringsten gehenlassen und nichts dulden, was ihre Schönheit schmälern könnte.
Ihr größtes Problem – wir finden es ebenso beim männlichen Löwen – ist die Fähigkeit, das Altern anzunehmen. Gegen diesen Fluch, wie sie es empfinden, revoltieren Löwen. Das kann sie dazu verleiten, »die Kerze an beiden Enden anzuzünden«, nur damit sie sterben, bevor die Leiden des Alters sie heimsuchen, oder dazu, sich so lang wie möglich mit allen Mitteln jung zu erhalten.

Wie reagiert sie?

Die Löwin ist brillant, leidenschaftlich, künstlerisch bis in die Fingerspitzen oder extrem idealistisch. Sie begeistert sich, empört sich, entzückt sich, verteidigt ihre Ideen und ihre Freunde, manchmal auch aggressiv, mit herausgestreckten Krallen, wenn jemand es wagt, die anzugreifen, die sie liebt. Niemand wird ihren Mut leugnen und die Fähigkeit zu großen Taten, wenn das Schicksal sie von ihr fordert und der Ehrgeiz sie treibt.

Sie ist loyal, aufrecht, stolz – man kann auf sie zählen. Sie hat nichts von jener Biederkeit, die so viele Männer dem sogenannten schwachen Geschlecht vorwerfen. Sie geht gern große Projekte an, und ihrem Geist fehlt es keineswegs an Kraft.
Dafür wird man manchmal über ihren Drang verärgert sein, sich mit bedingungslos ergebenen Bewunderern zu schmükken. Sie neigt dazu, ihre Macht auszuspielen und ihre Ausstrahlung bewußt einzusetzen.
Man findet bei ihr auch eine gewisse Theatralik, eine irritierende Emphase oder sogar eine gewisse Tendenz, Geschichten zu erfinden, in denen sie immer eine gute Rolle spielt. Außerdem mangelt es ihr an Geduld, und sie gerät leicht in Zorn. Wie die Löwe-Männer lehnt sie jedes Mittelmaß ab. Ob es nun aus eigener Kraft oder durch einen Mann ausgelöst wird – immer wird sie zielstrebig versuchen, ihre Lebensbedingungen zu verbessern, um aus ihrem Leben etwas zu machen.

Wofür ist sie begabt?
Beinahe für die gleichen Berufe wie der männliche Löwe. Sogar für die Politik, wo sie sich den Ruf verschafft, integer und loyal zu sein; ihre Naivität schützt sie. Da sie anderen jedoch nie Gefühle unterstellt, die sie selbst nie haben könnte, ist sie manchmal überrascht von der Bosheit, der Eifersucht und dem Neid, die sie hervorruft.
Sie fühlt sich in allen künstlerischen Berufen wohl, vom Lehren auf kreativem Gebiet bis hin zur eigenen schöpferischen Arbeit. Sie kann ebenso gut malen wie schreiben, schauspielern wie singen, Filme drehen wie Skulpturen schaffen. Doch auch wissenschaftliches Denken ist ihr nicht fremd, und oft hat sie Erfolg im Bereich der Forschung, Medizin oder Psychologie, um ein paar Beispiele zu nennen. Sie liebt es, eine gewisse Macht auszuüben, Verantwortung zu tragen und, vor allem, tatkräftig zu sein.
Die Löwe-Frau lernt gern: mit ihrer Intelligenz, ihrem guten

Gedächtnis, ihrer Neugier auf alles, ihrer Gewissenhaftigkeit und ihrem Hang zum Perfektionismus wird sie sich überall Respekt verschaffen.
Sie behält immer etwas von einer »ewigen Studentin« und wird vielleicht eine ganze Reihe von Diplomen sammeln, bevor sie ihren Weg gefunden hat. Denn darin liegt eines der Kardinalprobleme des Löwe-Menschen: da er so viele Gaben hat, fällt es ihm manchmal schwer, sich für eine von ihnen zu entscheiden. Doch wenn sie einmal ihre Richtung gefunden haben, mobilisieren sie alle Kräfte – niemand hält dann den Löwe-Mann, die Löwe-Frau noch auf. Sie brauchen jedoch Ermutigung, Komplimente, oftmals auch Schmeicheleien …
Die Löwin überwindet alle Schicksalsschläge, wenn sie einmal genügend Vertrauen in sich selbst gewonnen hat.

Wie liebt sie?

Hat sie das Glück, in ihrer Jugend einem Mann zu begegnen, der ihrer Bewunderung und ihrer großartigen Hingabe würdig ist und der sie wiederlieben kann, wird sie eine bewundernswerte Ehefrau werden, die ihre Kinder hervorragend erzieht, weil sie ihre Gaben, ihre Intelligenz und ihr Herz zu wecken und zu bestärken versteht. Sie fordert viel, aber sie gibt auch viel.
Ist sie weniger vom Glück begünstigt und erlebt sie früh Enttäuschungen, wendet sie sich vielleicht der »sapphischen«, der lesbischen Liebe zu, wobei sie dann die männliche Rolle übernimmt und sich als großzügig und beschützend erweist, aber sich ihre Unabhängigkeit bewahrt, an der sie mit jedem Tag ein wenig mehr hängt.
Manchmal verbindet sie sich mit einem Mann, der nicht zu ihr paßt; sie versucht dann in einer eigenen Karriere die Befriedigung zu finden, die er ihr nicht geben kann.
Zuweilen spielt sie auch die Rolle der Muse und Ratgeberin mit großem Erfolg; sie inspiriert einen Dichter oder Maler, stellt sich schützend vor einen Gelehrten und sonnt sich nach

seinem Tod in seinem Ruhm oder verwaltet seinen Nachlaß. Sie wird immer der Karriere des Mannes dienen, den sie liebt, in der Erwartung, daß etwas von seinem Glanz und Erfolg – zu dem sie beigetragen hat – auf sie zurückfällt. Ist sie zu sehr auf sich selbst zentriert, so haben wir die »Sammlerin« vor uns, die Frau, die einen Liebhaber nach dem anderen verschlingt (aus denen sie so viel wie möglich zu ihren Gunsten herausholt). Ab und zu hat sie dann eine Gewissenskrise, hält flammende Reden, in denen Gott und die Religion eine große Rolle spielen, und erwägt, ins Kloster zu gehen. Das ist Teil ihrer Kunst des Auftritts.

Die verschiedenen Aszendenten-Typen

Löwe ***Aszendent*** **Widder** ***(Sonne-Mars) Feuer/Feuer:***
(Vergl. Widder/Löwe). Leidenschaftliche, sehr schöpferisch begabte Natur. Willenskraft, Mut, Ehrgeiz. Die Liebe spielt die Hauptrolle. Die Kinder oder das selbstgeschaffene Werk sind für diesen Menschen wichtig. Glaube und Liebe versetzen Berge. Sehr männliche Konstellation, für eine Frau nicht so leicht lebbar; bei ihr besteht die Gefahr, zu draufgängerisch und narzißtisch zu sein. Gute Erfolgsaussichten auf der beruflichen und materiellen Ebene, wenn genug Geduld geübt wird. Fühlt sich zum Zeichen Waage hingezogen.

Löwe ***Aszendent*** **Stier** ***(Sonne-Venus) Feuer/Erde:***
(Vergl. Stier/Löwe). Großer Tatendrang. Autorität und Hartnäckigkeit; möchte der Allgemeinheit dienen, ohne dabei die eigenen Interessen oder den eigenen Ruhm zu vergessen. Leidenschaftliche und stürmisch-turbulente Liebesgeschichten. Starker Einfluß des Heimatlandes, der Kindheit, der Eltern

und vor allem des Vaterbildes. Anfängliche Hilfe durch die Familie, durch eine materielle Grundlage oder einen guten Namen. Künstlerische Natur, schönheitsliebend mit Kennerschaft. Wechselhaftes Schicksal. (Glückliche) Zufälle spielen eine wichtige Rolle. Fühlt sich zum Zeichen Skorpion hingezogen.

Löwe ***Aszendent*** **Zwillinge** ***(Sonne-Merkur) Feuer/Luft:*** (Vergl. Zwillinge/Löwe). Findet leicht Kontakt zur Außenwelt und hat einen gewissen Einfluß auf andere durch Intelligenz, Können und persönliche Ausstrahlung. Geschwister haben oft starken Einfluß. Es besteht die Möglichkeit zu einem hervorragenden Studium. Sehr verschwenderisch, selbst wenn das familiäre Milieu bescheiden war. Liebe zur Kunst; viele Begabungen, die die Entscheidung für einen Weg schwermachen; durch einen Glücksfall kommt oft die richtige Orientierung und später auch der Erfolg. Neigung zur Träumerei und Disziplinlosigkeit; manchmal zu wenig Bewußtheit, Zerstreutheit. Fühlt sich zum Zeichen Schütze hingezogen.

Löwe ***Aszendent*** **Krebs** ***(Sonne-Mond) Feuer/Wasser:*** (Vergl. Krebs/Löwe). Stärkere Willenskraft und mehr Selbstvertrauen als bei der umgekehrten Konstellation. Zudem mehr Kampfgeist. Umfassende schöpferische Möglichkeiten, Sensibilität und Phantasiebegabung, die in einem sehr tätigen Berufsleben ausgeschöpft werden. Notwendigkeit, für großzügige Ideen zu kämpfen. Geld spielt eine wichtige Rolle; großzügiger Umgang mit dem erworbenen Vermögen. Kann »Industriekapitän« oder Geschäftsmann werden: voller Unternehmergeist und Dynamik. Zögert vor einer Eheschließung ... die erst nach zahlreichen Abenteuern erfolgt. Familiensinn und starke Bindung an die Mutter und die Kindheit. Fühlt sich zum Zeichen Steinbock hingezogen.

Löwe ***Aszendent*** **Löwe** ***(Sonne-Sonne) Feuer/Feuer:*** Sehr entschieden, voller Selbstsicherheit und Gewandtheit. Stark narzißtisch; kann übermäßig großmütig sein, tut das aber vor allem aus Lust an der großen Geste. Hat es schwer, eine gewisse Theatralik zu vermeiden. Sehr autoritär mit wilden Zornesausbrüchen, die schnell wieder vergessen sind ... außer von dem, der ihr Opfer war. Tatkräftig, übernimmt gern Verantwortung. Entscheidungsfreudig, energisch, geistesgegenwärtig. Frauen mit dieser Konstellation erschrecken die Männer, denn sie sind es, die erobern. Sie wollen einen Mann, der sie bewundert oder dem sie zur Karriere verhelfen können. Oder einen Künstler, den sie publik machen. Oder einen Schwächling, den sie erdrücken ... Sie/er fühlt sich zum Zeichen Wassermann hingezogen.

Löwe ***Aszendent*** **Jungfrau** ***(Sonne-Merkur) Feuer/Erde:*** Sehr stolz, liebt gute Arbeit und sieht auf Unfähige herab. Der Jungfrau-Anteil gibt dem Löwen Realismus und praktischen Sinn. Risiken werden sorgfältig erwogen und kontrolliert. Redegewandtheit und Überzeugungskraft; diplomatisch gefärbte Autorität. Beschäftigt sich gern mit den Angelegenheiten anderer und hilft großzügig. Dennoch läuft der Horoskopeigner durch den Jungfrau-Anteil Gefahr, an der Entfaltung seiner Persönlichkeit gehindert zu werden, die nichts will, als sich zu erweitern und zu bestätigen. Hang zum Verbergen und zur unterschwelligen Machtausübung. Geht oft zwei Tätigkeiten nach, von denen eine nur Fassade ist. Oder zwei Beziehungen gleichzeitig. Fühlt sich zum Zeichen Fische hingezogen.

Löwe ***Aszendent*** **Waage** ***(Sonne-Venus) Feuer/Luft:*** Ausgeprägter ästhetischer Sinn; viel Geschmack; fühlt sich zu Berufen hingezogen, die mit Kunst und Schönheit zu tun haben. Lebt unbeschwert, findet leicht Freunde und Beziehungen. Starke Ausstrahlung und Verführungskraft. Weckt leidenschaftliche Anbetung, geht unzählige Bindungen ein. Sollte sich vor einer zu frühen oder zu plötzlichen Heirat hüten. Häufiger Wechsel im Berufsleben. Begabung für die Kunst, den Tanz, für Theater, Film und Werbung. Fühlt sich zum Zeichen Widder hingezogen.

Löwe ***Aszendent*** **Skorpion** ***(Sonne-Pluto) Feuer/Wasser:*** Psychische Energie und starke Wirkung auf andere. Entschiedenheit und unbestrittene Autorität. Starke Präsenz und Ausstrahlung. Manchmal Begabung als Heiler und Wünschelrutengänger. Schwer durchschaubares Wesen, dessen unterschwellige Kraft beunruhigt und fasziniert. Interessiert sich für die Welt der Ideen, für Philosophie – vorausgesetzt, er/sie kann alles in die Tat umsetzen. Hat etwas von einem Samurai – dem edlen, ritterlichen Krieger. Bemüht sich, seine/ihre Macht unter Kontrolle zu behalten, um stärkeren Einfluß zu haben und respektiert zu werden. Hat ganz und gar nichts dagegen, gefürchtet zu werden. Außerordentliche Karriere oder neurotische Angst vor dem Scheitern. Läßt nur außergewöhnlichen Erfolg gelten und erträgt kein Mittelmaß. Fühlt sich zum Zeichen Stier hingezogen (Beispiel: Napoleon).

Löwe ***Aszendent*** **Schütze** ***(Sonne-Jupiter) Feuer/Feuer:*** Wenn er/sie eine Sache findet, die dem eigenen Ideal gerecht wird, kann er/sie sich selbst übertreffen und wird alles daransetzen, Erfolg zu haben. Liebt spektakuläre Aktionen und effektvolle Auftritte. Hat Beschützerinstinkte … und ist dabei ein wenig herablassend. Reist gern und ist schicksalhaft durch den Einfluß ferner Länder geprägt. Hat Geschäftssinn, glaubt an seinen/ihren Erfolg, kann überzeugen und die eigene Begeisterung auf andere übertragen. Manchmal Hang zur Mystik oder religiöse Gesinnung. Möchte gern der Idealvater oder ein hervorragendes Vorbild sein, mit dem sich andere identifizieren können. Beherrscht von der Idee der Suche. Fühlt sich zum Zeichen Zwillinge hingezogen.

Löwe ***Aszendent*** **Steinbock** ***(Sonne-Saturn) Feuer/Erde:*** Sehr ehrgeizig. Neigt dazu, von den Erinnerungen an eine glanzvolle Vergangenheit zu leben, wenn er/sie bereits Schicksalsschläge erlitten hat. Finanziell geht es auf und ab, Erfolg und Scheitern lösen einander ab. Der Steinbock besänftigt den Löwen und stärkt in schwierigen Situationen seinen Mut. Tiefes Bedürfnis, akzeptiert, geliebt und (an)erkannt zu werden. Recht diplomatisch, versteht es, sich beliebt zu machen; begabt für Öffentlichkeitsarbeit; fähig, sich einzusetzen und viel für andere zu tun, kann große Verantwortung übernehmen. Ein Schicksal, das oft von einem tragischen Ereignis in der Kindheit überschattet ist; manchmal Verlust des Vaters. Neigung zu Schuldgefühlen und selbstauferlegter Sühne. Fühlt sich zum Zeichen Krebs hingezogen.

Löwe ***Aszendent*** **Wassermann** ***(Sonne-Uranus) Feuer/ Luft:***
Tiefer Konflikt zwischen einem narzißtischen und egozentrischen Wesen und dem Drang, sich um das Wohl der Allgemeinheit zu kümmern. Sinn für Freundschaft, kann Demütigungen jedoch nicht ertragen. Setzt alles für den Erfolg ein; Wettbewerb wirkt stimulierend. Zugleich »feudalistisch« und revolutionär. Neigung zur Exzentrizität, will immer alles anders machen als die anderen. Widerspruchsgeist und Lust an der Provokation. Kann nur jemanden lieben, der »etwas Besonderes« ist oder hohes Ansehen genießt. Bei den weiblichen Vertretern der Konstellation (die gerne viel reden) besteht eine starke Bindung an den Vater, die dazu führen kann, daß die Betreffende einen Mann heiraten möchte, der ihm ähnelt. Fühlt sich zum Zeichen Löwe hingezogen.

Löwe *Aszendent* Fische *(Sonne-Neptun) Feuer/Wasser:* Verwirrendes, leidenschaftliches, idealistisches Wesen, hingebungsvoll und beseelt von Utopien. Starke Intuition. Erlangt inneres Gleichgewicht durch einen altruistischen (Berufs)weg. Starker Hang zum Mystischen. Leben voller Reisen, »Missionen« im Ausland, wo der/die Betreffende auch Schicksalsprüfungen durchleben muß. Erfährt die Liebe als vollkommene Hingabe an den anderen, stellt aber zugleich hohe Anforderungen an den Gefährten, die durchaus egoistisch sind. Manchmal großartige und geniale Inspirationen. Fühlt sich zum Zeichen Jungfrau hingezogen.

JUNGFRAU

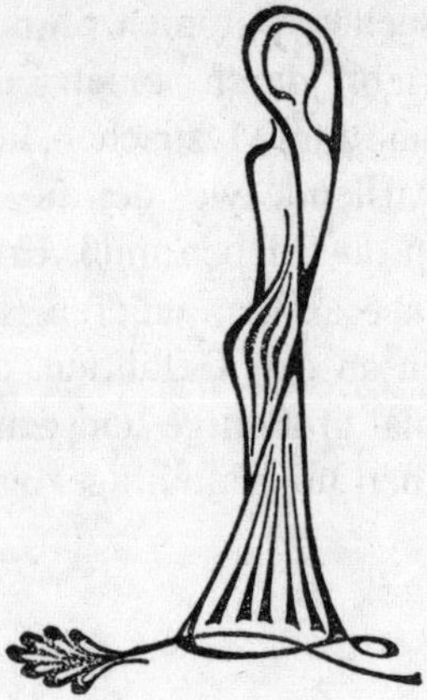

Der Jungfrau-Mann

Woran erkennt man ihn?

Auch hier gibt es wieder zwei gegensätzliche Typen: der »weise« oder »klassische« Jungfrau-Mann fällt dadurch auf, daß er nicht auffällt; seine Gesichtszüge sind regelmäßig, fein, ohne irgend etwas Abstoßendes oder den Blick-auf-sich-Ziehendes. Will man ihn beschreiben, so fällt einem nicht viel ein. Man sagt: »Er sieht ganz gut aus« oder »Er hat ein harmonisches Gesicht.« Die Stirn ist recht hoch, aber nicht sonderlich ausgeprägt, die Nase mittelgroß, die Lippen feingezeichnet und ein wenig aufeinandergepreßt. Die Stimme klingt nicht besonders kräftig.

Über die Gestalt dieser Merkurwesen kann man folgendes sagen: sie sind im allgemeinen schlank und bewegen sich rasch und mühelos; ihr Körper ist harmonisch, aber sie haben keine breiten Schultern und wirken insgesamt nie athletisch. Auch ihre Größe bewegt sich nicht in Extremen.

Doch dann gibt es noch den anderen Typus, den »verrückten« Jungfrau-Mann. Er soll nicht mehr von Merkur, sondern von Vulkan beherrscht sein, einem hypothetischen, transplutonischen Planeten. Er ist leicht zu karikieren: er ähnelt Polichinelle, der kuriosen Gestalt aus dem Puppentheater ... Man sagt von ihm, er habe rote Wangen und eine »große Klappe«. Seine Augen sind viel beweglicher, sie scheinen immer zu lachen oder sich lustig zu machen. Die Nase ist lang und auffallend (wie bei dem Dichter Cyrano de Bergerac). Sein Mund ist stets in Bewegung, expressiv, manchmal auch ein bißchen verzogen. Sein Körper ist nicht schön; er wird mit dem Alter ein wenig dicklich oder formlos; ein Bäuchlein entsteht. Manchmal ist an seiner Erscheinung etwas Unförmiges oder sogar Groteskes, und wie Vulkan, sein Herr, leidet er häufig unter einem durch Krankheit oder Unfall bedingtes Hinken.

Wie steht es um seine Gesundheit?

Jungfrau-Menschen sind im allgemeinen um ihre Gesundheit besorgt, achten auf ihre Ernährung und sind in ihrer Furcht vor Mikroben oder Ansteckung manchmal fast ein bißchen manisch oder besessen. Sie sind zugleich zart und widerstandsfähig. Genauer gesagt: sie erscheinen rasch erschöpft, für Depressionen anfällig, oft von wechselhaften Krankheiten und Schmerzen im Bereich des Unterleibs heimgesucht ... aber sie fangen sich sehr schnell wieder. Sie fühlen sich oft unwohl, liegen aber nie lange Zeit im Bett, sondern klagen lieber oder breiten sich über ihre Leiden aus – wenn sie zu der geschwätzigen Sorte gehören.

Sehr häufig sind sie physisch Opfer der Konflikte oder Ängste, die sie heimsuchen. Beispielsweise neigen sie zu Muskelverkrampfungen, die mit ihrer Nervosität zusammenhängen. Der Magen fühlt sich an wie ein Knoten, sie haben einen »Kloß im Hals« und bringen keinen Bissen mehr hinunter. Sie leiden an Verdauungsstörungen ... und das schon nach einem Salatblatt.

Es gibt allerdings auch einen Jungfrau-Typus, der den »Bon vivant« verkörpert; er genießt, was die Küche zu bieten hat, legt sich einen exquisiten Weinvorrat zu, schätzt gute Restaurants und Bequemlichkeit, ist in guter Verfassung und weiß, wie er sich die Welt vom Hals hält … durch eine solide Portion Egoismus.

Als Arzt hat man es leicht mit ihm, denn er befolgt alle Anordnungen aufs genaueste. Sein Medikamenten-Schränkchen ist gut gefüllt mit Mittelchen für jeden Fall.

Auch Diätkuren befolgt er mühelos … wobei er die Neigung hat, zu viele verschiedene auszuprobieren und sie zu oft zu wechseln. Gesunde Ernährung ist seine Leidenschaft, und so sieht man ihn in Naturkostläden und Reformhäusern einkaufen. Auch fastet er gern, um seinem Körper und seinem Geist etwas Gutes zu tun.

Gefährlich ist die Beunruhigung, die ihn befällt, sobald er nur das kleinste Zipperlein spürt. Er ißt gern Getreide, Weizensprossen, Sellerie, Kartoffeln, gedünstetes Grüngemüse. Gerade aber stark zellulosehaltige Nahrungsmittel sollte er nicht zu reichlich zu sich nehmen. Vor allem aber Lebensmittel, die leicht Gärung bewirken, Stärkehaltiges wie Fette sollte er meiden, ebenso Wurstwaren und alles Schwerverdauliche.

Hüten sollte er sich auch vor seiner Neigung, zu viel zu sitzen. Da er nicht sehr sportlich ist, geht er nicht gern zu Fuß und scheut jede Art von Gymnastik etc. Zur Not beschäftigt er sich mit Sportarten, die viel Geschicklichkeit verlangen, wie Minigolf, Pingpong und ähnlichem.

Er hat eine manisch-depressive Veranlagung, das heißt, er macht depressive Phasen durch, die von geradezu euphorischen Stimmungen abgelöst werden.

Es wäre gut, wenn er das »Schüssler-Salz« *Kali Sulfuricum* regelmäßig einnähme.

Wie reagiert er?

Über den klassischen Jungfrau-Mann kann man sagen, daß er das Minutiöse liebt, das Präzise, daß er einen Blick fürs Detail hat und unendlich vernünftig ist; er sucht in allem Ordnung, Maß und Logik. Er ist ein ausgesprochen tüchtiger, effizienter Arbeiter.

Jungfrau-Menschen lesen gern, interessieren sich für vielerlei und sammeln auf den unterschiedlichsten Gebieten Wissen. Ihre Bildung hat daher etwas Mosaikhaftes, sie ist meist etwas oberflächlich, macht aber Eindruck. Sie lieben Zitate, wobei ihnen ein ausgezeichnetes Gedächtnis hilft. Man findet bei ihnen eine Mischung aus Skepsis, die sie zu Spöttern macht, und einer Sensibilität für das Irrationale, auch für Aberglauben.

Sie haben es nicht gern, wenn man sie unterbricht, und nehmen den Faden dort wieder auf, wo man sie in ihrem Vortrag unterbrochen hat. Da sie alles bekritteln, ist es nicht einfach, mit ihnen zu diskutieren, um so mehr, als sie sehr beredt sind, viel Überzeugungskraft besitzen und ihre Überlegungen stets zu verteidigen wissen. Die Ereignisse geben ihnen oft sogar recht, denn sie haben Sinn für Logik, besitzen gesunden Menschen- und Sachverstand und verstehen es darüber hinaus, vorauszuschauen, den Gesprächspartner zu entlarven und den Dingen auf den Grund zu gehen.

Das alltägliche Leben in ihrer Nähe ist nicht gerade ein Vergnügen, weil sie egoistisch und von fixen Vorstellungen beherrscht sind. Das Unvorhersehbare irritiert sie. In Ausnahmezuständen wissen sie jedoch genau, was zu tun ist, und wenn sie sich einer Sache annehmen, kann man ihnen blindlings vertrauen. Wenn sie über ihre Egozentrik hinauskommen, können sie außerordentlich hingebungsvoll sein. Und das ist nicht das einzige Paradoxon dieser widersprüchlichen Persönlichkeit.

So verschwiegen, diskret und schamhaft der klassische Jungfrau-Typus ist, so geschwätzig, schamlos und indiskret ist der »vulkanische« Jungfrau-Typus. Sosehr der eine bemüht ist, in allem das rechte Maß einzuhalten, so sehr reizt es den anderen, diese vernünftige Welt zu zerstören und sich dem Maßlosen hinzugeben. So bringt er es manchmal sogar zum Genie. Der Konformismus des einen, sein Respekt vor Konventionen, das Bürgerliche ihn ihm wird beim anderen zu einem Entweihen aller hergebrachten Werte durch das Lachen, die Karikatur. Er ist der »Narr« des Königs, der die Macht platzen läßt wie eine Seifenblase und ungestraft Wahrheiten aussprechen kann, weil er durch seine Klugheit und seinen Witz so ungeheuer fasziniert.

Wofür ist er begabt?

Für alle Berufe, bei denen man zählen, prüfen, vorbereiten und ordnen kann und geduldig, genau, erfinderisch und scharfblickend sein muß. Der Jungfrau-Mann ist bei der Arbeit außerordentlich geschickt und steckt voller ungeahnter Fähigkeiten.

Er kann alles Mögliche sein: Apotheker oder Bibliothekar, Archivar oder Kontrolleur. Der Jungfrau-Mann ist ein perfekter Beamter, vom Postangestellten bis zum Verwaltungsfachmann. Mit anderen Worten: er denkt und arbeitet methodisch, es mangelt ihm aber an Phantasie und vor allem an Abenteuergeist. Und das verwundert nicht bei einem Wesen, dessen ganze seelische Strategie darauf hinausläuft, sich der materiellen wie der moralischen Sicherheit zu vergewissern.

Dabei darf man auch nicht vergessen, daß er das Dienen und die Hingabe für wichtig und richtig hält, was für ihn die Rechtfertigung eines Lebens darstellt, daß ihm selbst ein wenig steril erscheint. Und so wird man ihn auch in allen altruistischen Berufen antreffen, vom stets getreuen Diener über den unentbehrlichen Sekretär über den Tierarzt (der Jungfrau-Mensch liebt Tiere) und den Krankenpfleger bis zum Arzt.

Wenn er sich einmal von seinen inneren Zwängen und seinem Minderwertigkeitskomplex befreit hat, kann er in der sozialen Hierarchie aufsteigen. Dann lockt ihn vielleicht sogar die Politik … doch wenn er Macht gewinnen will, sollte er sich eher in die Rolle eines Richelieu als in die des Königs denken und im geheimen die Fäden in der Hand halten, als »graue Eminenz« im Hintergrund wirken.
Von den Berufen, in denen er sehr erfolgreich sein kann, sei noch der Rechtsanwalt genannt; er wird seine Mandanten bestens verteidigen und immer scharfsinnig und findig sein. Als Geschäftsmann sollte er es verstehen, geduldig vorzugehen und nicht gleich den »großen Coup« landen wollen.
Beim »vulkanischen« Jungfrau-Typus findet man die Eigenschaften des Volkstribuns, des leidenschaftlichen Redners, des Künstlers, des Masseurs, eines Menschen, der die Materie formt, verwandelt, der aus Konkretem, Realem, Gewöhnlichem etwas Edleres macht.
Wenn es dem Jungfrauen-Menschen gelingt, die Angst vor dem Ungenügen und dem Mangel zu überwinden, kann er seine bemerkenswerte Intelligenz in den Dienst eines großen Werkes stellen – eines dichterischen Werkes, wie Goethe, Chateaubriand oder Maupassant; eines wissenschaftlichen Werkes, wie Georges Cuvier, der Zoologe und Paläontologe, oder der Nobelpreisträger Maurice Maeterlinck – oder einer politischen Laufbahn wie Richelieu und der Sozialist Jaurès.

Wie liebt er?

Im Zeichen Jungfrau findet sich ein ganzes Heer von Junggesellen. Darin kann man keinen Zufall sehen. Einerseits sind sie vom Mißtrauen bestimmt, andererseits von der Notwendigkeit. Der Jungfrau-Mensch ist keineswegs bereit, sich mit jedem zufriedenzugeben. Dazu kommt noch seine Angst, »reingelegt«, betrogen, verlassen zu werden. Und vielleicht noch stärker die Angst, man könne ihm Gewalt antun, in seinen

Bereich eindringen, Äußerungen verlangen, zu denen er nicht fähig ist. Seine Verschämtheit, sein Hang zum Stillen, Unauffälligen begünstigen sicher nicht irgendeine Form von Kommunikation. Wenn er den Mund aufmacht, dann um über alles Mögliche zu reden, nur nichts Intimes, nichts, was Tiefgang besitzt. Er wehrt sich gegen jedes Eindringen in seine innere Welt, lehnt jede Leidenschaftlichkeit ab. Wenn er älter wird, bessert er sich, und man kann gelegentlich sogar Vertraulichkeiten von ihm hören.

Heiratet er, so neigt er dazu, »neben« seiner Frau zu leben, anstatt mit ihr. Er erfüllt seine Pflicht, sichert ihr Auskommen, kümmert sich um die Erziehung der Kinder. Aber es gibt Dinge, über die er nicht spricht. Die Ehefrauen sind dann frustriert, unbefriedigt, der häusliche Herd erkaltet oder explodiert irgendwann … oder das Ehepaar hat in einem gewissen Alter nichts mehr gemeinsam als das abendliche Kreuzworträtsel, das Fernsehprogramm oder die Haushaltskasse.

Der Jungfrau-Mann ist oft treu; wenn nicht, geschieht alles ohne Aufsehen, denn er liebt die Verschwiegenheit und Diskretion. Er wird sich damit rechtfertigen, daß er nicht will, daß seine Frau leidet. Denn er achtet sein Familienleben – oder zumindest die Fassade, die davon geblieben ist. Andererseits wird er lange Zeit dieselbe Frau lieben, wenn diese die Geschicklichkeit – oder die Zuneigung – hat, ihn zu bewundern, sein Selbstbewußtsein immerfort zu stärken und ihm ein angenehmes, ungestörtes häusliches Leben zu sichern.

Wenn er ein … wäre

Wenn er ein Tier wäre, so würden wir den Marder vorschlagen, die Ameise, die Termite, das Eichhörnchen …

Und wenn er ein Baum wäre: ein Haselstrauch oder ein Holunder.

Eine Pflanze: Klee oder Feldthymian.

Eine Blume: Wiesenblumen, reife Kornähren gemischt mit

Klatschmohn und Kornblumen.
Ein Gewürz: Zitronenkraut.
Eine Geschmacksrichtung: Anis.
Ein Metall: Bronze oder Aluminium.
Eine Farbe: beige-braun, erdfarben.
Ein Edelstein: Malachit, ein Jaspis oder ein Achat.
Ein Duft: bestimmt Lavendel, wenn es im Schrank liegt und keusch und appetitlich duftet.
Ein Musikinstrument: das Tamburin.
Ein Sammlerobjekt: Dosen, alte Teller, Porzellan … Sammlungen von Sammlungen …

Die weibliche Jungfrau

Woran erkennt man sie?
Die »weise« Jungfrau hat das Gesicht der italienischen Madonnen, ein reines Oval, eine hohe, reine Stirn, schön geformte Augen mit hochgewölbten Brauen, eine gerade Nase, einen kleinen Mund und Zähne, die edlen Perlen gleichen. Ihr Gesicht hat die Farbe von »Rosen und Honig«. Ihr Körper ist »keusch«, das heißt, auch wenn er noch so wohlgestaltet ist, behält er doch in seiner Haltung etwas Bescheidenes und Zurückhaltendes; die Jungfrau liebt ihren Körper nicht sehr und bewegt sich, vor allem als Heranwachsende, etwas unbeholfen.
Die »verrückte« Jungfrau hat ausgeprägtere Züge, eine kräftigere Nase, einen sinnlicheren Mund, der manchmal einen ironischen Zug hat, ihr Blick ist durchdringend und neugierig. Diese Jungfrau ist geschwätzig, steckt ihre Nase in alle Angelegenheiten, sie hat etwas Klatschbasenhaftes, das ihre »klassische« Schwester irritiert. Sie lacht laut, kleidet sich wie eine

Seiltänzerin und fürchtet weder Exzentrizität noch Geschmackloses. Sie ist nie »müde«, sie ist »vollkommen erschlagen«. Sie ist nicht »begeistert«, sie ist »völlig außer sich vor Entzücken«. Kurz gesagt, die »verrückte« Jungfrau fühlt sich in der Welt der Superlative wohl.
Oft sind beide morphologischen Typen stark vermischt. Das wird deutlich, wenn man sich eine Persönlichkeit wie Sofia Loren vor Augen hält.

Wie steht es um ihre Gesundheit?

Ebenso wie der Jungfrau-Mann leidet auch sie unter einem empfindlichen Verdauungssystem, das fast ständig irgendwelchen Störungen ausgesetzt ist; sie fällt von einer Kolitis oder Entzündung in die andere, hat mal Gastritis, mal eine Leberstörung. Sie muß in diesem Bereich besonders achtgeben.
Zudem leidet sie unter Frauenkrankheiten, die schon in der Jugend beginnen und sie bis nach der Menopause plagen – so kann leicht die Entfernung der Gebärmutter notwendig scheinen, nachdem sie eine Geschwulst, eine Zyste oder übermäßige Blutungen hatte.
Mehr noch als ihr männliches Pendant lebt sie mit einem empfindlichen Nervensystem und in allzu großer Anspannung. Sie verfällt leicht in Depressionen, vor allem nach Phasen der Übererregung, in denen sie überzeugt war, ganz allein einen Umzug machen zu können oder zu drei Verabredungen gleichzeitig gehen zu müssen.
Häufig strengt ihr Berufsleben sie auch zu sehr an, denn wenn sie, beispielsweise, Krankenschwester ist, wird sie jederzeit bereit sein, ihre Dienststunden zu verlängern, eine kranke Kollegin zu vertreten oder nach einem anstrengenden Arbeitstag zuhause noch penible Haushaltsarbeiten durchführen, die ihr die letzte Kraft rauben. Ihre Energie versetzt in Erstaunen, denn sie wirkt eher zart und schwach. Findet sie ein Lebensziel, entdeckt sie große Kraftreserven in sich.

Sie braucht zwar ein wenig Ruhe und Alleinsein (das ist ihre altjüngferliche Seite), zuviel Isolierung erträgt sie jedoch nicht. Dann erlegt sie sich irgendwelche Bürden auf, vollbringt gute Taten, stürzt sich von einer Aktivität in die andere, bis zu dem Augenblick, in dem sie erschöpft auf ihr Bett sinkt. Wichtig wäre für sie also, einen harmonischen Ausgleich zwischen Phasen der Aktivität und der Ruhe zu finden.
Man kann ihr nur empfehlen, sich auf ihren gesunden Menschenverstand zu besinnen, sich Ruhe und Pflege zu gönnen, auf Homöopathie, Akupunktur, Yoga, Entspannungsübungen zurückzugreifen, aber auch öfters zu schwimmen und zu laufen, um zu vieles Sitzen auszugleichen.
Sie kann so manche Wehwehchen mit einfachen Dingen wie mit Kräutertees heilen; sie hat ihre geheimen Wunderrezepte, Heilkräuter, Wickel, diesen und jenen Absud ... und versteht es bestens, andere zu behandeln. Ihre Ratschläge sind in diesem Bereich wirklich weise.

Wie reagiert sie?
Die guten wie die schlechten Eigenschaften des Jungfrau-Mannes sehen wir auch bei ihr. Doch die weibliche Jungfrau findet sich, passend zu diesem weiblichen Zeichen, eher beim Dienen und Unterordnen. Durch ihren Altruismus überwindet die Jungfrau alle Ängste. Wenn sie auf sich selbst zentriert bleibt, wird sie rasch unerträglich, kaut ununterbrochen ihre Malheurs wieder, hält sich bei jeder Enttäuschung auf und kritisiert alles und jeden. Schenkt sie jedoch ihre Zeit und Aufmerksamkeit anderen Menschen, gewinnt ihr Tun und Lassen auch eine andere Dimension, sie gleicht der Göttin Demeter, die für das Wohlergehen der Erde sorgt.
Wenn die Ernte eingebracht ist, hat die Jungfrau das Gefühl von Sicherheit – ob diese Sicherheit nun die Form eines Bankkontos annimmt, eines Grundstücks oder einfach einer Arbeit, bei der sie sich ihrer Unentbehrlichkeit versichert hat.

Sie hat »ihre Pflicht erfüllt«. Und sie wartet. Es ist dieses Warten, das im Leben der Jungfrau etwas Beängstigendes annimmt. Wenn alles in Ordnung ist, erstarrt alles; nichts bewegt sich mehr. Bewegung bringt Unordnung mit sich, und diese Unordnung zieht die Notwendigkeit nach sich, wieder Ordnung zu schaffen. Léon-Paul Fargue, der Dichter, sagte in seiner *Apologie du desordre* (Rechtfertigung der Unordnung): »Die Ordnung ist ein Angekommensein, Unordnung ein Aufbruch.« Bei der Jungfrau ist es nun gerade so: sie muß »angekommen sein«, um sich in Sicherheit zu fühlen …
Sicher spürt die Jungfrau manchmal, daß sie sich in einem zu geordneten Universum einschließt, und dann sucht sie einen »Fluchtweg« in die Außenwelt. Gelingt es ihr, sich ihrer allzu nüchternen Vernünftigkeit zu entledigen und ihr Mißtrauen zu überwinden, sei es, daß es ihr gelungen ist, im Gefühlsbereich einen erträglichen Lebensmodus zu finden, sei es, daß sie sich selbst überwunden hat durch die Liebe zu jenen, die sie brauchen, kann sie durchaus zu einem inneren Gleichgewicht finden.

Wofür ist sie begabt?

Vor allem für das »Dienen«. Und da eröffnet sich ihr ein weites Feld. Sie hat eine große Auswahl, von der altruistischen Hingabe, die medizinische oder paramedizinische Berufe erfordern, bis hin zu »Dienstleistungsberufen«. Wo auch immer sie sich betätigt, man erkennt ihre Tüchtigkeit an. Was sie zu tun hat, macht sie gut, ob es darum geht, zu kochen, ein Medikament herzustellen, die Buchhaltung ihres Chefs zu machen, Kurse vorzubereiten oder ein Hotel zu führen …
Immer ist sie unersetzlich – ob als Sekretärin oder Lehrerin, als Apothekerin oder »Fräulein von der Post«. Selten vereint jemand in sich so viele Tugenden und Verdienste: Urteilskraft und soviel kritischen Scharfblick, daß sie ihren manchmal weniger vorausschauenden Chef warnen kann; Tüchtigkeit

und Organisationstalent, mit denen sie mehrere Dienste gleichzeitig versehen kann; so viel Hingabe und praktischen Sinn, daß sie sich auch noch ein schönes Sümmchen ersparen kann; Sachverstand, aber dabei genügend Bescheidenheit, um Arbeitskollegen zu fördern oder ihnen zu helfen, ihre Interessen zu verteidigen.
Die »weise« Jungfrau wird sich an untergeordnete Positionen halten; die »verrückte« Jungfrau verfügt über mehr Initiative und Ehrgeiz. Sie kann auch auf höchster Ebene Erfolg haben und wird es schaffen, sich auch bei den Männern Achtung zu erwerben, die Frauen gegenüber besonders mißtrauisch sind. Sie fordert einfach zu Respekt und Wertschätzung heraus.

Wie liebt sie?

Sie ist die ideale Ehefrau: aufmerksam, mit hausfraulichen Qualitäten begabt, hingebungsvoll und zudem eine intelligente Gefährtin, die ihrem Mann besser als jeder andere zur Seite stehen kann, wobei sie nie die Fähigkeit verliert, bescheiden neben ihm in den Hintergrund zu treten. Sie sollte sich jedoch nicht gänzlich in dieses Leben zurückziehen, das bar aller Überraschungen ist. Ihr Mann könnte sonst eines Tages feststellen, daß er sich langweilt. Sie gehört zu jenen Frauen, von denen die Ehemänner sagen: »Ich kann ihr nichts vorwerfen. Meine Frau ist vollkommen, ernsthaft, treu, sparsam ... es ist zum verzweifeln!« Denn die Liebe stirbt an der Gewohnheit, und die Jungfrau-Geborene neigt allzusehr dazu, es sich gemütlich zu machen, ohne allzu viele Fragen zu stellen. Zuviel Vollkommenheit und Vernunft ersticken schließlich auch die heftigste Leidenschaft. Sie sollte lernen, auch mal kapriziös zu sein, über Dummheiten zu lachen und vor Zorn zu weinen, sich auszusprechen und sich zu wehren.
Bei der »verrückten« Jungfrau findet man mehr Leidenschaft; sie hat, im Gegensatz zu ihrer Schwester, mehr »Erfahrung«. Doch oft sucht sie bei wechselnden Liebhabern jene unerreich-

bare Liebe, »die es wirklich wert ist«. Solange sie jung ist, glaubt sie, auf diese Weise besonders intensiv zu leben, ist dabei aber keineswegs glücklich und fürchtet sich, wenn sie die vierzig überschritten hat, wie die »weise« Jungfrau davor, allein zu bleiben und ihr Leben verpfuscht zu haben; dann schenkt sie ihre Zuneigung einem Freund, einer Katze oder einem Hund – falls es ihr nicht gelingt, ein Kind zu adoptieren. Sie sucht tiefe Bindungen, scheut aber, »in die Falle zu gehen«. Ihre Liebhaber heiraten andere Frauen, machen ihr jedoch weiterhin den Hof. Sie fühlt sich geschmeichelt und ist zugleich entrüstet. Und sie hat das Gefühl, »den Zug verpaßt« zu haben, weil sie zu kompromißlos war und sich vor Enttäuschungen zu sehr fürchtete.

Die verschiedenen Aszendenten-Typen

Jungfrau *Aszendent* Widder *(Merkur-Mars)*
Erde/Feuer:

(Vergl. Widder-Jungfrau). Energie und Mut im Dienst an anderen; der/die ideale Verteidiger(in) der Rechte anderer oder Helfer(in); Rechtsanwalt/Anwältin, Arzt/Ärztin. Konflikt zwischen dem Sicherheitsbedürfnis (Jungfrau) und der Freude am Abenteuer und Kampf (Widder). Findet Gleichgewicht durch eine altruistische Aufgabe. Andernfalls besteht das Risiko, die inneren Konflikte in dauernden Gesundheitsstörungen auszuleben. Sehr ehrgeizig und verantwortungsbewußt. Erfolg im beruflichen Leben und auf der materiellen Ebene. Einfluß der Eltern oder der Kindheit ist für den/die Betreffende(n) bedeutsam; Bindung an das elterliche Haus. Fühlt sich zum Zeichen Waage hingezogen.

Jungfrau ***Aszendent*** **Stier** ***(Merkur-Venus) Erde/Erde:***
(Vergl. Stier/Jungfrau). Zwei Erdzeichen, die beide praktischen Sinn haben und gern tüchtig lernen. Beginn der Lebensentwicklung häufig langsam und schwierig; Schicksal voller Höhen und Tiefen, vor allem bis zum vierzigsten Jahr. Danach dauerhafte Stabilisierung, wenn der/die Betreffende auf sich selbst Rücksicht nimmt und sich nicht zu viel Kraft anmaßt. Gewissenhaft und intelligent, manchmal zu hartnäckig. Hat es schwer nachzugeben, will um jeden Preis recht haben; erträgt keinen Widerspruch. Sehr verschwiegen und verschlossen, obwohl er/sie unkompliziert erscheint. Konkrete Intelligenz, durch die er/sie sich ein beträchtliches Erbe ansparen kann; Sinn für schönes Wohnen; hat gern Gäste, fürchtet jedoch zugleich, es könne zuviel werden. Typus der »weisen« Jungfrau, der aber auch in Maßlosigkeit verfallen und jene in Staunen versetzen kann, die meinen, ihn/sie gut zu kennen. Fühlt sich zum Zeichen Skorpion hingezogen.

Jungfrau ***Aszendent*** **Zwillinge** ***(Merkur-Merkur) Erde/ Luft:***
(Vergl. Zwillinge/Jungfrau). Doppelt merkurbetonte Natur. Sucht Kontakt, braucht aber auch eine eigene Welt, in der er/sie sich sicher fühlt. Starker familiärer Einfluß, dem er/sie sich jedoch zu entziehen versucht. Intelligent, aber verwirrend und schwer durchschaubar; beobachtet und spottet gern, ist mit sehr kritischem Geist begabt. Tut so, als sei er/sie selbstsicher; liebt es, die anderen zu necken. Sucht sich selbst Herausforderungen. Stärkere Widersprüche als bei der umgekehrten Konstellation. Gesellschaftliches Leben instabiler. Trotzdem in allem ein(e) Könner(in), der/die das auch zeigen kann. Fühlt sich zum Zeichen Schütze hingezogen.

Jungfrau ***Aszendent*** **Krebs** ***(Merkur-Mond) Erde/Wasser:***
(Vergl. Krebs/Jungfrau). Die Phantasie des Krebses befruchtet die jungfräuliche Erde. Scharfe Intelligenz, die jedoch durch mehr Zartgefühl, mehr Herzlichkeit als bei der umgekehrten Konstellation getönt ist. Interesse oder Begabung für Literatur und Philosophie. Besteht Prüfungen ohne Schwierigkeiten. Pädagogisches Interesse an der Kindheit, Begabung zum Lehren und für wissenschaftliche Studien. Gute Mischung, die vor allem Frauen ansteht. Bei männlichen Vertretern der Konstellation Schwierigkeiten, dem mütterlichen Einfluß zu entrinnen. Fühlt sich zum Zeichen Steinbock hingezogen.

Jungfrau ***Aszendent*** **Löwe** ***(Merkur-Sonne) Erde/Feuer:***
(Vergl. Löwe/Jungfrau). Widerspruch zwischen einer ruhmsüchtigen und einer bescheideneren Persönlichkeit (die vielleicht unter der Kluft zwischen materiellen Möglichkeiten und Ansprüchen leidet); schr cmpfindlich; verträgt weder Kritik noch Widerspruch. Streitet gern um des Kaisers Bart. Ist auf seine/ihre Einsatzbereitschaft wie auf sein/ihre Tüchtigkeit stolz. Sparsam, hat aber Anwandlungen von Großzügigkeit. Hat Angst, in solchen Momenten die Kontrolle über sich zu verlieren. Erfolg im Beruf durch Arbeitsamkeit und Geduld. Geht möglicherweise zwei Verbindungen ein (wegen einer Scheidung oder Tod des Ehegefährten). Fühlt sich zum Zeichen Wassermann hingezogen.

Jungfrau ***Aszendent*** **Jungfrau** ***(Merkur-Merkur) Erde/ Erde:***
Typus »weise« Jungfrau, wirkt besessen, ist äußert sparsam, lebt in der Angst vor Verlust, ist unfähig, ein Risiko einzugehen, flüchtet sich in ein Beamtendasein oder wird zum ergebenen Diener, der sich vollkommen den Interessen des Herrn unterordnet. Wenn es ihm/ihr jedoch gelingt, die Energie, die

in dieser »Jungfrau im Quadrat« steckt, umzuwandeln, kann er/sie Wagnisse eingehen, das Leben mit Humor betrachten und seiner Verrücktheit wie seinem Genie vertrauen lernen; er/sie zwingt die anderen dann, sich im Spiegel der Wahrheit zu sehen, die sie/er ihnen oft in einer übertriebenen Karikatur vorhält. Alfred Jarry, surrealistischer Schöpfer des »König Ubu« und der Schauspieler Jean-Louis Barrault (»Kinder des Olymp«) sind Illustrationen dieses doppelten Jungfrau-Typus, der es gelernt hat, die nur räsonierende Vernunft zu überwinden. Fühlt sich zum Zeichen Fische hingezogen.

Jungfrau ***Aszendent*** **Waage** ***(Merkur-Venus) Erde/Luft:***
Muß lernen, Schüchternheit, Reserviertheit und Angst vor Kritik oder Beurteilung zu besiegen. Sollte auch gegen starke Tendenzen zum Konformismus kämpfen und sich nicht immer fragen: »Was wohl die anderen dazu sagen?« Wirkt durch Charme und Freundlichkeit, hat aber Schwierigkeiten, sich durchzusetzen. Verändert sich je nach den äußeren Einflüssen. Neigung zu Geheimnistuerei, zum Zaudern. Für eine Frau ist die Konstellation leichter lebbar als für einen Mann; es genügt, sie zu ermutigen und ihr zu helfen, an ihren Charme zu glauben, dann fällt es ihr leichter. Sie wird ihr ganzes Leben dem geliebten Mann und ihrem Heim widmen (ihr hat oft der Vater gefehlt). Der Jungfrau/Waage-Mann hat einen etwas schwachen Charakter, wird aber von seiner Umgebung sehr geschätzt, weil er höflich und liebenswürdig ist. Der äußere Schein ist ihm/ihr wichtiger als die Wahrheit. Fühlt sich zum Zeichen Widder hingezogen.

Jungfrau ***Aszendent*** **Skorpion** ***(Merkur-Pluto) Erde/Wasser:***
Scharfe Beobachtungsgabe, kritischer Geist; den Freunden treu, die er/sie mutig und engagiert verteidigt; seinen/ihren Feinden gegenüber kann er/sie hart und rachsüchtig sein. Sehr

verschlossen und außerordentlich schwer zu durchschauen. Ehrgeiziger, als man meint. Willensstärke, Intelligenz, Scharfblick; manchmal fast teuflisch geschickt; Mut und aggressive Ausbrüche, die sich gegen ihn/sie selbst richten können; von Ängsten geplagt. Fühlt sich zum Stier hingezogen, der eine stabile und instinkthafte Natur verkörpert.

Jungfrau *Aszendent* Schütze *(Merkur-Jupiter)* *Erde/Feuer:*
Zwei gegensätzliche Naturen; die eine ist auf Sicherheit bedacht, die andere träumt von Abenteuern; die eine möchte ankommen, die andere aufbrechen. Liebenswürdig, sympathisch, intelligent und neugierig. Alles geht gut, wenn er/sie die Begabung zur Gewissenhaftigkeit, Aufrichtigkeit, Tüchtigkeit und Vernunft in den Dienst seines/ihres Berufslebens und seiner/ihrer Träume stellt. Lebt von der Wertschätzung ihrer/seiner Umgebung. Läuft Gefahr, das ganze Leben von Reisen und großangelegten Unternehmungen zu träumen, ohne sie je in die Tat umzusetzen. Hat Erfolg bei Berufen, die Geschäftssinn und Organisationstalent erfordern. Administrative Fähigkeiten; hohe Funktionäre oder Geschäftsleute. Oft zwei Ehen. Fühlt sich zum Zeichen Zwillinge hingezogen.

Jungfrau *Aszendent* Steinbock *(Merkur-Saturn)* *Erde/ Erde:*
Ausdauernd, arbeitsam, zäh. Einmal gesteckte Ziele werden unbeugsam verfolgt. Praktischer Sinn, zugleich aber Interesse an philosophischen Fragen. Moralisch bis moralisierend. Beschäftigt sich mit der Frage nach Tod und Jenseits. Interesse für die Medizin (eine Möglichkeit, sich den Sieg über den Tod zu sichern) und für Diätetik. Hat etwas Starres, ein wenig Eigenbrötlerisches, frühzeitig Gealtertes. Minderwertigkeitskomplexe, Hemmungen; wird davon nur durch sozialen Erfolg

– der durchaus möglich ist – geheilt. Analytische Intelligenz, kritischer Geist, gute Beobachtungsgabe, ist aber oft zu sehr auf Details fixiert. Fühlt sich zum Zeichen Krebs hingezogen.

Jungfrau ***Aszendent*** **Wassermann** ***(Merkur-Uranus)***
Erde/Luft:
Der Wassermann kann die Jungfrau von ihrem Konformismus und ihren Vorurteilen befreien und sie zwingen, Risiken einzugehen. Häufig überdurchschnittliche Intelligenz, Erfindungsgabe, Entdecker- und Forscherfreude. Hat die Fähigkeit, sich zu engagieren und sich um das Gemeinwohl zu kümmern, was sich auf Medizinisches, auf Biologie und avantgardistische Wissenschaften ausdehnen kann. Verliert nie den Kontakt zur Realität. Häufig Kummer in der Jugend oder Schicksalsprüfungen, die zu einer frühen Charakterreife führen. Fühlt sich zum Zeichen Löwe hingezogen.

Jungfrau ***Aszendent*** **Fische** ***(Merkur-Neptun)***
Erde/Wasser:
Methodisch und phantasievoll, realistisch und verträumt, hängt an seiner/ihrer Sicherheit, ist aber auch jederzeit bereit, die Wirklichkeit zu verlassen. Zwei mögliche Entwicklungswege: der eine eher egozentrisch; hier geht es darum, ein schwaches Selbstbild zu stärken oder sich von Hemmungen zu befreien; bei dem anderen, altruistischen, steht die Befreiung des Menschen von Begrenzungen und Hindernissen im Vordergrund. Diese Entscheidung fällt nie von vornherein und hängt von den anderen Planeten-Gewichtungen ab. Erfolgsmöglichkeiten, vor allem, wenn der/die Betreffende sich für das Abenteuer, das Risiko entscheidet. Begabung für Fremdsprachen. Fähigkeit zur Anpassung durch eine starke Nachahmungsbegabung. Fühlt sich zum Zeichen Jungfrau hingezogen.

WAAGE

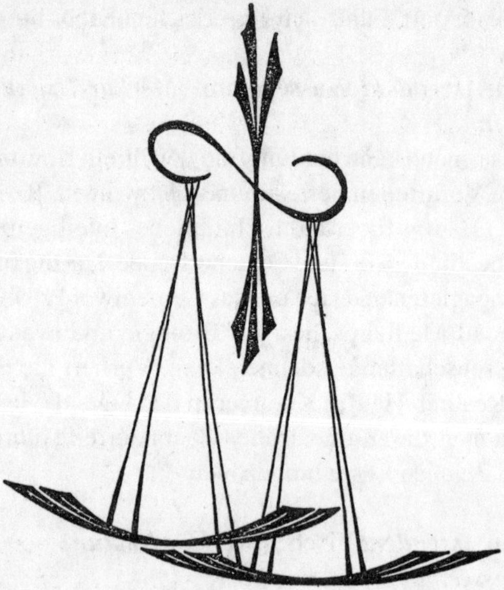

Die männliche Waage

Woran erkennt man den Waage-Mann?

Zart, fein, anmutig, das sind Worte, die einem in den Sinn kommen, wenn man die Waage beschreiben möchte. Selbst der männliche Vertreter der Waage-Geborenen hat in seiner Erscheinung etwas Weibliches, das von der Venus, der Herrscherin des Zeichens, herrührt. Als Charmeur versucht er nicht, sich durchzusetzen, sondern zu verführen.

Seine Züge sind regelmäßig, seine Augen freundlich, lächelnd, glänzend, die hohe Stirn wird gekränzt von weichem, duftigen Haar, an dem man ihn oft eher als an anderen äußeren Merkmalen erkennt. Die Nase ist gerade, fein geschnitten, nicht zu

lang … ein Zeichen für eher mittelmäßige Willenskräfte. Der Mund ist schön, fein gezeichnet. Das ganze Gesicht bildet ein reines Oval. Die Gestalt ist geschmeidig und eher elegant als kräftig, der Gang ist harmonisch, die Hüften sind wohlgeformt. Der Waage-Mann ist ein vorzüglicher Tänzer …
An ihm ist nichts besonders auffällig, außer der Wohlgeformtheit seiner Bewegungen und einer Art natürlicher Vornehmheit, die er immer und überall an den Tag legt. Conrad Miroquand sagt, er habe »ein Lächeln, vor dem man den Hut ziehen möchte« … also von der Art, wie es wohl Aramis, der vornehmste und diplomatischste der drei Musketiere, hatte.

Wie steht es um seine Gesundheit?
Er hat keine sehr robuste Konstitution. Sein schwacher Punkt: die Nieren. Ob es nun das »Reinigungsorgan« ist, das von Entzündungen, Schmerzen, Steinbildung oder anderen Leiden befallen wird, oder die Lendengegend, wo sich Wirbel verschieben können oder Muskelverspannungen auftreten.
Die Waage ist das Zeichen der Beziehung zum anderen Menschen, und es ist interessant, daß die Nieren das einzige Organ sind, das man, noch lebend, spenden kann.
Im übrigen leidet der Waage-Mensch an einer überstarken gefühlsmäßigen Erregbarkeit, bei der sicher die Nebennieren mit ihrer Hormonausschüttung eine Rolle spielen. Grobheit, Lärm, schreiende oder laut redende Leute machen ihm Angst, gehen ihm auf unerklärliche Weise »an die Nieren« und bewirken die Ausschüttung von Adrenalin, dem Streß-Hormon. Auch die Blutzirkulation kann in Mitleidenschaft gezogen werden. Wenn er von einem starken Gefühl übermannt wird, von Aggressionen oder einem Angriff, kann auch er ganz plötzlich erröten oder bleich werden.
Man sagt, die Waage sei das Sternzeichen des Gleichgewichts, der Harmonie, des Ausgleichs. Nichts könnte irriger sein. Denn es ist das Zeichen, das am intensivsten um inneres und

äußeres Gleichgewicht ringen muß. Man darf nicht vergessen, daß es nur eines kleines Stupsers an einer der Waagschalen bedarf, damit die Waage aus dem Gleichgewicht kommt. Im Waagebalken liegt die Kraft der Waage, also in ihrer »Vertikalität«, ihrer Geradheit, ihrer Strenge und Unbewegtheit. Denn dieses konziliante Zeichen ist auch ein Zeichen der »Prinzipien«.

Als Zeichen des richtigen Maßes geht es der Waage auch um den Verzicht auf Exzessives und Unbedachtes. Wenn Waage-Geborene pro Tag zwei Liter leicht mit Zitronensaft versetztes Wasser trinken würden (durch die Zitrone schmeckt es vielleicht besser, außerdem dient sie zur Desinfektion), könnten sie sicher so manchen Gesundheitsstörungen im Alter vorbeugen. Dieses Durchspülen der Nieren bewahrt sie vor einer Selbstvergiftung, von der sie bedroht sind.

Wichtig für sie ist auch eine gesunde Lebensführung, zu der derbe Sportarten nicht gehören sollten. Spiele wie Pingpong und Tennis würden gut tun oder Gartenarbeit und schwungvolles Gehen. Sie sollten für eine bestmögliche Sauerstoffversorgung ihres Körpers sorgen, was zugleich Leberstörungen vorbeugt, die oft mit Nierenproblemen einhergehen und die durch homöopathische Behandlung (Natrium phosphoricum) sehr gebessert werden können. Vor allem sei Waage-Menschen empfohlen, durch Übungen (z. B. Feldenkrais) die Lendenwirbelgegend geschmeidig zu halten und schmerzhafte Versteifungen zu vermeiden. Tanz wäre vielleicht sogar geeigneter als Gymnastik, auch für Waage-Männer.

Auch Gefühlsprobleme wirken sich auf ihre Gesundheit aus, und sie sollten dauernde Konfliktsituationen vermeiden. Eine Scheidung oder Trennung beispielsweise wäre besser als ein dauernder Spannungszustand. In solchen Zeiten kann sich der Gesundheitszustand der Waage nämlich erschreckend schnell verschlechtern, was ernsthafte Depressionszustände nach sich zieht.

Die Ernährung sollte leicht sein, die Mahlzeiten regelmäßig eingenommen werden; sie sollten vor allem aus Salaten, Früchten, frischem Gemüse und einem kleineren Anteil Eiern und Milchprodukten bestehen, wobei alles, was die Nieren oder die Blase belastet, wie Alkohol und scharfe Gewürze (Senf, Paprika, Pfeffer, zu viel Salz), ebenso wie starker schwarzer Tee und Kaffee, vermieden werden sollte. Waage-Leute mögen die feine und leichte japanische Küche, die ihnen bestens bekommt.

Wie reagiert er?

Der Waage-Mann kann nicht anders, als vom anderen Kenntnis zu nehmen. Das heißt, er wird sich davor scheuen, ein verletzendes Wort auszusprechen oder aggressiv zu handeln, denn er hat Angst, jemandem weh zu tun. Er projiziert nämlich seine eigene Sensibilität auf den anderen, seine eigene Empfindlichkeit und Verletzlichkeit dominiert alles, und das hält ihn oft davon ab, überhaupt etwas zu tun. Er meint aber auch, dadurch in den Augen der anderen sehr verletzbar zu wirken, und daher rührt dann eine gewisse Lähmung der Tatkraft.
Da es ihm wichtig ist, gut beurteilt zu werden, und da er Zurückweisung nicht erträgt, gibt er sich große Mühe, liebenswert zu sein. Er setzt die »Waffe« seines Charmes gegen Gott und die Welt ein. Jede drohende Aggression muß er entschärfen, denn Feindseligkeit hält er nicht aus, in welcher Form auch immer sie ihm begegnet. Es ist natürlich klar, daß diese Sicherheitsvorkehrungen, mit denen er dauernd lebt, ein großes Maß an Energie mobilisieren und verzehren, die anderswo besser eingesetzt wäre.
Der Waage-Mann ist konziliant, diplomatisch, geschickt und intelligent und legt im Leben bemerkenswerten Gerechtigkeitssinn an den Tag; zumindest versucht er, das Für und Wider immer abzuwägen, keine Ungerechtigkeiten zu begehen. Weil er aber wohl die größten Schwierigkeiten hat, sich

zu entscheiden oder seinem ewigen Zögern ein Ende zu setzen, klammert er sich mit einer gewissen Starrheit an seine Urteile oder seine Entscheidungen und kann – was immer überrascht – tyrannische, besessene, eigenbrötlerische oder höchst anspruchsvolle Züge zeigen.

Er versteckt sich hinter einer Art von Moralisieren und von Konformismus. Doch wenn man ihn in diesem Punkt angreift, wenn man an seine Großzügigkeit im Denken appelliert, an seinen Gerechtigkeitssinn, reagiert er mit Gutwilligkeit und dem Bemühen, zu mehr Einsicht zu kommen.

Andere flüchten sich, um großen Entscheidungen und heroischen Taten auszuweichen, in Oberflächlichkeit und Dilettantismus, in den am meisten venusbetonten und »weiblichsten« Aspekt des Zeichens.

Der höflichen, charmanten, gutmütigen und sentimentalen Waage gelingt es mühelos zu verführen. Doch man wird dem Waage-Mann rasch das vorwerfen, was man seine »Laschheit«, seine Unentschlossenheit und seinen Hang zu Ausweichmanövern und Kompromissen nennt. Er muß lernen, seine Aggressivität klarer und ehrlicher nach außen zu kehren, die ja bei einem so sensiblen Geschöpf bestimmt auch vorhanden sein muß.

Wofür ist er begabt?

Er ist ein Ästhet, ein Künstler, er liebt die schönen Dinge. Seine Sensibilität ist die Quelle seiner wunderbaren Fähigkeit, die künstlerischen Schöpfungen anderer Menschen zu verstehen und ihre Subtilität zu erfassen. Er ist öfter Ausführender als Schaffender, eher Musiker als Komponist. Unter diesem Zeichen sind auch gute Tänzer zu finden, die »narzißtisch« genug sind, sich ohne Mißfallen selbst im Spiegel zu begegnen oder sich vor Publikum zu zeigen. Sie haben Gefühl für Rhythmus und Bewegung und ein vollkommenes Gefühl für Gleichgewicht.

Alle künstlerischen Berufe sind für den Waage-Mann geeignet: vom Verlegen von Kunstbüchern und -drucken über Malerei, Innenarchitektur, Dekoration und Mode bis zur Friseurkunst oder zum Kunsthandwerk wie beispielsweise der Teppichweberei. Viele Waagen sind Antiquitätenhändler, denn sie haben einen Instinkt für schöne alte Dinge und eine wunderbare Stilsicherheit. Ihr Sinn für Harmonie und Ästhetik kann auch in viele moderne Berufe einfließen, wie zum Beispiel den des Designers.
Außer in künstlerischen Berufen kann der Waage-Mensch auch anderswo seine Fähigkeit einsetzen, leicht Kontakte zu knüpfen und gern in Gesellschaft zu sein. So wird er Erfolg haben als Presseattaché, Impresario oder in der Diplomatie. Auch sein Gerechtigkeitssinn und seine Fähigkeit, andere aufmerksam wahrzunehmen, kann ihm zugute kommen, wenn er beispielsweise als Richter oder Staatsanwalt tätig ist. Denn in einem solchen Beruf zeichnet er sich durch seine Aufrichtigkeit, seine mit Strenge gepaarte Feinfühligkeit und seine Intuitionsgabe aus, mit der er oft unabhängig vom äußeren Anschein die Wahrheit des Menschen, der vor ihm steht, erspürt.

Wie liebt er?

Der Waage-Mann kann der Bezauberung, die von ihm ausgeht, nicht widerstehen; das heißt, er kann einfach nicht »nein« sagen, kann sich nicht mehr verweigern, wenn er einmal einen bestimmten Mechanismus in Gang gesetzt hat. Man sagt, seine Venus habe jenen gewissen »Wiener Charme«, zu dem Champagner und Walzerklänge gehören, Mondnächte und romantische Gedichte. Er möchte vollendet den Hof machen und geht sich dabei selbst in die Falle.
So wird das Leben für ihn natürlich sehr kompliziert. Da er aber ein sentimentales Wesen ist, läßt er sich nicht davon abbringen, sich immer neu zu verlieben, und nimmt es auf sich,

sich wie Buridans Esel zu fühlen, hin- und hergerissen zwischen zwei oder mehreren Frauen, schwankend wie zwei Waagschalen, ohne je herauszufinden, welche ihm lieber ist. Er verspricht allen etwas, kann sich nicht entscheiden, welche er verletzen soll, und ist überdies noch felsenfest überzeugt, daß keine der Beglückten ohne ihn auskommen könnte ... Die Entscheidung fällt jedenfalls nicht er, und das wünscht er sich ja auch im Grunde seiner Seele.

Er liebt die Liebe um der Vorstellung willen, die er von ihr hat, weil sie ihm den Vorwand liefert, Luftschlösser zu bauen oder Gedichte zu schreiben. Übrigens liebt er sehr weibliche Frauen, die ein wenig geheimnisvoll, ein wenig unzugänglich, vielleicht sogar hochmütig und gefährlich sind ... Da er die Leiden, die er anderen zufügt, nicht ertragen kann, sucht er die Selbstbestrafung, indem er selber leidet ... das ist ja so romantisch!

Heiratet er (oder besser gesagt: läßt er sich heiraten), so hat er die allerbesten Absichten – er hofft, sehr treu zu sein und seinen »Vertrag« einhalten zu können. Aber es ist nicht leicht, mit diesem charmanten, konzilianten und liebenswerten Wesen zu leben. Er wird bald zum typischen Ehemann, der jeden Tag frische gebügelte Hemden erwartet, sorgfältig zubereitete Mahlzeiten und Aufmerksamkeit für seine Person, der sich aber nicht gerade freundlich über ein wenig zu fettige Haare bei seinem Gegenüber äußert. Um ihm zu gefallen, muß eine Frau – seine Frau – immer taufrisch aussehen. Wenn sie nicht im Zeichen der Jungfrau geboren oder selbst Waage ist, wird sie das schließlich ziemlich irritieren.

Er wird sich einer ernsthaften Auseinandersetzung entziehen, einen Bruch erträgt er schon gar nicht, und sie wird die größten Schwierigkeiten haben, ihre Freiheit wiederzuerlangen, denn er wird versuchen, sie zur Vernunft zu bringen, und ist dann bereit, seine Konzessionen zu erweitern. Ist sie jedoch zu einer Trennung entschlossen, wird er sich vor dem Gesetz beugen.

Wenn er ein … wäre
Wenn er ein Tier wäre, dann ein Reh, ein Turteltaube, ein Lama, eine Nachtigall …
Wenn er ein Baum wäre: eine Palme.
Eine Pflanze: die Glyzinie.
Eine Blume: eine Reseda, eine Rose oder eine Kamelie.
Ein Duft: Jasmin, Narde (indischer Speik).
Eine Geschmacksrichtung: lieblich-zart.
Ein Gewürz: Estragon.
Ein Metall: Kupfer, Platin.
Eine Farbe: Rosa, Vergißmeinnichtblau, Nilgrün oder Türkis.
Ein Edelstein: der blaue Saphir.
Und wenn er ein Musikinstrument wäre? Dann wäre er sicher eine Geige.
Und als Sammlerobjekt: alte Instrumente, Gemälde, Gegenstände aus Schildpatt, Vogelstiche, Möbel im Stil Louis XV.

Die weibliche Waage

Woran erkennt man sie?
Es ist ein Vergnügen, ihr zuzusehen, wenn sie sich bewegt. Sie hat Anmut, Zartheit, Feinheit … ganz geprägt von der Herrscherin ihres Zeichens, der Göttin Venus. Die alltäglichste Geste erstaunt durch diese Eleganz, die sie allem Tun verleiht. Ein Freund, der einmal mit Brigitte Bardot gespeist hatte (sie ist im Zeichen Waage geboren), erzählte mir, er sei beeindruckt gewesen von der Art, wie sie die Gabel zum Mund führte und ihr Glas hob. »Es war vollkommen«, sagte er, »und unnachahmlich.«
Die Waage-Frau hat das natürliche und spontane Bedürfnis, sich durch ihren »luftigen« Körper auszudrücken, der für den

Tanz wie geschaffen scheint. Die Waage-Frau bezaubert durch ihren Blick, ihre sanften und verliebten Augen, ebenso aber durch ihr Lächeln, das durch einen schöngeschwungenen Mund noch betont wird. Das Oval ihres Gesichts ist rein, ihr Teint klar, ihre Haut weich und samtig schimmernd. Sie wirkt nie mager, so zierlich sie auch sein mag. Vor allem hat sie sehr hübsche rundliche Schultern, die geradezu nach einem Dekolleté rufen … ganz zu schweigen von ihrer kleinen, hohen und festen Brust.

Sie wird nie auf unschöne Art »dick«; da sie viel tanzt und Sport treibt, erhält sie sich geschmeidige Muskeln und einen lange Zeit jung bleibenden Körper.

Wie steht es um ihre Gesundheit?

Wie die männliche Waage hat sie empfindliche Nieren, die sie durch viel Flüssigkeit immer gründlich »durchspülen« sollte. Sie scheint aber widerstandsfähiger als ihr männliches Pendant zu sein, »zäher«. Sie kann unter Allergien leiden, vor allem Hautallergien. Darin gleicht sie ein wenig der »Prinzessin auf der Erbse«; sie ist empfindlicher als andere z. B. gegen Stürme und Gewitter, gegen Einwirkungen von Giften, vor allem in Nahrungsmitteln. Sie hält zwar einiges aus, sollte ihre Grenzen aber genau kennen, denn wenn sie einmal die Erschöpfungsgrenze erreicht hat, ist es schwer für sie, wieder zu Kräften zu kommen. Da sie stark emotional und hypersensibel ist, hängt ihre Gesundheit, mehr als die des Waage-Mannes, von ihrer Gemütsverfassung ab.

Sie muß ihr ganzes Leben lang auf ihre Nieren, ihre Blase und ihre Eierstöcke achten, und sie wird wahrscheinlich merken, daß Erkrankungen (wie beispielsweise eine Infektion durch Kolibakterien) immer, scheinbar wie zufällig, dann auftreten, wenn sie gerade in einer sehr angespannten oder konfliktgeladenen Phase ist. Ihren inneren Kummer kann sie auch in schmerzhaften Verspannungen im Schulterbereich oder an

den Lendenwirbeln zum Ausdruck bringen. Auch auf ihren Kreislauf sollte sie achten.
Eine recht strenge Disziplin wird ihr helfen, bei Kräften zu bleiben: ein Minimun an Bewegung und frischer Luft, tägliche Gymnastik als Ersatz für eine intensivere sportliche Betätigung. All das nimmt die Waage-Frau um so lieber auf sich, da ihr Aussehen ihr wichtig ist. Sie ist deshalb auch weniger anfällig für »Exzesse« als der Waage-Mann, der sich manchmal mit Whisky Mut anzutrinken pflegt.
Sie wird sich auch massieren lassen, wenn das notwendig ist, wird Diät halten, wenn es sein muß, und opfert ihrer Schönheit einen nicht zu knappen Teil ihres Budgets. Das ist ihre Schwäche; sie erträgt es nicht, daß man sie anders sieht als »taufrisch« und reizvoll von Kopf bis Fuß.
Man muß ihr dringend von Wein abraten, ebenso von Sauerampfer, Spinat und vor allem Spargel, allem, was die Nieren und die Blase angreift … aber es wird einem schwerfallen, sie von Champagner abzubringen – den schätzt sie nämlich sehr!

Wie reagiert sie?
Wir können der Versuchung nicht widerstehen, eine Stelle aus dem Porträt zu zitieren, das der Dichter Max Jacob in seinem Buch *Spiegel der Astrologie* (Frankfurt 1990, S. 136) von der Waage-Frau gibt: »Ja, das ist eine Frau mit viel Geschmack und sehr gewandt: sie hat ihr Leben egoistisch und klug eingerichtet. Sie legt ihr Geld sehr gut an und verzichtet auf nichts für irgend jemanden, nicht einmal für ihren Sohn, der ihre größte Leidenschaft ist und den sie hübsch zuhause läßt, wenn sie einen Liebhaber hat oder eine Reise machen muß …«
Ein zu boshaftes Porträt? Kaum. Denn es stimmt, daß diese charmante Frau, der so viel daran liegt, geliebt zu werden, ihre kapriziösen Ansprüche nur schwerlich opfert, vor allem, wenn sie jung und schön ist. Sie muß alle Widerstände besiegen, und wenn man ihr etwas entgegensetzt, wird sie so lange verbissen

kämpfen, bis ihr Gegner ihr zu Füßen fällt. Mehr will sie gar nicht. Sie weiß, daß sie Macht hat über die Männer, und ist nur allzu leicht bereit, aus ihnen irgendeinen Nutzen zu ziehen. Aber die Liebe ist und bleibt das Wichtigste in ihrem Leben. Sie ist eine intelligente, kultivierte Frau mit wachem Geist und wird sich nie mit der Rolle der »Frau als Objekt« zufriedengeben. Sie hat gern Gäste, kümmert sich um jeden mit größter Aufmerksamkeit und gestaltet alles mit Raffinement. Sie wählt diese Gäste jedoch sorgfältig aus. Sie sollen interessant und möglichst »in« sein. Darin ist sie ganz Dame von Welt, obwohl sie das bestreitet. Übrigens versteht sie es, jeden ins rechte Licht zu rücken. Und sie begeistert sich für alles: Politik, Religion, Philosophie. Sie weiß zu allem etwas Gescheites zu sagen, denn sie liest viel und Anspruchsvolles.

Wofür ist sie begabt?

Man darf nicht meinen, die Waage-Frau sei ein kokettes Wesen, das nicht viel Köpfchen hat und sich vor allem in Verführungskünsten übt. Sie hat durchaus schöne berufliche Erfolge, die sie vor allem ihren Talenten und ihrer Tüchtigkeit verdankt. Wenn ihr Charme ihr dabei auch noch zugute kommt – um so besser für sie. Sie versteht ihn übrigens als im wahren Sinne »professionelle« Waffe einzusetzen, ob sie nun auf der Bühne oder Leinwand Karriere macht oder in der Werbung, ob sie Managerin oder Mannequin ist oder sich mit Mode oder Schönheitspflege beschäftigt. Übrigens setzt sie sich sehr für die Begabungen anderer ein, mehr noch als für ihre eigenen Interessen.

Es fällt ihr nämlich sehr schwer, sich für ihre Arbeit angemessen bezahlen zu lassen. Sie hat Schuldgefühle, weil es ihr schwerfällt, Geld und Gefühlsdinge zu trennen. Das Glück kommt ihr allerdings oft zu Hilfe, und so macht sie unerwartete Erbschaften oder bekommt ihre Honorare, ohne daß sie sich eigens darum bemühen mußte.

Die Waage-Frau weiß im allgemeinen eher, was sie will, als der Waage-Mann; die »männliche« Natur des Zeichens hilft ihr wohl, sich energischer durchzusetzen. In widrigen Umständen ist sie weniger zögernd und mutiger als er. Dennoch wird sie sich stärker fühlen, wenn jemand sie unterstützt … Dann ist sie eine gewissenhafte, aufrichtige, aufmerksame und intelligente Mitarbeiterin, der alle Angelegenheiten des Kontakts und der Kommunikation leichter als den anderen fallen.

Wie liebt sie?

Weil sie im Grunde konformistisch ist, strebt sie danach, sich zu verheiraten. Sie glaubt nämlich an »das Paar« und an das Glück zu zweit. Sie gibt sich im übrigen viel Mühe, um ihre Verbindung gelingen zu lassen, ob sie den Mann, den sie heiratet, nun bewundert oder ob sie in ihn verliebt ist. Und wie sie das dann ist! Mit Intensität, Leidenschaft, romantischer Emphase. Doch sie erwartet, dafür mit ebensolcher Kraft geliebt zu werden, und duldet keine Lauheit. Sie braucht das Gefühl, im Herzen des anderen immer gegenwärtig zu sein. Hat sie eines Tages das Gefühl, ein »Möbelstück« geworden zu sein, so leidet sie heftig; sie löst sich daraufhin schnell und ist bald bereit, eine neue Liebe in ihr Leben zu lassen, die Vergangenheit auszulöschen … um später nur gute Erinnerungen zu bewahren.

In eine Scheidung willigt sie nur ungern ein, wegen des Geredes der Leute und wegen ihrer Familie; alles hängt von dem Milieu ab, in dem sie aufgewachsen ist. Gekränkt in ihrer Liebe, gedemütigt in ihrer Eigenliebe, lehnt sie sich heftig gegen diesen Schock auf … und es könnte sein, daß sie sich eines Tages boshaft rächt, wenn sich die Gelegenheit bietet.

Sie redet gern davon, daß ihre Kinder alles für sie sind … aber sie ist unvergleichlich viel mehr Ehefrau als Mutter und erträgt die Schwangerschaften, die ihrer Figur Abbruch tun und ihren ästhetischen Sinn verletzen, nicht gut, ebensowenig wie das

Babygeschrei, das sie ermüdet und irritiert. Sie ist stolz auf ihre Kinder, wenn sie schön und intelligent sind, und versteht sich mit ihnen vor allem später, wenn sie erwachsen werden. Sie erzieht sie sehr gut – so wie jemand anders eine materielle Pflicht erfüllt …
In ihr leben immer zwei Personen zugleich: eine bürgerliche, konformistische und bequemlichkeitsliebende Frau und eine Abenteurerin, die »besondere« Liebhaber sammelt. Sie bleibt eine in die Liebe Verliebte.

Die verschiedenen Aszendenten-Typen

Waage ***Aszendent*** **Widder** ***(Venus-Mars) Luft-Feuer:***
(Vergl. Widder/Waage). Die Liebe ist die treibende Kraft. Leidenschaftlich, großmütig bis zur Selbstaufgabe, gefallsüchtig. Wird von starkem Elan getragen. Verheiratet sich immer aus Liebe. Künstlerische Begabung und starke Kreativität. Nach einigen Mißerfolgen mit der Zeit Gelingen. Materielle Stabilität wird durch die Ehe erreicht oder stimuliert. Gute Beziehungen zu anderen Menschen, Eroberungslust. Erträgt keine Zurückweisung. Romantisches Temperament, liebt Chopin und weint bei romantischen Gedichten. Nicht berechnend, jede Bosheit ist ihm/ihr fremd; legt Wert darauf, gut und edel dazustehen. Wenn er/sie sich hingibt und liebt, so ohne Rückhalt. Kämpft gegen seine/ihre Schwäche und Unfähigkeit, »nein« zu sagen. Fühlt sich zum Zeichen Waage hingezogen.

Waage ***Aszendent*** **Stier** ***(Venus-Venus) Luft/Erde:***
(Vergl. Stier-Waage). Doppelte Venusnatur, sehr verführerisch und bezaubernd … und sehr künstlerisch. Liebt Musik

und Tanz. Hat das Bedürfnis, in harmonischer Umgebung zu leben. Die Liebe ist bei allem Tun und Lassen die Grundlage. Gefühlsstark und sinnlich, romantisch und realistisch … Kokett … selbst als Mann. Liebt das Vergnügen und die schönen Dinge des Lebens. Bei unerwiderter Liebe läuft er/sie Gefahr, in Depressionen zu verfallen oder krank zu werden. Beschäftigt sich manchmal mit Ästhetik, Formgebung, vielleicht sogar Schönheitschirurgie. Manchmal materielle Unterstützung von seiten des Vaters oder der Familie – als Start. Fühlt sich zum Zeichen Skorpion hingezogen.

Waage ***Aszendent*** **Zwillinge** ***(Venus-Merkur) Luft/Luft:*** (Vergl. Zwillinge-Waage). Viel Charme und… Erfolg. Gefällt, ohne sich besonders darum zu bemühen, deshalb ist es mit der Treue und der emotionalen Stabilität nicht weit her; zu sehr kommt man ihm/ihr entgegen, zu neugierig sind die anderen. Dennoch zärtlich und lieb, fröhlich und unbefangen. Eher gefühlsbetont als aktiv; wenig ausdauernd; erliegt leicht Versuchungen. Berufliche Instabilität. Künstlerische Begabungen. Zu viele Möglichkeiten. Chancen ergeben sich durch die anderen, durch die entstandenen Bindungen. Fühlt sich zum Zeichen Schütze hingezogen.

Waage ***Aszendent*** **Krebs** ***(Venus-Mond) Luft/Wasser:*** (Vergl. Krebs-Waage). Sehr gefühlsstarke Eltern, von denen sich die/der Betreffende nicht leicht lösen kann. Bindung an die Kindheit, die das Erwachsenwerden behindert. Dafür behält die/der Betreffende lange Zeit seine jugendliche Frische und Unbekümmertheit und eine unendlich verführerische Spontaneität. Viel Phantasie, Verträumtheit, Sinn für Romantik … was im Gefühlsbereich zu Enttäuschungen führen kann. Etwas schwache Kombination, die Gefühlsstürme nicht gut verträgt. Braucht einen Beruf, der für andere da ist, um nicht zu selbstgefällig oder sich selbst gegenüber zu nachsichtig zu werden. Ein starker Mars oder Saturn im Horoskop könnten die mangelnde Durchsetzungskraft und Resistenzfähigkeit stimulieren. Fühlt sich zum Zeichen Steinbock hingezogen.

Waage ***Aszendent*** **Löwe** ***(Venus-Sonne) Luft/Feuer:*** (Vergl. Löwe-Waage). Auch dies ist eine Konstellation, die der Erweiterung künstlerischer Begabungen förderlich ist. Ein gewisser Narzißmus und starke Eroberungslust. Notwendigkeit, zu gefallen und zu verführen, »Hof zu halten«. Zu nachgiebig sich selbst gegenüber oder Tendenz zur Selbstzufriedenheit. Tiefverwurzelter ästhetischer Sinn, der sich im Verhalten und in der moralischen Einstellung ausdrückt: der/die Betreffende verweigert alles, was der Schönheit Abbruch tun könnte. Stolz und Mut … mit plötzlichen Anwandlungen von Bequemlichkeit oder Feigheit, wenn er/sie befürchtet, falsch beurteilt zu werden. Talent für Musik, Tanz, Schreiben, Kunstkritik, konkretes Auswerten von Schönem (Kunsteditionen, Schönheitspflege, Verkauf oder Herstellung von Kosmetikprodukten oder ähnlichem). Fühlt sich zum Zeichen Wassermann hingezogen.

Waage ***Aszendent*** **Jungfrau** ***(Venus-Merkur) Luft/Erde:*** (Vergl. Jungfrau-Waage). Tüchtigkeit und Geschicklichkeit im Dienst eines hypersensiblen, schönheitsliebenden und feinen Temperaments. Sicherer Umgang mit der materiellen Welt; Gewandtheit und praktischer Sinn. Bemüht, für andere da zu sein, ohne die eigenen Interessen zu stören. Manchmal etwas zu festgefahren: findet immer, daß die Dinge nicht ordentlich genug, die Leute nicht gepflegt genug seien. Empfindlich Gerüchen gegenüber. Hat etwas von einer »Prinzessin auf der Erbse«. Sieht immer aus »wie aus dem Ei gepellt« … selbst bei einer Wüstendurchquerung. Gefühlvoll, hat aber Abwehrmechanismen – und fällt leicht der Liebe zum Opfer. Fühlt sich zum Zeichen Fische hingezogen.

Waage ***Aszendent*** **Waage** ***(Venus-Venus) Luft/Luft:***
Feine Persönlichkeit; Schönheit, Anmut, Leichtigkeit; vollkommene Bewegungen. Kann etwas Weich-Rundliches haben. Guter Geschmack, umgibt sich mit hübschen Dingen. Männer mit dieser Konstellation haben durch ihren Charme und ihre Sensibilität beinahe etwas Weibliches. Die Frauen lassen vor allem die männlichen Werte des Zeichens spielen und verstehen es, sich trotz ihres verführerischen Äußeren, ihre Rechte geschickt und mutig zu sichern. Glück im materiellen Leben. Sehr zögernd, mit plötzlichen Anfällen von Sturheit. Erfolg in Rechts- und Gerichtsberufen. Wechselt meist im Lauf des Lebens den Beruf. Heftige, wilde Leidenschaften. Beste Beziehungen zum Publikum oder zu Kunden; hat auch Erfolg in der Kunst (eher interpretierend als schaffend) oder in der Werbung. Liebt das Reisen. Erbschaften sind möglich. Fühlt sich zum Zeichen Widder hingezogen.

Waage ***Aszendent*** **Skorpion** ***(Venus-Pluto) Luft/Wasser:***
Leidenschaftliche, schmerzhafte und erkämpfte Beziehungen. Läuft Gefahr, sich zu harten Menschen hingezogen zu fühlen, unter denen er/sie leiden muß. Viele Schicksalsprüfungen. Tiefer Konflikt zwischen dem Wunsch, zu gefallen, alles zu tun, um nur nicht zurückgewiesen zu werden, und der Sehnsucht nach dem Absoluten, nach Strenge und Unnachgiebigkeit. Hat nicht immer die Kraft, die getroffenen Entscheidungen durchzuführen. Ängstliche Natur, anfällig für Depressionen. Konfliktreiche Konstellation: die anderen sind für ihn/sie wichtig, aber zugleich will er/sie über sie bestimmen oder sie gar zerstören. Meist richtet sich die Aggression gegen den/die Betreffende(n) selbst, woraus Gesundheitsprobleme resultieren. Möglichkeiten zu beruflichem Erfolg durch eine Aufgabe, die den/die Horoskopeigner(in) bis zu einem gewissen Grad bekannt macht oder die im geheimen vor sich geht. Fühlt sich zum Zeichen Stier hingezogen.

Waage ***Aszendent*** **Steinbock** ***(Venus-Saturn) Luft/Erde:***
Der geborene Diplomat, die geborene Taktikerin. Will es mit keinem verderben, alle möglichen Versprechungen aus den anderen herauslocken, geschickt lavieren. Es liegt in seiner/ihrer Natur abzuwarten, um Grobheiten und Verletzungen aus dem Weg zu gehen, die er/sie nicht erträgt. Weiß trotzdem, was er/sie will und ist ehrgeizig, der Erfolg verzögert sich aber manchmal, weil er/sie besseren Kämpfern das Feld überläßt; kommt im Lauf der Zeit aber oft doch noch zu seiner/ihrer Revanche. Muß gegen einen bestimmten Konformismus kämpfen, dessen er/sie sich bewußt ist. Das materielle Leben ist von Höhen und Tiefen geprägt, Chancen und Verlusten. Der Erfolg ist jedoch sozial und beruflich sicher. Fühlt sich zum Zeichen Krebs hingezogen.

Waage ***Aszendent*** **Wassermann** ***(Venus-Uranus) Luft/ Luft:***
Sehr intelligent, hat Erfindergeist und Überzeugungskraft. Charme und Persönlichkeit; viele Freunde in der ganzen Welt; liebt fremde Länder und Reisen. Kann ästhetischen Sinn und wissenschaftliches Forschen vereinen. Verschwenderisch, aber begabt zu organisieren. Zugleich konziliant und revolutionär, traditionsgebunden und für Neuerungen zu begeistern. Sehr tolerant und sehr nachgiebig; haßt Sektierertum; ist allem gegenüber offen, versteht alles. Man appelliert nie vergebens an ihre/seine Intelligenz. Tritt geschickt für neue Ideen ein; verteidigt die Rechte anderer sehr gut. Fühlt sich zum Zeichen Löwe hingezogen.

Waage ***Aszendent*** **Fische** ***(Venus-Neptun) Luft/Wasser:***
Zu sensibel, zu verletzlich, nimmt alles wahr, empfänglich für alle Eindrücke, spürt jede Aggression. Kann sich zu wenig wehren. Ist deshalb häufig für Depressionen anfällig. Künstlerische Begabung, vor allem als Schauspieler(in): so kann die

außergewöhnliche Empfänglichkeit zu einem Triumph werden. Schönheit, Charme, etwas Geheimnisvolles … doch ein immer gefährdetes Gleichgewicht. Kann jedenfalls starke Beschützerinstinkte wecken: das ist ihre/seine Chance. Anfällig für Versuchungen … Zahlreiche, oft schmerzhafte Erfahrungen im Gefühlsleben. Eine Ehe mit einem sehr positiven Menschen wäre wünschenswert. Fühlt sich zum Zeichen Jungfrau hingezogen.

SKORPION

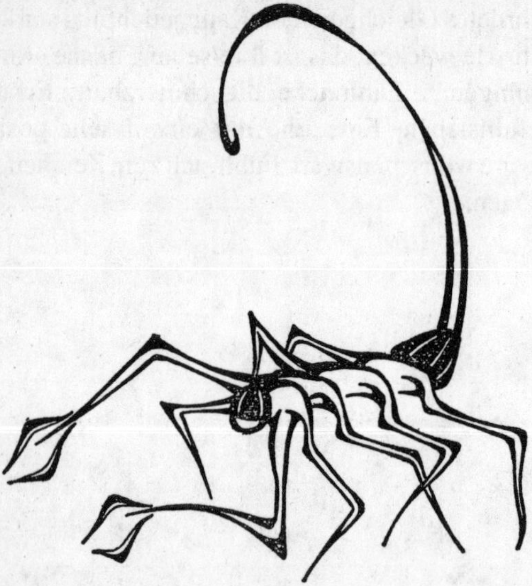

Der männliche Skorpion

Wie erkennt man ihn?

Seinem Blick entgeht man nicht: es ist der Blick der Schlange, die eine Spitzmaus bannt. Dieses karfunkelglänzende Auge sieht alles, es zwingt, es spielt seine Macht aus. So müßte der Blick des Teufels aussehen, wenn es ihn real gäbe. Es ist ein boshaftes Glitzern darin, wenn es verführen und den anderen ausgeliefert sehen will, und es strahlt eine nur ihm selbst zugängliche Freude aus, wenn es jemanden auf seine Weise hereingelegt hat.

Der Skorpion beunruhigt. Diese satanische Macht, die man ihm unterstellt, kultiviert er übrigens gern. Man kann sich vorstellen, wie der Ruhm eines Paganini entstand, der mit

seiner Zaubergeige spielte wie ein Gott … oder wie ein Dämon, und dessen Gegenwart ebenso faszinierte wie beunruhigte.
Es ist das spanische Picasso-Auge, das Auge des Malers, der einen Zug, eine Linie studiert, ohne sich um den Menschen zu kümmern, der sich unter diesem Blick seziert fühlt.
Der Skorpion-Mann ist ganz Muskeln, oft untersetzt, kräftig, strotzend vor Energie, einer konzentrierten Energie, wie man sie beim Samurai sieht, bevor er das Schwert zieht, ganz ungeteilte Aufmerksamkeit, Tollkühnheit. Seine Schultern sind breit, seine Hände groß.
Der Skorpion-Mann ist entweder sehr schön – wie etwa Alain Delon – oder sehr häßlich … aber von einer anziehenden Häßlichkeit, anziehend wegen seines Blickes und dieser »konzentrierten Lebendigkeit«, die man in seiner Gegenwart wahrnimmt. Seine Nase ist oft kräftig, mit breiter Wurzel, adlerhaft; das Haar, das er oft kurz geschnitten trägt, ist dicht. Oder er hat eine wilde, struppige, oft rötliche Mähne. Sein Mund wirkt manchmal verzogen, er lacht schallend und zeigt dann spitze Zähne. Es ist das Lächeln eines Wolfs. Unwiderstehlich für Frauen, die sich ein bißchen weibchenhaft fühlen … Seine Rede ist heftig, seine Gesten sanft … oder umgekehrt, je nachdem, welches Spiel er gerade spielt.

Wie steht es um seine Gesundheit?
Er hat eine eiserne Gesundheit und versteht nicht, wie man krank sein kann. Oder er verbringt seine Zeit damit, an hunderterlei Wehwehchen zu leiden, ohne seine Aktivitäten jemals zu reduzieren. In ihm geht eine geheimnisvolle Alchimie vor sich, die es ihm erlaubt, auch aus seinen Störungen eine ungewöhnliche Regenerationskraft zu beziehen. Was auch geschieht, er ist immer auf den Beinen.
Quelle seiner Energie ist seine Sexualität. Gewöhnlich ist er ein ausdauernder Liebhaber; er kann aber auch Opfer von

Impotenz sein – er leidet nämlich unter Ängsten – oder von Geschlechtskrankheiten, wenn er nicht acht gibt. Sein Geschlecht ist oft Sitz von Verletzungen, Geschwüren, einer Phimose (Vorhautverengung) oder anderen Anomalien …
Er leidet auch unter Hämorroiden oder Mastdarm- oder Afterfisteln. Er muß etwas dagegen tun, sich operieren lassen, wenn nötig, und seine Leiden nicht mit Mißachtung behandeln, wozu er leicht versucht ist.
Auffällig ist auch die Anlage zu Störungen im Bereich des Gesichts: er leidet an Sinusitis (Nebenhöhlenentzündung), Rhinitis (Nasenschleimhautentzündung oder einfach Schnupfen), Nasendeformationen, Nasenscheidewandverkrümmung oder der Notwendigkeit (?), sich einer Schönheitsoperation unterziehen zu müssen.
Doch in ihm selbst lauert das gefährlichste Gift: in seiner selbstzerstörerischen Tendenz nämlich, in der Faszination, die der Tod auf ihn ausübt, in diesem Hingezogensein zum Abgründigen und dieser alltäglichen Präsenz der Angst.
Der Skorpion muß aktiv sein, seine Ausdauer erproben. Er ist übrigens besonders begabt für martiale Künste wie Judo, Karate, Japanisches Säbelfechten … Auch das Boxen und Bogenschießen liebt er; alles, was Konzentration und Aufmerksamkeit fordert. In der Ernährung treibt er selten Exzesse und muß kaum fürchten, dick zu werden. Manchmal hat er sogar etwas »Mönchhaftes«, das ihn dazu treibt, ein spartanisches Leben zu führen, wobei er eine ausgeprägte Vorliebe für natürliche Nahrung hat. Das ist zumindest beim höherentwikkelten Skorpion der Fall. Der frustrierte Typus kann sich von Zeit zu Zeit gewaltig einen ansaufen oder essen, was ihm nicht bekommt, dann hat man es mit dem Skorpion zu tun, der mehr oder weniger versteckten Selbstmordtendenzen nachgibt. Er sollte alle Reizmittel vermeiden, alles, was die Schleimhäute angreifen kann … obwohl er gerade Paprika, Pfeffer, Senf und alle stark gewürzten Speisen liebt.

Seine Probleme sind aber häufiger seelischer als körperlicher Natur; zumindest haben letztere ihre Ursache deutlich in ersteren. Deshalb wäre es für den Skorpion, vor allem, wenn er noch jung ist, gut, eine Psychoanalyse zu machen. Diese Erfahrung wird auf jeden Fall faszinierend sein für ein solch angstgeplagtes Wesen wie ihn, da er sich rasch seiner inneren Zwänge bewußt wird, die für ihn selbst oder jene, die er liebt, gefährlich werden können …

Das homöopathische Heilmittel, das diesem Zeichen entspricht, ist *Calcarea Sulfurica.*

Wie reagiert er?

Der Skorpion-Mann tut nichts halb. Wenn er sich dem dunklen Abgrund seines Wesens nähert, kann er sehr hart sein, den Schwachen gegenüber mitleidlos, mit einem Hang zur Grausamkeit, unnahbar und einzig seinem Instinkt vertrauend, in den Beziehungen mit anderen Menschen aggressiv und jene verachtend, die nicht in sein Denksystem passen; er liebt es, die anderen zu manipulieren, sie dahin zu bringen, wo er sie haben will.

Streift er jedoch seine »Schlangenhaut« ab, um den Versuch zu wagen, ein »Adler« zu werden, sich selbst zu überwinden, kann er weiter kommen als jeder andere. Seine ungewöhnliche Energie, seine Ausdauer, sein Hochmut und sein absoluter Charakter ermöglichen es ihm manchmal, große Dinge zu vollbringen, sich mit Leib und Seele einer Aufgabe zu widmen, seine Zeit, seine Gesundheit, ja selbst sein Leben einer aufregenden Sache zu opfern.

Er verfügt über eine durchdringende Intelligenz und viel Scharfblick. Er errät sofort, welche Schwachpunkte, welche verborgenen Absichten sein Gesprächspartner hat. Er durchschaut das Denksystem der anderen mit ungewöhnlicher Geschicklichkeit und findet sofort brüchige Argumente oder Schwächen der Gedankenkonstruktion heraus. Er interessiert

sich für Philosophie und Metaphysik, auch für die Wissenschaft; man kann ihm allerdings ein gewisses Sektierertum nicht absprechen, das mehr darauf beruht, daß er nicht bereit ist, seine Position preiszugeben, als auf einer Unfähigkeit, seine Ansichten zu revidieren.
Schwer nur findet man heraus, was diese Menschen denken, was ihre wahren Gefühle und Absichten sind. Man beurteilt sie nach ihrem Handeln. Sie lieben das Geheimnisvolle und glauben, mehr Macht über die anderen zu haben, wenn sie deren Wesen oder deren Wünsche kennen, ohne selbst erkannt zu werden.

Wofür ist er begabt?

Der Skorpion kann seinen Scharfblick und seine Intelligenz in allen Berufen einsetzen, in denen es darum geht, die »andere Seite« der äußeren Erscheinungen zu erkennen. Das gilt beispielsweise für den Psychiater oder Psychologen, ebenso für den Polizisten, den Detektiv oder Untersuchungsbeamten. Und oft sogar auch für den Arzt, den Chirurgen, den Zahnarzt oder Veterinär. In solchen Berufen kann der Skorpion-Geborene gewisse »sadistische« Triebe kanalisieren, durch die er ein unbewußtes Vergnügen empfindet, andere leiden zu sehen oder zu machen. Außerdem interessieren ihn sehr Laborexperimente, Biologie, Kriminologie …
Auch für Alchimie, Okkultismus, Wünschelrutengehen, für paranormale Kräfte und alternative Medizin interessiert er sich. Der Skorpion kann die Welt, wie sie ist, schlecht akzeptieren. Er will sie reformieren (Luther ist ein Beispiel dafür), ebenso wie er alles verändern will, dem er begegnet. Sein revolutionärer Geist und sein Machthunger treiben ihn manchmal in die Politik oder in die Gewerkschaftsarbeit. Für ihn rechtfertigt das Ziel unter allen Umständen die Mittel. Darin liegt seine Kraft … und auch manchmal das Unmenschliche an ihm. Um seinen Ängsten zu entgehen, stürzt er sich manch-

mal in schöpferische Arbeit, weshalb man in diesem Zeichen außergewöhnliche Künstler findet, die mit seltenem Mut und großer Kraft wagen, der Welt Wahrheiten ins Gesicht zu schleudern.
In allen Unternehmungen des Skorpions liegt eine Herausforderung, ein Kampf, ob er sich nun mit der Krankheit auseinandersetzt, mit der Materie oder mit der menschlichen Seele. Hindernisse stacheln ihn an, und die Gefahr verleiht ihm Flügel. Niederlagen nimmt er niemals hin, wie ein weiterer berühmter Skorpion, Charles de Gaulle. Doch sein Hochmut kann sich zerstörerisch auf ihn selbst auswirken, ebenso wie seine selbstdestruktiven Tendenzen, die sich oft in seiner neurotischen Angst vor Mißerfolg ausdrücken. Er kann nämlich ebenso versessen daran arbeiten, seine Unternehmungen scheitern zu lassen wie Erfolg haben zu wollen. Und dies geschieht in bestem Glauben und völlig unbewußt.

Wie liebt er?

Zum Ausruhen ist die Leidenschaft des Skorpions gewiß nicht gemacht. Wehe derjenigen, die in seine Fänge gerät, ohne zu wissen, was sie erwartet – subtile sadistisch-masochistische Spielchen nämlich. Der Skorpion liebt die Tränen der geliebten Frau, er liebt die ausschließliche Macht, die er über sie hat, diese Kunst, sie in die Abgründe der Verzweiflung zu stürzen oder auf den Gipfel des Liebesentzückens heben zu können. Die Liebesgeschichten des Skorpions sind nichts als eine Folge von Kämpfen, Herzeleid, Aufschreien des Hasses und der Leidenschaft.
Jeder Skorpion-Mann sucht in der Tiefe seiner Seele die erhabene Meisterin, die ihm den Weg zu Gott zeigen kann. Er will, daß sie rein sei. Deshalb muß er sie, wenn sie seinem Drängen nachgibt, bestrafen: die Heilige Jungfrau kann sich nicht entweihen lassen; deshalb behandelt er sie nun als Prostituierte, verachtet sie, erniedrigt sie. Nur eine Frau seines

Kalibers oder ein kluges Wesen, das diesen Mechanismus durchschaut, wird sich dagegen wehren können und nicht in die Falle gehen.
Vielleicht verdankt das Zeichen es diesem unbewußten Phänomen, daß es eine so große Zahl an Homosexuellen hervorbringt. Im Skorpion – dem »männlichsten« und »sexuellsten« Zeichen des Tierkreises – ist ein starker Frauenhaß lebendig; ebenso stark ist die Ablehnung seiner Triebkraft: dieser außergewöhnlichen Libido. Er ist erfüllt von einer Faszination für den Tod, durch die er sich mit aller Macht dem Prinzip des Lebens entgegenstellt. Daher rührt seine Verachtung für die Liebe und – paradoxerweise – zugleich für die Intensität seiner Leidenschaft. Doch wenn er einmal auf seinem Entwicklungsweg fortgeschritten ist, kann er sich für die Ehe entscheiden, eine Verbindung durch die Schaffung eines Heims »heiligen« und Kinder haben, deren Entwicklung er wachsam verfolgt; er wird seiner Frau treu sein und versuchen, sie auf seinen inneren Weg mitzunehmen, der von einer gewissen Spiritualität geprägt sein kann.

Wenn er ein … wäre

Wenn er ein Tier wäre, so wäre er ein Wolf, ein Adler oder ein Wildschwein.
Ein Baum: die Akazie.
Eine Pflanze: der Meerrettich, die Berberitze, die Stechpalme.
Eine Blume: die schöne und beunruhigende Orchidee oder die Stelizia, die zugleich etwas Tierhaftes und etwas Martialisches hat.
Ein Duft: Patchouli.
Ein Gewürz: Pfeffer und Paprika.
Ein Edelstein: der Hämatit, ein schwarzer Stein mit rotem Innenleben.
Ein Metall: Eisen.
Eine Farbe: Blutrot, Stahlblau-Grau, Rostbraun.

Eine Geschmacksnote: scharf und herb.
Ein Musikinstrument: Trommel.
Ein Sammlerobjekt: blanke Waffe, Messer und Dolche jeder Art …

Der weibliche Skorpion

Wie erkennt man die Skorpion-Frau?
Sie hat Präsenz. Wenige Geschöpfe besitzen soviel Ausstrahlung. Ihre Augen sind oft schmal, beinahe Schlitzaugen: der Blick einer Schlange. Manchmal hat sie rotes Haar … wie die Hexen, die man früher auf den Scheiterhaufen brachte. Vor allem aber erkennt man sie an ihrer Stimme; sie kommt aus dem Bauch, hat etwas »Kehliges«, Aufreizendes, ist tief und ein wenig rauh. Eine Stimme wie die von Laureen Bacall, Maria Casarès (dem Star aus »Kinder des Olymp«, »Orphée« …) oder wie der Alt von Terasa Berganza. Sie hat etwas Geheimnisvolles, etwas Anziehendes und zugleich Beunruhigendes; die »femme fatale«, für die die Männer sich ruinieren oder umbringen. Sie hat hagere, nervöse Hände und läßt sich gern die Nägel lang wachsen, die dann wie Krallen aussehen. Manchmal lackiert sie sie dunkelrot und trägt auffallende Ringe.
Sie besitzt unerklärliche Kräfte, etwas In-Bann-Schlagendes, das sie sorgfältig kultiviert. Ihr Körper ist kurvenreich, »sexy«. Sie ist entweder von einer atemraubenden Schönheit, oder sie gehört zu jenen eigentlich »häßlichen« Frauen, die zahlreiche Liebhaber haben und deren Persönlichkeit mühelos die Hübschen, aber oft Dummen überflügelt.

Wie steht es um ihre Gesundheit?

Wie der männliche Skorpion leidet sie oft unter Krankheiten, die mit ihrer Geschlechtlichkeit zusammenhängen, sei es, daß sie Hormonstörungen oder eine schmerzhafte Menstruation hat, Blutungen oder Vaginalentzündungen. Oder sie ist frigide bzw. nymphomanisch, was nicht unvereinbar zu sein scheint. Regelmäßige medizinische Überwachung wäre deshalb von der Pubertät bis zur Menopause notwendig. Übrigens leidet sie oft auch unter Unfruchtbarkeit oder der Neigung zu Fehlgeburten. Wird sie allerdings Mutter, verwandelt sie sich in eine Wölfin, die ihre Kleinen heftig verteidigt.

Wie der männliche Vertreter des Zeichens verfügt sie über eine bemerkenswerte Ausdauer und wird, selbst wenn sie an allem möglichen leidet, weiterarbeiten und »durchhalten«. Die realsten Bedrohungen und Störungen kommen immer aus tiefsitzenden Ängsten, ihren selbstzerstörerischen Tendenzen, der Neigung, innere Konflikte in Krankheiten zu verwandeln. Ein Psychotherapeut wird bei ihr am meisten erreichen, weil er ihr helfen kann, sich ihrer Aggressivität und ihrer Ängste bewußt zu werden. Auch mit alternativen medizinischen Methoden wird sie ähnlich gute Resultate erzielen.

Sie muß sich vor »vampirartigen« Leuten hüten, die ihre »Batterien« bei ihr aufladen und sie erschöpft, wenn nicht deprimiert zurücklassen. Auch sollte sie sich vor Suizidgefährdeten hüten, die ihre eigenen negativsten Triebe wachrufen könnten, ebenso vor zu intensiven okkulten Erfahrungen, vor Drogen, erhöhtem Alkoholkonsum und vor allem, was ihr Abwehrsystem schwächen könnte, durch die jene Dämonen an die Oberfläche zu kommen drohen, die in der Unterwelt Plutos – des Zeichenherrschers – angekettet liegen.

Typisch für dieses Wesen ist die Geschichte vom Skorpion und dem Frosch: Der Wald steht in Flammen, und alle Tiere fliehen zum Fluß. Der Skorpion sieht einen Frosch und sagt: »Frosch, nimm mich auf deinen Rücken und bring mich über

den Fluß.« Antwortet der Frosch: »Du bist gut! Wenn ich dich auf meinem Rücken hinüberbringe, wirst du mich stechen, und ich sterbe.« »Ach, geh, wenn ich dich steche und du stirbst, ertrinke ich doch selbst.« Der Frosch ist überzeugt und läßt den Skorpion auf seinen Rücken steigen. Doch als sie mitten im Fluß sind, sticht der Skorpion den Frosch, und der sagt im Sterben zu ihm: »Was hast du getan? Nun mußt du auch sterben!« und der Skorpion antwortet: »Was willst du, ich bin eben ein Skorpion ...«, und sie ertrinken alle beide.
In diesem Zeichen liegt eine selbstzerstörerische Kraft, die entgegen aller Logik funktioniert. Genau von dieser Kraft muß sich die Skorpion-Frau befreien, wenn sie Krankheit, Unfall oder Gefühlstragödien vermeiden will. Die Frau, die stärker als der Mann »konditioniert« ist, ihren Zorn im Zaum zu halten oder zu verdrängen, muß unbedingt einen Weg finden, ihre Aggressivität zu kanalisieren. Gelingt es ihr nicht, läuft sie Gefahr, ihr Leben lang von einem Arzt zum anderen zu laufen.
In der Ernährung sollte sie auf dieselben Punkte wie der Skorpion-Mann achten. Sie neigt dazu, sich dick zu finden, obwohl die meisten Frauen sie um ihre Linie beneiden würden. Eine allzu drakonische Diät wäre wieder eine Methode, mit der sie sich selbst malträtiert. Im sexuellen Bereich begegnet sie des öfteren »Spinnern«, Leuten mit perversen Vorlieben, und wenn sie sich soweit bringen läßt, gewisse Sachen auszuprobieren, fällt sie in Verzweiflung und setzt neue Selbstbestrafungs-Mechanismen in Gang.
Maßlosigkeit und Exzeß liegen zwar bei ihr nahe, aber es wird ihr immer gut bekommen, wenn sie versucht, ein gewisses Gleichgewicht zurückzugewinnen, ein gesundes Leben zu führen und ihre Kräfte durch ein altruistisches Leben zu sublimieren in einer Hingabe an andere, die auf dieser Ebene von der ihr eigenen Schrankenlosigkeit profitieren.

Wie reagiert sie?

Die Skorpion-Frau hat Charakter und Persönlichkeit. Lauheit liegt ihr fern, und ihre Ränke sind ebenso zählebig wie ihre Bindungen. Sie zwingt anderen ihren Willen auf, beinahe ohne es zu merken, selbst wenn sie sich sanft äußert, gleichsam um ihre Autorität zu mildern. Doch je leiser ihre Stimme wird, desto weniger wagt man es, sich ihr zu widersetzen, als ahne man, was für ein Vulkan da unter dem scheinbar friedlichen Berg rumort.

Sie liebt es, zu verführen und zu bezaubern, aber nicht wie die Waage, der es vor allem darum geht, geliebt zu werden; bei der Skorpion-Frau fragt man sich immer, ob sie es nicht tut, um sich eines Sklaven mehr zu versichern, oder ob es ihr nicht vor allem darum geht, den anderen beherrschen zu können. Auch wenn sie leidenschaftlich aufrichtig ist, kann man sich nicht des Eindrucks erwehren, als stünde einem ein Machtkampf bevor.

Sie ist intelligent, besitzt eine selten klare Urteilskraft, als hätte sie die Gabe, hinter die Erscheinungen und vor allem hinter die Worte zu schauen. Sie spürt jede Lüge mit untrüglicher Sicherheit auf … ihr »Laser«-Blick läßt sie schnell erraten, was für verborgene Absichten ihr Gegenüber hat.

Wofür ist sie begabt?

Die Skorpion-Frau ist die ideale Spionin: sie kann ein Geheimnis bewahren und schweigen, besitzt großen Mut; sie ist schwer zu durchschauen und belastet sich nicht mit Skrupeln. Sie kann im Leben große Dinge vollbringen, vorausgesetzt, es wird viel von ihr gefordert. Sie braucht Schwierigkeiten, Widrigkeiten, Hindernisse. Es gibt kaum eine Herausforderung, auf die einzulassen sie sich nicht versucht fühlte.

In medizinischen oder paramedizinischen Berufen kann sie Erfolg haben; die Biologie und die pharmazeutische Forschung können sie ebenso anziehen wie die Bakteriologie. Da

sie ein aktives Wesen ist, kann sie auch ein Geschäft aufziehen und sich darin bestens bewähren: sie scheut sich nicht davor, allerlei Kontakte anzuknüpfen, ihre Interessen zu verteidigen, mit einem Wort, sich durchzukämpfen.
Da sie schön und charakteristisch aussieht, wollen Photographen und Filmemacher sie oft engagieren. Doch wenn sie es auch angenehm findet, schnell und leicht Geld zu verdienen, erträgt sie es schlecht, als Objekt ausgebeutet zu werden, und so bleibt die Revolte meist nicht lang aus.

Wie liebt sie?

Leidenschaftlich, aber sie hat dabei etwas von einer Gottesanbeterin, das die Männer immer wieder erschreckt. Freilich, wer von ihr geliebt worden ist, wird nie mehr einer Frau ihres Formats begegnen, und jede weitere Liebesbeziehung wird ihm danach schal erscheinen. Doch er wird mit ihr in eine Berg-und-Talbahn versetzt, es hagelt Schreie, Fausthiebe (moralische, wenn nicht gar physische), große Augenblicke des Überschwangs, depressive Krisen. Dabei ist sie immer raffiniert wie eine Pantherin – es ist also alles beisammen, was eine faszinierende Neurose hervorbringen kann. Die Männer sagen so leicht, vernünftige und ruhige Frauen langweilten sie, und sie lebten intensiver mit solchen irrationalen und herrlichen Geschöpfen. Aber von einem gewissen Alter an beginnen sich die anderen Frauen zu rächen. Oder die Skorpion-Frau sieht ein, daß sie allmählich etwas zurückstecken muß, und benutzt ihre Krallen nicht mehr mit ganz so viel Überzeugungskraft …
Wenn die Skorpion-Frau einem Mann begegnet, der ihrer Bewunderung würdig ist – einer, der etwas von einem Heiligen hat oder ein genialer Forscher, zeigt sie vielleicht endlich, was sie kann, und wird eine außergewöhnliche Gefährtin. Sie steht ihm zur Seite, weiß, wie man ihn tröstet, sie macht sich ihre Intuition zunutze und ebnet ihrem »großen Mann«, der ganz

in seine wissenschaftliche Arbeit vertieft ist, den Weg. Sie ist wie eine wachsame Hündin, entschlossen verteidigt sie ihre Rechte. Den Einfluß einer Skorpion-Frau auf ihren Mann darf niemand unterschätzen, und wenn diesen sein Glück verläßt, wird sie an seiner Seite kämpfen, ohne nachzulassen. Hat er Erfolg, verdankt er das ohne Zweifel ihr.

Die verschiedenen Aszendenten-Typen

Skorpion ***Aszendent*** **Widder** ***(Pluto-Mars) Wasser/Feuer:*** (Vergl. Widder-Skorpion). Der Skorpion fällt bei dieser Konstellation meist mit dem achten Haus zusammen, was seine Eigenschaften verstärkt. Faszination für den Tod oder morbide Neigungen. Sadistische Tendenzen, die sich plötzlich gegen die/den Betreffende(n) selbst wenden können, wodurch latente Suizidgefahr geweckt werden kann. Schwierige Kombination, voller Schmerzen und Leidenschaften, Hunger nach Absolutem … unfähig, sich mit dem Relativen vertraut zu machen. Lebt auf einem Vulkan. Heftige, fast grausame Aggressivität, die kanalisiert werden muß: der/die Betreffende wäre perfekt als Chirurg, Zahnarzt, Psychiater, Spion, Polizist etc. Ehrgeiz und Kraft. Macht über die anderen. Kann Großes vollbringen, wenn er/sie eine Sache findet, der er/sie sich mit Leib und Seele widmen will. Ein Charles Baudelaire (dem Dichter der »Blumen des Bösen«) verwandter Geist. Fühlt sich zum Zeichen Waage hingezogen (Bob Kennedy).

Skorpion ***Aszendent*** **Stier** ***(Pluto-Venus) Wasser/Erde:*** (Vergl. Stier-Skorpion). Sehr sinnlich, aber manchmal pervers oder »kompliziert«; ab und zu heiratet der/die Betreffende »zur Buße« jemanden, unter dem er/sie zu leiden hat. Starke

Instinkte, fordernde Sexualität. Freundlicher, »sozialer« als die umgekehrte Konstellation, doch starker – wenn auch unbewußter – Egoismus. Die anderen müssen sich seiner/ihrer durchsetzungsstarken Lebensweise beugen. Dennoch ist der/die Betreffende für jemanden, der ihm wichtig ist, zu einem äußersten Opfer bereit. Sehr eifersüchtig und sehr besitzergreifend. Schwierig, aber anhänglich. Fühlt sich zur Wissenschaft oder Forschung hingezogen. Oft ein Erneuerer oder Entdecker, kann sich aber häufig schlecht durchsetzen, weil er/sie nicht zu Konzessionen bereit ist. Hat etwas Eigenbrötlerisches, manchmal Ungehobeltes. Fühlt sich zum Zeichen Skorpion hingezogen.

Skorpion *Aszendent* Zwillinge *(Pluto-Merkur)*
Wasser/ Luft:
(Vergl. Zwillinge-Skorpion). Von diabolischer Intelligenz. Geht geschickt mit Paradoxa um, benutzt Worte als Waffen. Sehr begabt zum Schreiben, hat oft eine Gabe zum Unterrichten, läuft jedoch Gefahr, zu starken Einfluß auszuüben … der jedoch weniger schädlich ist als bei der umgekehrten Konstellation. Rechtfertigt alles durch Vernunft und Logik. Gibt sich rigoros. Begabt für Mathematik und Abstraktion. Erträgt nur gescheite Leute. Interessiert sich für viele Wissenschaften, für Medizin … will aber alles selbst nachprüfen. Will sich von nichts und niemandem einnehmen lassen, nicht einmal von der Liebe. Hat etwas Undurchschaubares. Alle Urteile, die man über ihn/sie fällt, sind falsch. Schwer zu verstehen; tut nichts dazu, geliebt zu werden, im Gegenteil … Hat immer Angst, betrogen zu werden oder auf den anderen hereinzufallen. Das ist seine Art der Aufrichtigkeit (Beispiel: der Dichter Paul Valery). Fühlt sich zum Zeichen Schütze hingezogen.

Skorpion ***Aszendent*** **Krebs** ***(Pluto-Mond) Wasser/Wasser:*** (Vergl. Krebs-Skorpion). Intensives Seelenleben … muß sich aber vor den Gespenstern hüten, die im Unbewußten umgehen, vor Phantasievorstellungen, morbiden Träumen, einer ganzen geheimen »Unterwasserwelt«, beherrscht von Vorstellungen, die allzu oft dazu verführen, die Dinge zu schwarz zu sehen. Fühlt sich in seiner Welt gefangen, die ihn/sie von der Wirklichkeit isoliert und daran hindert, Verantwortung zu übernehmen. Hat etwas furchtbar Masochistisches: sucht sich beinahe systematisch Menschen, unter denen er/sie leidet. Hat offensichtliche Begabungen und Fähigkeiten, durch die er/sie sogar einen Mißerfolg akzeptieren kann. Die Entwicklung hängt vor allem von den äußeren Einflüssen ab, gegen die der/die Betreffende sich nicht wehren kann. Ängstliche Natur. In der Jugend unglückliche Leidenschaften. Kann im Lauf des Lebens zu mehr Gelassenheit gelangen. Fühlt sich zum Zeichen Steinbock hingezogen.

Skorpion ***Aszendent*** **Löwe** ***(Pluto-Sonne) Wasser/Feuer:*** (Vergl. Löwe-Skorpion). Starke Persönlichkeit, der man sich nicht in den Weg stellen sollte. Schöpferische Kraft, die alles durcheinanderwirbelt, auf den Kopf stellt, stark beeindruckt durch persönliche Ausstrahlung. Fasziniert seine/ihre Umgebung. Unwiderstehlich. Starke Arbeitsenergie und Ausdauer, die die anderen erschöpft. Keiner kommt bei diesem Tempo mit. Hat etwas Despotisches, Tyrannisches. Die Wurzeln, die Herkunft, das Heimatland oder die Familie haben große Bedeutung. Sucht Auseinandersetzung und Kampf. Hochmütig. Sehr großzügig, aber manchmal recht gemein. Unablässiger Tatendurst. Fragt nie andere um Rat: die anderen richten sich nach ihm oder neigen sich vor ihm. Geht mit allem bis zum bitteren Ende, gibt nicht auf. Durch diese Hartnäckigkeit bringt er/sie es auch zu etwas. Picasso ist ein typischer Skorpion/Löwe. Fühlt sich zum Zeichen Wassermann hingezogen.

Skorpion ***Aszendent*** **Jungfrau** ***(Pluto-Merkur) Wasser/ Erde:***
(Vergl. Jungfrau-Skorpion). Starker Einfluß der Geschwister, die ein Element der Rivalität oder der Anregung darstellen. Leichtes Vorwärtskommen beim Studium. Gewissenhafte, fleißige Natur, bemüht, tüchtig zu sein. Sehr kritischer Geist, der sich jedoch ebenso gegen sich selbst wie gegen die anderen richtet. Starke Persönlichkeit, die trotzdem unter Hemmungen, Komplexen, Ängsten leidet und Angst vor ihren »Dämonen« hat. Verdankt ihren Erfolg ihrer Ausdauer und der Gewissenhaftigkeit im Beruf. Scheinbare Schüchternheit, jedoch verborgener Hang zur Gewalttätigkeit und Leidenschaft. Verantwortungsgefühl. Erfolg in jungen Jahren oder Berufsleben, das sich auf zwei verschiedene Hauptaktivitäten stützt. Fühlt sich zum Zeichen Fische hingezogen.

Skorpion ***Aszendent*** **Waage** ***(Pluto-Venus) Wasser/Erde:***
(Vergl. Waage-Skorpion). Man findet diese Konstellation bei Charles de Gaulle und François Mitterand. Macht, die sich durch Überredungsgabe oder Diplomatie ausdrückt. Verführt und fasziniert, ohne die Karten offen auf den Tisch zu legen. Konflikt zwischen Liebe zu den Menschen und dem Wunsch, sie zu zerstören oder zu dominieren. Der Henker, der sein Opfer retten möchte. Oft wendet der Hang zum Sadismus sich gegen den/die Betreffende(n) selbst. So sagte der Regisseur J.-P. Melville über Alain Delon: »Er ist mehr auto-sadistisch als sadistisch.« Der Horoskopeigner kann Entbehrungen ertragen, sich aussetzen, sich in Auseinandersetzungen stürzen. Geld ist etwas, das man erobert, keine Notwendigkeit. Hat Einfluß auf die Öffentlichkeit, auf Menschenmengen. Fühlt sich zum Zeichen Widder hingezogen.

Skorpion ***Aszendent*** **Skorpion** ***(Pluto-Pluto)***
Wasser/Wasser:
Dieser Mensch ist entweder durch und durch aggressiv, »mörderisch«, beunruhigend oder ganz Opfer. Bei ihm ist alles anders als bei den anderen. Immer geht er bis in die Extreme des Guten oder Bösen; er ist sehr ängstlich und sehr depressiv, verfügt aber über eine ungewöhnliche psychische Energie, die es ihm erlaubt, rasch zu reagieren und die furchtbarsten Hindernisse zu überwinden. Hat oft sexuelle Probleme, sei es durch exzessives Leben, durch Ängste, die Impotenz mit sich bringen, oder – wie im Fall von »Gilbert«, der zu »Gilda« wurde – durch biologische Mißbildung. Ist oft sadistisch, dann wieder masochistisch. Wird er/sie verlassen oder ins Unglück gestürzt, richtet er/sie sich in seiner Trauer ein, denkt an nichts anderes mehr und neigt zur Besessenheit von düsteren Gedanken. Sehr eifersüchtig. Hat es ebenso schwer mit sich selbst, wie es die anderen mit ihm/ihr haben. Sollte achtgeben auf seine/ihre Neigung zu Depressionen und Selbstmordgedanken … Fühlt sich zum Zeichen Stier hingezogen, der zum Symbol des Lebens und der »Bodenständigkeit« wird.

Skorpion ***Aszendent*** **Schütze** ***(Pluto-Jupiter)***
Wasser/Feuer:
Ehrgeiz und der Wunsch, große Dinge zu vollbringen, doch die Ziele bleiben verborgen, oder es türmen sich solche Hindernisse auf, daß er/sie diese niemals alle überwinden kann. Hat das Bedürfnis, sich selbst zu übertreffen, ohne sich dabei offenbaren zu müssen. Ist manchmal in Versuchung, sich von der Welt zurückzuziehen, um mystische oder religiöse Erfahrungen zu leben. Hat auf jeden Fall sehr eigenwillige Ansichten und Überzeugungen. Setzt manchmal seinen Stolz darein, sich zu demütigen oder demütigen zu lassen. Braucht Ideale, die die Seele »zwingen«, sich weiterzuentwickeln. Sollte mißtrauisch seinem Unbewußten gegenüber sein, dem, was sein

Handeln wirklich bestimmt. Sehr starker Einfluß des Vaters, er ist der Schlüssel für das Verhalten des Horoskopeigners. Fühlt sich zum Zeichen Zwillinge hingezogen.

Skorpion *Aszendent* Steinbock *(Pluto-Saturn)*
Wasser/ Erde:
Große Charakterstärke, aber der/die Betreffende ist zugleich gequält von Ehrgeiz und Sehnsucht nach Askese, von dem Widerspruch zwischen Hochmut und Gelassenheit, und erfüllt von der Leidenschaft für die Fragen nach dem Ursprung, der Quintessenz. Bemerkenswerte Energie und Willenskraft. Große Ausdauer und moralische Widerstandskraft. Härte. Starker Mensch, der sich leicht durchsetzen kann, aber nicht verführen will. Neigt zum Leiden, als brächte es Erlösung. Scharfe, klarsichtige Intelligenz. Neigt dazu, alles zu zergliedern; Interesse für das Unsichtbare – will die andere Seite der Dinge erkennen. Nicht selten Erfolg oder sogar Berühmtheit. Begabung zum Schreiben, ist aber eher Essayist und Philosoph als Romancier (Beispiel: André Malraux). Fühlt sich zum Zeichen Krebs hingezogen.

Skorpion *Aszendent* Wassermann *(Pluto-Uranus)*
Wasser/Luft:
Geht ganz eigene Wege und muß kämpfen, um sich mit seinen Überzeugungen durchzusetzen. Begabt für Forschung, Wissenschaft: hat große Ideen, große revolutionäre Pläne; liebt es, gegen den Strom zu schwimmen, alle übernommenen Ideen umzustürzen. Großzügig, ja selbstlos; gibt gern, was er/sie hat. Von beispielhafter Treue seinen/ihren Freunden gegenüber. Kann Ruhm ernten (Sonne am MC); opfert jedenfalls Lebenskraft, Phantasie und alle Intensität dem Berufsleben. Oft geniale Züge. Die Ehe kann auf dem Weg zum Erfolg eine entscheidende Rolle spielen. Fühlt sich zum Zeichen Löwe hingezogen.

Skorpion ***Aszendent*** **Fische** ***(Pluto-Neptun)***
Wasser/Wasser:
Übernatürliches, Intuitionen, mediale Fähigkeiten spielen eine große Rolle. Sollte ihrem/seinem Instinkt, dem »dritten Auge«, vertrauen, nicht so sehr der eigenen Vernunft. Kann ein(e) inspirierte(r) Künstler(in) sein (wie z. B. der fortschrittliche französische Maler Paul Signac) oder ein(e) Unangepaßte(r), ein(e) Außenseiter(in). Kann von Drogen, Alkohol und selbstzerstörerischen Tendenzen beherrscht werden oder stellt seine Gaben in den Dienst der anderen und wird Heiler(in). Sollte sich aber vor okkulten Erfahrungen hüten, der Versuchung, andere »manipulieren« zu wollen, Macht über sie auszuüben, »magische« Fähigkeiten auszuprobieren ... Reisen und das Ausland sind wichtig ... für die/den Betreffende(n), Grenzüberschreitungen. Ist oft unzufrieden, nomadisiert oder irrt herum. Glücksfälle treten hin und wieder auf, sind aber, wie die Schicksalsprüfungen, immer irgendwie sehr ungewöhnlich. Fühlt sich zum Zeichen Jungfrau hingezogen.

SCHÜTZE

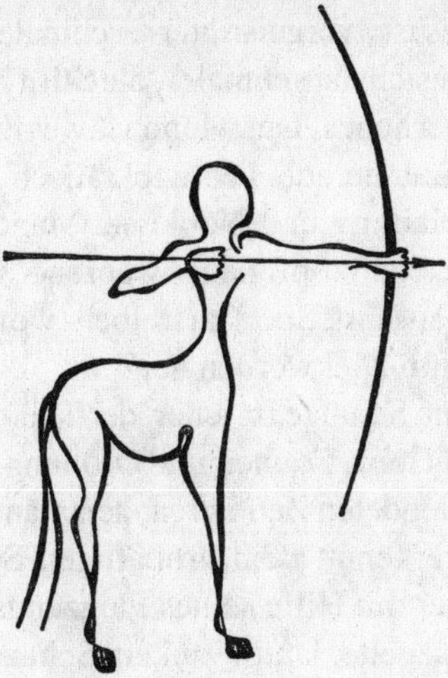

Der männliche Schütze

Woran erkennt man ihn?
Er ist meist ein schöner Mann, groß, gut gebaut, mit breiten Schultern, einem kräftigen Brustkorb (Michelangelo hat dieser Typus oft inspiriert ...), einem nicht zu schmalen, aber auch nicht zu breiten Becken und muskulösen Schenkeln. Auf keinen Fall ein »Geck«, der sich in ein zu enges Jackett zwängt, oder ein androgyner Typ, bei dem man zweimal hinschauen muß.
Dieser »Kentaur« neigt einmal mehr zur Pferde-Seite, dann wieder zur Bogenschützen-Seite. Der erstere, »körperlicher« als der andere, hat ein breites Kreuz und eine robuste Gesundheit. Er ist ganz Sporttyp, der Athlet, der sich seiner Kraft erfreut. Sein Gesicht ist rechteckig, sehr ausgeprägt, er hat regelmäßige Züge, einen großen Mund mit vollen Lippen, der

dafür geschaffen scheint, in saftige Äpfel zu beißen oder in das gutmütige Lachen des »unschuldigen Riesen« auszubrechen. Der zweite Typus ist »vergeistigter«, schmaler, höhergewachsen. Auch das Gesicht ist schmaler, die Stirn höher; die Augen haben etwas Innerliches. Der Mund ist weniger genießerisch, die Nase feiner und gerade, ja aristokratisch. Dieser »Bogenschütze« zeigt Haltung und Noblesse. Manchmal droht ihm eine frühzeitige Kahlköpfigkeit, während sein »tierhafter« Bruder, wenn er aufhört, Sport zu treiben (wofür er sehr begabt ist), ein wenig zum Dickwerden neigt.
Der vollkommene Schütze ist jener, der Tier und Bogenschützen, Instinkt und Geist, Freiheit und Ordnung in sich versöhnt. Er wird zum vollendeten Zentauren, den man in Gestalten wie Mermoz wiedererkennt, dem großartigen Sportler mit dem edlen Gesicht, der mit Hilfe seines Flugzeugs »wie ein Pfeil« durch die Lüfte segelte. Und wenn ein Schauspieler die Rolle von Mermoz spielen könnte, dann wohl am besten Jean Marais, ein weiterer Repräsentant dieses Sternzeichens.

Wie steht es um seine Gesundheit?

Solange er ein gesundes Leben führt, geht es ihm gut. Doch er hat zwei Feinde: seine genießerische Natur und seine empfindliche Leber. Und da er dazu noch ein sehr emotionaler Mensch ist, haben seine Leber und seine Gallenblase Grund genug, heftig zu reagieren. Er gehört zu den Menschen, die leicht erröten – aus heftiger Gemütsbewegung, Zorn, Freude …
Eines erträgt der Schütze-Mann nicht: viel sitzen zu müssen. Er braucht Bewegung, Aktivität. Der Tradition nach sind seine Schwachpunkte die Hüfte und die Schenkel. Deshalb befallen ihn oft Ischiasleiden und Hüftgelenkserkrankungen … Er sollte sich vor Muskelkontrakturen und Krämpfen in der Hüftregion hüten, vor Muskelzerrungen, beispielsweise, wenn er trainiert.
Als Gourmand hat er die Neigung, all das zu lieben, was ihm

nicht bekommt: Gerichte mit üppigen Saucen, Wurstwaren, süßes und fettiges Gebäck, gute Weine … auch wenn er solche Sachen schätzt, seine Leber tut das weniger.
Er neigt dazu, viel zu schlafen – damit kann er Krankheiten am besten abwehren. Manchmal, wenn er tatsächlich krank ist, sieht man ihn sich ins Bett verkriechen, beide Fäuste geballt, entschlossen, in seinen heilenden Schlaf zu sinken, ohne einen Arzt zu bemühen oder irgendein Medikament zu schlucken.
Zuweilen bewirkt seine emotionale Natur, daß er mit Hautstörungen reagiert: Fieberbläschen, Herpes, Ekzeme befallen ihn, wenn ihn etwas verärgert hat, ohne daß er seinen Zorn direkt und spontan äußern konnte. Auch eine Empfindlichkeit der Atemwege ist bei ihm zu beobachten.
Vor allem sollte der Schütze Übertreibungen vermeiden … nicht zu viel essen, nicht zu viel trinken, ausreichend schlafen (aber nicht mehr), und vor allem sollte er sich Bewegung verschaffen – und seien es nur zehn Minuten Gymnastik am Tag. Er neigt nämlich zu einer Selbstvergiftung des Organismus, zu mangelnder Ausscheidung.
Im reiferen Alter, wenn er sich zu sehr dem Wohlleben hingibt, ein bißchen zu viel Alkohol trinkt, zu viel raucht und den ganzen Tag im Sitzen verbringt, kann er überdies noch an Störungen durch Übergewicht und Couperose (erweiterten Äderchen) leiden.
Bei ihm scheint wirklich alles von seiner Lebenshygiene abzuhängen; von ihm kann man, mehr als von allen anderen, sagen, daß er das Alter haben wird, das er verdient … Als homöopathisches Heilmittel ist ihm *Silicea* zum empfehlen. In der Ernährung sollte er lieber Gegrilltes (z. B. Fisch) essen als Gebratenes. Außerdem frische Grüngemüse, Karotten, Sellerie, Rohkostsalate und Früchte (Johannisbeeren, Pampelmusen, Äpfel, Birnen, Kompotte) etc.
Von den Sportarten, die zu ihm passen, seien erwähnt: Reiten, Fechten, Leichtathletik in allen Varianten …

Wie reagiert er?
Die Symbolik des Zeichens ist die Reise, die Überschreitung von Grenzen. Schrieb Paul Eluard, der unter dem Zeichen Schütze geborene Dichter, nicht: »Glücklich ist man nur anderswo ...« Darin drückt sich die tiefe Unzufriedenheit des Schützen aus, der sich immer nach etwas anderem sehnt, der immer sogar selbst ein anderer sein will, als der er ist, »besser, mehr geliebt, liebenswerter ...«
In ihm ist also der Wille zur Weiterentwicklung und zugleich eine bemerkenswerte Gutwilligkeit, die es ihm ermöglicht, über sich hinauszuwachsen. Übrigens hat er eine solide optimistische Grundlage, eine Art Urvertrauen in seinen guten Stern und in sich selbst. Und dieser Optimismus wird sehr oft belohnt – man pflegt genau das »Glück« zu nennen.
Er zieht es auf sich, daß man sich ihm anvertraut, er neigt dazu, ins Leben anderer einzugreifen, Ratschläge zu geben. Er hat immer irgendeine Mission, ist bereit, eine Witwe oder ein Waisenkind zu verteidigen, sich als heldenhafter Beschützer zu gebärden, sich für die Menschen in seiner Umgebung zu vierteilen.
Einer seiner sympathischsten Züge ist sein Abenteuergeist im besten Sinn des Wortes. Er liebt das Risiko; er pokert mit dem Leben. Er stellt seinen Wagemut ständig unter Beweis und zählt genauso auf sein Glück wie auf sein reales Organisationstalent und seine nicht weniger reale Kompetenz.
In ihm wohnen zwei Seelen: eine anarchistische, rebellische, instinktive, Herausforderungen suchende ... und eine konformistische, bürgerliche, die Gesetz und Ordnung respektiert. Manchmal lebt er beide aus. Ich kannte einen spanischen Schütze-Mann, der bei der Grenzpolizei der Küstenwacht arbeitete und eines Tages beschloß, zu den Schmugglern überzulaufen. Er wollte mal was anderes kennenlernen, ein anderes Spiel spielen und sich von fünfzehn Jahren des Wohlverhaltens befreien!

Man findet beim Schütze-Geborenen viel Freundlichkeit, ein unbefangenes Lächeln, Sicherheit und ein aufrichtiges und spontanes Interesse für die Menschen, die ihm begegnen. Man findet ihn sympathisch, aber man verübelt es ihm manchmal, daß er Dinge verspricht, die er dann nicht hält – er glaubt eben, er könne sie halten, und außerdem macht er so gerne jemandem eine Freude ... aber er ist egoistisch und vergeßlich und opfert seine Bequemlichkeit nie um anderer willen. Er tappt immer wieder ins Fettnäpfchen, macht sich dann Gewissensbisse ... er kann sogar etwas »primitiv«, roh wirken, vielleicht weil er meint, die anderen seien so gesund und kräftig wie er. Er ist empfindlich und erträgt Kritik schlecht. Allmählich lernt er es jedoch, seine Fehler zuzugeben. Aber er ist wild empört oder begeistert, hat heftige Zornesausbrüche, verteidigt vehement seine Meinung, und im Augenblick ist es sehr schwer, ihn zu einem Einlenken zu bewegen. Man muß wissen, daß er oft »ganz Gefühl« ist.
Er braucht eine große Sache, edle Ziele, ehrgeizige Ambitionen, ohne sie erschiene ihm das Leben farblos und freudlos, er würde vielleicht sogar in tiefe Depressionen stürzen. Doch er überwindet sie auch wieder ebenso schnell, wie er darin versunken ist. Denn selbst bei einem sehr atheistischen Schützen ist ein religiöses Grundvertrauen da. An irgendwas muß man ja glauben. Das ist für viele die Rettung.

Wofür ist er begabt?

Der Schütze-Geborene fühlt sich in allen Berufen wohl, in denen er in Kontakt mit anderen Menschen steht, und das noch mehr, wenn diese Menschen Ausländer sind oder wenn sein Berufsleben Reisen nötig macht. Da er Geschäftssinn hat, kann er auch als Handelsreisender oder im Import-Export, durch den er mit Leuten aus anderen Ländern zu tun hat, recht erfolgreich sein, oder auch als Journalist, Reporter, Dolmetscher, als Mitarbeiter eines Reisebüros oder Animateur.

Seine Studien absolviert er im allgemeinen brillant, was ihm den Weg zu Handel und Administration, zur politischen Wissenschaft oder Ökonomie ebnen wird. Er kann ein hoher Beamter werden, in der Verwaltung aufsteigen, und es ist wichtig für ihn, welches Amt er ausübt und ob seine Tätigkeit auch ehrenvoll ist. Er gehört zu denen, die eine Schwäche für allerlei Orden und Auszeichnungen haben …

Er fühlt sich auch zur Philosophie hingezogen, zur Theologie, Religionsgeschichte, zur modernen Geschichte eher als zur alten, zum Unterrichten – vorausgesetzt, er hat es mit Studenten zu tun, die schon einen höheren Wissensstand haben. Er ist meist ein exzellenter Pädagoge, interessiert sich aber vor allem für bereits erwachte Intelligenz.

Der Körper interessiert ihn übrigens in der Erziehung nicht weniger als der Geist, und so findet man ihn in entsprechenden Berufen, zum Beispiel als Sportlehrer.

Im allgemeinen ist er sehr unabhängig und erträgt die Autorität anderer schlecht, deshalb wird er als Beamter auch danach trachten, sehr bald an die Spitze der Hierarchie zu gelangen …

Wie liebt er?

Der Schütze-Mann hat die Seele eines Pater familias. Sanft setzt er seine Autorität durch und kann sich nicht vorstellen, daß man sich ihm widersetzen könnte. Er ist gern von Menschen umgeben und freut sich über eine große Familie, die er gegründet hat.

In ihm steckt jene Dualität, durch die er im alltäglichen Leben auch eine »hausbackene« Seite zeigt, also darauf achtet, daß zu bestimmten Zeiten am Tag bestimmte Dinge auf den Tisch kommen und er Wert darauf legt, abends in Ruhe fernsehen oder Karten spielen zu können, und zugleich die andere Seite, die Veränderungen liebt, die gern großzügig Gäste bewirtet, ausgeht, Freunde besucht, Reisen unternimmt … Häufig

wechseln auch diese beiden Lebensstile ab: mal ist er extrem familiär, mal extrem unabhängigkeitsliebend …
Wenn er sich verliebt, ist er völlig vom anderen eingenommen; er denkt nur noch an den anderen, reagiert auf dessen geringste Stimmungsschwankungen, auf jeden Blick. Und dann löst er sich plötzlich und wird allenfalls noch von vagem Mitleid bewegt. Liebt er nicht mehr, so ist es sinnlos, ihn darum zu bitten, er möge sich doch Mühe geben. Denn was er dann dem anderen zuliebe tut, geschieht nur noch aus Pflichtgefühl.
Ist der »animalische« Schütze vorherrschend, kann ein Abenteuer auf das nächste folgen, die immer einen Hauch von Sentimentalität haben. Dann aber wird die Wahl vom Instinkt bestimmt, vom Wunsch nach Eroberung. Herrscht der »Bogenschützen«-Anteil vor, hat man es mit einem Mann zu tun, der nach Vollkommenheit strebt – und der oft glaubt, sie gefunden zu haben. Er wird seine Abenteuer immer bereitwillig seinem Zuhause, seiner Frau opfern.

Wenn er ein … wäre

Wenn man uns bei dem Ratespiel fragte, was er als Tier wäre, so wären wir, je nach den Feinheiten, versucht zu sagen: ein Hirsch, ein Delphin, ein Zebra, ein Hund … oder ein Hengst!
Wenn er ein Baum wäre, so hätte er die Kraft und Noblesse einer Buche mit goldenen Blättern und glattem Stamm.
Eine Blume: Gladiole.
Ein Gewürz: Rosmarin oder Minze.
Eine Pflanze: Thuja.
Ein Metall: Zinn.
Eine Farbe: Purpur, Nachtblau, Violett oder Goldgelb.
Ein Edelstein: Granat, Hyazinth.
Ein Duft: Bergamotte, Zeder, Russisch Leder.
Ein Musikinstrument: Saxophon oder Orgel.
Und wenn er ein Sammlerobjekt wäre: Zinngegenstände, Reisesouvenirs, seltene Dinge aus aller Welt …

Der weibliche Schütze

Woran erkennt man die Schütze-Frau?
Sie hat »das gewisse Etwas«, wirkt rassig, elegant, von starker physischer Präsenz und besitzt sicherlich mehr Charme als Schönheit. Man erkennt sie oft an ihrem Gang, ihrem sicheren Schritt, ihrer aufrechten Haltung, dem provozierenden Blick, mit dem sie den anderen entgegensieht. Sie senkt den Blick nie. Ihre Augen sind schön, im allgemeinen hell, mit hohen, aber horizontal verlaufenden Brauen. Ihre Nase ist gerade, nicht sehr lang, hübsch. Ihr Mund ist groß, sie hat ebenmäßige Zähne, die oft länglich sind (Jane Fonda).
Der Oberkörper ist kurz, die Hüftlinie lang; ihr Gang ist leicht, sie wirkt insgesamt gesund und frisch, ausgeglichen, sportlich und blühend ... Ihr heiteres Gesicht verdunkelt sich oft ganz plötzlich, wenn ein Gefühl oder ein melancholischer Gedanke sie durchzieht; man sieht, wie in ihren lebhaften Augen sich ein Gewitter zusammenbraut ... die Schütze-Frau wechselt rasch vom Lachen zu Weinen über, von Heiterkeit zu Zorn, von Sanftheit zu Grausamkeit. Sie hat etwas Verwegenes, das ihre Liebhaber fürchten. Sie ist vital und verausgabt sich physisch gern; Müßiggang deprimiert sie.

Wie steht es um ihre Gesundheit?
Sie hat beinahe die gleichen Krankheits-Prädispositionen wie der männliche Vertreter des Zeichens: eine empfindliche Leber, eine anfällige Galle, häufige allergische Reaktionen, die immer mit starken Gemütsbewegungen, mit Auseinandersetzungen, unausgesprochenem Ärger oder Enttäuschungen zusammenhängen.
Sie hat das Glück, vor allem in ihrer Jugend im Einklang mit ihrem Körper zu sein, ihn problemlos akzeptieren zu können; sie bewegt sich im übrigen darin mit sicherem Instinkt, hat

einen angeborenen Sinn für Rhythmus, Anmut und eine Form unschuldiger Sinnlichkeit, mit der sie Musik und Bewegung genießt. Sie sollte aber auf ihre Linie achten, da sie Tendenz hat, ein »junohafter« Typ zu werden, der zwar wohlgeformt, aber auch ein wenig füllig ist. Nur Sport, Körperübungen und eine strikte Kontrolle ihrer Ernährung können verhindern, daß sie Cellulitis bekommt, ihre Feindin Nr. 1. Und da sie dazu neigt, sich in Schwierigkeiten mit kalorienhaltigen Leckereien zu trösten, ist das kein einfacher Kampf. Dummerweise machen heftige Gefühle sie noch hungriger, anstatt ihr den Appetit zu verderben!

Ihre Stimmungen sind wechselhaft, wie die des männlichen Schützen; sie fällt allerdings nach euphorischen Zuständen noch leichter in Depressionen. Manchmal »explodiert« sie in plötzlichem Zorn, schreit herum und benimmt sich »hysterisch«. In jedem Schütze-Geborenen, ob Mann, ob Frau, lauert ein »donnernder« Jupiter mit seinen Blitzen – denn nicht umsonst ist der zürnende Gott Herrscher des Zeichens ...

Auch für sie ist ein gesundes und ausgeglichenes Leben wichtig; sie sollte sich vor großen Turbulenzen schützen, und vor allem für ein körperlich-seelisches Gleichgewicht durch wenigstens etwas Körperarbeit, regelmäßigen Schlaf und Achtsamkeit auf ihre Ernährung sorgen. Ein »Exzeß« ab und zu darf schon sein, damit die Genußfreude und Lebenslust nicht zu kurz kommen.

Wie der Schütze-Mann muß auch sie zu fette und zu schwere Nahrung meiden, süßes Gebäck, Marzipan – was sie sehr liebt –, Weißbrot, Teigwaren aus raffiniertem Mehl, alles, was dick macht. Statt dessen kann sie Rohkost essen, Grüngemüse (Vorsicht bei Sauerampfer und Spinat, die beide viel Oxalsäure enthalten), Tomaten, Melonen, Rote Bete und andere Rüben etc., sowie mit Maßen gegrilltes Fleisch, Schalentiere und Geflügel vom Grill. Um die Verdauung zu unterstützen, sollte sie abends auf das Gläschen Alkohol verzichten und statt dessen lieber einen Thymian-, Rosmarin- oder Pfefferminztee trinken. Wenn sie es nicht über sich bringt, Gymnastik zu treiben, könnte sie es mit Tanz (z. B. Modern Dance), Reiten oder Schwimmen versuchen.

Wie reagiert sie?

Sie hat Persönlichkeit und Charakter. Manchmal ist sie ein wenig pedantisch oder unduldsam gegenüber Widerspruch; man empfindet den Umgang mit ihr nicht als allzu leicht. Sie braucht einfach eine gewisse Zeit, bis sie zu ihrem inneren Gleichgewicht gefunden hat. Sie fühlt sich nicht recht wohl in einer von Männern bestimmten Welt, denn es geht ihr darum, einen gleichrangigen Platz einzunehmen, zu beweisen, was sie kann, ihre Unabhängigkeit zu wahren und auf jeden Fall klarzumachen, daß man sie niemals als Objekt betrachten darf. So greift sie also an, kämpft und hat oft, vor allem in der Jugend, nicht genug Humor, um rechtzeitig das Feld zu räumen. Sie will zu viel machen und zu gut, anstatt in Ruhe abzuwarten, wann ihre Zeit gekommen ist. Ungeduld gehört übrigens, wie Empfindlichkeit, auf die Liste ihrer kleinen Schwächen.

Sie ist eine hochmütige Natur, und sie gibt nicht gern nach. In ihrer Jugend wirft man ihr vor, zu viel Widerspruchs- und Kritikgeist zu haben. Sie muß um jeden Preis recht bekommen und wird es weder an Sturheit noch an Mut fehlen lassen. Davon bleibt ihr etwas bis ins Alter. Nur ihr Charakter mildert sich, mit mehr Gelassenheit macht sich philosophischer Gleichmut bemerkbar. Und wenn ihr das wirklich gelingt, fühlt sie sich stark und kann durchaus weise(r) handeln.

Sie hat einen neugierigen Geist, interessiert sich für hunderterlei Dinge, für die Welt überhaupt ... Ihr intellektueller Hunger scheint unstillbar zu sein. Sie macht große Pläne, träumt intensiv und versteht es, durch den Glauben an ihre Vorhaben die Umgebung zu überzeugen.

Sie ist eine energische Frau, die voller Charme sein kann, wenn man Zugang zu ihrem Herzen gefunden hat; dann ist sie zu großmütigen Gesten und rührenden Aufmerksamkeiten fähig. Aber sie läßt sich nicht leicht erweichen, sagt allzu gern »wer will, der kann« und verachtet insgeheim die Schwachen, Feigen und Dummen. Sie erlebt zuweilen Augenblicke tiefer Entmutigung und beurteilt dann die Menschheit – sich selbst eingeschlossen – mit heftiger Verachtung.

Wofür ist sie begabt?

Wenn sie für die absolute Gleichstellung mit dem Mann kämpft, so deshalb, weil sie sich durchaus fähig fühlt, die gleichen Funktionen zu erfüllen. Auf intellektueller Ebene empfindet sie sich in keiner Weise als unterlegen. Und tatsächlich kann sie allen Männern, die den gleichen Beruf ausüben wie sie, leicht das Wasser reichen. Sie interessiert sich übrigens auch für Politik und zeigt Begabung auf diesem Gebiet, wobei die Geschichte deutlich macht, daß das Königtum ihr nicht nur Freuden beschert hat, wie das Beispiel von Maria Stuart oder Christine von Schweden beweist.

Als moderne und dynamische Frau lebt sie ganz in ihrer Zeit und verteidigt die Ideen, die ihr gerecht und vernünftig erscheinen. Setzt sie sich für Pädagogik und Psychologie, für den Lehrerberuf oder den Journalismus ein, tut sie das immer beseelt von Reformgeist, im Glauben an das, was sie macht, und mehr auf das Ergebnis und die Wirksamkeit ihrer Arbeit bedacht als auf persönlichen Erfolg. Doch sie ist empfänglich für Komplimente und reagiert empfindlich auf Vorwürfe.

Wir finden also bei der Schütze-Frau die gleichen Vorlieben und Fähigkeiten wie beim männlichen Vertreter ihres Zeichens, den gleichen Abenteuergeist und den unablässigen Wunsch, ihr Wissen zu vermehren und ihre beruflichen Fähigkeiten auszubauen. Im allgemeinen gelingt ihr das auch bestens. Manchmal sogar zum Nachteil ihres Privatlebens.

Wie liebt sie?

Sie liebt die Männer, aber sie macht ihnen Angst. Sie behandeln sie wie eine »Amazone« oder ein allzu »phallisches Weib«, und sie wirft ihnen vor, nur selten die Qualität ihrer Träume zu erreichen.

Wenn sie jung und stark ist, zieht sie die Schwachen an, jene, die irgendwie hinterherhinken, und ihnen versucht sie mit allen Mitteln zu helfen in der Hoffnung, sie zu retten oder zu verändern. Sie muß selbst erkennen, daß man die Schwachen meist nicht stärker machen kann, daß sie einen vielmehr »hinunterziehen«. Später hat sie es nicht immer leicht, denn sie versucht alles zu vereinbaren: die Liebe, die Karriere, die ihr am Herzen liegt, das Familienleben …

Sie sollte sich als Gefährtin nur einen intelligenten und selbst sehr unabhängigen Mann suchen, der sie in ihrer Karriere unterstützt, wie sie ihn in der seinen … vorausgesetzt, es ist nicht dieselbe. Häufig findet sie ihr Gleichgewicht, wenn sie einen »armen Künstler« heiratet, dem sie unter die Arme greift; sie wird alles daransetzen, daß sein Talent erkannt wird und sein Ruhm auch auf sie fällt. Sie hat etwas »Pygmalionhaftes«; für sie ist es wichtiger, Männer auf der Ebene des Herzens und der Seele, des Talents und des Genies in die Welt zu setzen als physisch.

Wenn sie sich für einen konformistischen Weg entscheidet, gibt die Schütze-Frau eine hervorragende Hausfrau ab, eine perfekte Familienmutter und Ehefrau, die alles dafür tut, den Interessen ihres Mannes zu dienen und ihm zum Erfolg zu verhelfen.

Die verschiedenen Aszendenten-Typen

Schütze ***Aszendent*** **Widder** ***(Jupiter-Mars) Feuer/Feuer:***
(Vergl. Widder-Schütze). Liebt das Risiko, das Abenteuer. Ist vor allem vom Drang nach Bewegung und nach Reisen beseelt. Beziehungen zum Ausland sind wichtig. Schöne Erfolgsaussichten durch den Mut des/der Betreffenden, gepaart mit Optimismus und Begeisterungsfähigkeit. Gute Eigenschaften werden mit Glück belohnt. Alles ist hier Schwung, Spontaneität, Berge versetzender Glaube, Großzügigkeit. Dominanz des Gefühlslebens, das große Freuden verspricht. Fühlt sich zum Zeichen Waage hingezogen.

Schütze ***Aszendent*** **Stier** ***(Jupiter-Venus) Feuer/Erde:***
(Vergl. Stier-Schütze). Trotz einer tiefen Liebe zum Leben, die den Horoskopeignern der umgekehrten Konstellation eigen ist, sind hier mehr Prüfungen zu erwarten, mehr Anfälligkeit für Depressionen und emotionale Schwankungen. Trauerfälle können Erbschaften mit sich bringen, die zum Erfolg verhelfen oder den Erwerb von Kapital begünstigen, mit dem große Geschäfte unternommen werden. Geld spielt in der Berufslaufbahn und im sozialen Leben eine große Rolle. Hedonistische Lebensphilosophie; genießt gern, erfreut sich der Gesundheit. Wohlwollendes, sympathisches Wesen. Fühlt sich zum Zeichen Skorpion hingezogen.

Schütze ***Aszendent*** **Zwillinge** ***(Jupiter-Merkur) Feuer/ Luft:***
(Vergl. Zwillinge-Schütze). Stark gefühlsbetont. (Eher ein »Castor«- als ein »Pollux«-Typus, vor allem unter dem Einfluß von Mond oder Neptun). Ein wenig träge, aber sehr fröhlich. Sentimentaler als der Zwillinge/Schütze-Typus. Braucht Reisen und Abwechslung. Fürchtet, sich zu langwei-

len. Weder sehr realistisch noch sehr ausdauernd. Hat etwas Unfertiges, Jugendliches; läßt sich nicht vereinnahmen. Befreit sich in aller Freundlichkeit. Hat Angst davor, betrogen zu werden, Opfer zu sein … und kann dennoch nicht umhin zu vertrauen. Fühlt sich zum Zeichen Schütze hingezogen.

Schütze ***Aszendent*** **Krebs** ***(Jupiter-Mond) Feuer/Wasser:***
(Vergl. Krebs-Schütze). Phantasiebegabte Natur. Neigt dazu, die Dinge tragisch zu nehmen. Hat nicht genug Humor und läuft Gefahr, wegen zu starker Gefühlsbetontheit krank zu werden. Sehr familienbezogen und kinderliebend. Neigt zu altruistischen Berufen im Bereich der Medizin oder Pädagogik. Diskrete Autorität. Hat etwas Naiv-Idealistisches; man appelliert nie vergebens an sein/ihr Herz. Fühlt sich zum Zeichen Steinbock hingezogen.

Schütze ***Aszendent*** **Löwe** ***(Jupiter-Sonne) Feuer/Feuer:***
(Vergl. Löwe-Schütze). Lebt vollkommen gefühlsbezogen; Gemütsmensch. Strahlendes, großzügiges Wesen, voller Großmut, immer bereit, jemanden unter die Fittiche zu nehmen. Zieht die Schwachen und Benachteiligten an. Liebt den Überfluß, führt gern ein großes Haus. Sehnsucht nach dem Mittelalter, wäre gern Ritter oder Schloßherr. Liebt große Familien; großes Erziehungstalent. Hat die Gabe, Liebe zu wecken. Braucht Bewunderung … gibt sich alle Mühe, sie auf sich zu ziehen. Fühlt sich zum Zeichen Wassermann hingezogen.

Schütze ***Aszendent*** **Jungfrau** ***(Jupiter-Merkur) Feuer/Erde:***
(Vergl. Jungfrau-Schütze). Anfangsprobleme mit leichter Schüchternheit oder einer beschützenden Familie, der die/der Betreffende nicht entrinnen kann. Genauigkeit, Tüchtigkeit, Organisationstalent. Geschäftssinn. Oft zwei Tätigkeiten oder

zwei Berufe zugleich. Manchmal verbirgt sich die Emotionalität des Schützen hinter einer gewissen Ironie, Bissigkeit oder Zynismus, die nach außen hin zur Schau getragen werden. Manchmal organisiert auch die Familie den Erfolg. Fühlt sich zum Zeichen Fische hingezogen.

Schütze *Aszendent* Waage *(Jupiter-Venus) Feuer/Luft:*
(Vergl. Waage-Schütze). Starke Emotionalität. Auch das Denken ist immer von Sentimentalität gefärbt. Erreicht bei anderen viel durch Charme und Freundlichkeit. Gute Beziehung zur Öffentlichkeit, erlangt oft Bekanntheit. Begabt fürs Studium und bei Prüfungen vom Glück begünstigt. Neigung zu Geisteswissenschaften, zum Verlegertum, zum Buchhandel, zu allem, was mit der Verbreitung von Kunst und Schönheit zu tun hat. Kann die Dinge gut weitergeben. Empfindliches Temperament. Man kann ihr/ihm die Gefühle aus dem Gesicht ablesen. Mehrere leidenschaftliche Bindungen oder überstürzt geschlossene Ehen.

Schütze *Aszendent* Skorpion *(Jupiter-Pluto) Feuer/Wasser:*
(Vergl. Skorpion-Schütze). Großmütige Natur voller Courage, erfüllt vom instinktiven Drang, sich selbst zu überwinden, über die Grenzen seiner/ihrer Kraft hinauszugehen. Bringt oft Bemerkenswertes zustande, da Ehrgeiz sich mit Idealismus und Charakterstärke verbinden. Hat Autorität; muß die Stimme nicht erheben, um eine starke Wirkung auszuüben. Starke Ausstrahlungskraft. Die Sängerin Edith Piaf hatte das goldene Herz des Schützen und die Neigung zum Extremen und zur Selbstzerstörung des Skorpions. Ewig unzufrieden. Fühlt sich zum Zeichen Stier hingezogen.

Schütze *Aszendent* Schütze *(Jupiter-Jupiter)*
Feuer/Feuer:
Extreme Instabilität und Emotionalität. Wird geliebt, man wirft ihm/ihr aber vor, sich zu sehr in das Leben der anderen einzumischen, zu viele Ratschläge zu geben, naiv zu sein. Hat oft Glück, weil er/sie großzügig ist und nichts seinen/ihren guten Willen besiegt. Immer bereit, alle Welt zu trösten. Hat depressive Zustände, wenn er/sie nicht mehr das von den Göttern verwöhnte Kind ist. Fühlt sich zum Zeichen Zwillinge hingezogen.

Schütze *Aszendent* Steinbock *(Jupiter-Saturn)*
Feuer/Erde:
Innere Antriebe, die oft an der »Steinbock-Mauer« zerbrechen. Wagt es erst in einem reiferen Alter, seine/ihre natürlichen Instinkte zu befreien. Hat etwas übertrieben Moralisches. Erlebt oft in der Kindheit Erschütterungen. Manchmal ist die Herkunft ungewiß oder der Vater schmerzhaft unbekannt. Fordert viel von sich, neigt zu Schuldgefühlen, Unzufriedenheit mit sich oder Selbstbestrafung. Entwickelt sich zur Weisheit oder strebt zumindest danach. Fühlt sich zum Zeichen Krebs hingezogen.

Schütze *Aszendent* Wassermann *(Jupiter-Uranus)*
Feuer/Luft:
Glückliche Planetenkombination. Freundschaft und Solidaritätsgefühle nehmen den ersten Platz ein. Wahre Güte und Treue gegenüber geliebten Menschen. Große Möglichkeiten, wenn der/die Betreffende sich wirklich bemüht. Denkt eher wissenschaftlich. Sein/ihr Ziel: der Gemeinschaft zu dienen. Extreme Selbstlosigkeit, die von den anderen leicht ausgenutzt wird. Die Ehe spielt eine wichtige Rolle für den persönlichen und beruflichen Erfolg; sehr unabhängig, tritt für Freiheit und neue Ideen ein. Fühlt sich zum Zeichen Löwe hingezogen.

Schütze ***Aszendent*** **Fische** ***(Jupiter-Neptun)***
Feuer/Wasser:
Kann sich nicht mit dem zufriedengeben, was er/sie hat, kann die Realität nicht annehmen. Sucht nach allen möglichen Ausflüchten. Liebt das Reisen. Großzügig, geht mit Materiellem nachlässig um. Neigt zu Trägheit, hat aber oft Glück oder wird verehrt. Enttäuschung in der Ehe; erträgt Kleinlichkeit schlecht. Riskiert seine/ihre Sicherheit, um sich zur Weiterentwicklung zu zwingen und nicht der Versuchung zum Wohlergehen zu erliegen. Fühlt sich zum Zeichen Jungfrau hingezogen.

STEINBOCK

Der männliche Steinbock

Woran erkennt man ihn?

Man sagt, er sei kalt, distanziert, hochmütig; dabei ist er nur schüchtern oder, häufiger noch, einfach unbeholfen, er fühlt sich nicht recht wohl in seinem Körper, den er irgendwie als ungefällig empfindet. Er leidet darunter, sich steif zu fühlen, schwerfällig und plump zu sein, den Gang eines Bauern zu haben.

Oft ist er dünn oder sogar hager, hat eine langgezogene Nase, abfallende Augenwinkel, einen schmalen Mund mit dünnen Lippen. Seine Schultern sind eckig, sein Körper wirkt knochig, die Hände sind lang und knotig, der Gang hat etwas Gebeugtes. Doch dies ist die Karikatur des saturngeprägten Steinbocks, des »traurigen« Typus, von dem man sagt, er sei »alt geboren.« Es gibt nämlich noch einen anderen Steinbock, der etwas kräftiger ist und ein wenig »besser beisammen«. Sein Gesicht ist rechteckig, er hat eine Stupsnase oder eine breite, kurze Nase, seine Ohren sind recht groß, der Mund ist energisch, und von den Nasenlöchern bis unter die Mundwinkel herab zieht

sich eine tiefe Falte. Seine Augen sind lustig und stehen eher schräg im Gesicht, seine Haare liegen an. Die Hände sind kräftig, die Finger lang, und auch die Füße sind recht groß.
Der erste Steinbock-Typus, der »saturnhafte«, gilt als jemand, der »Klasse« hat, der zweite, eher marsbetont, ist der »solide«. Keiner der beiden aber ist über seine Erscheinung recht glücklich. Den ersteren repräsentiert der radikale französische Politiker Pierre Mendès-France, den letzteren der Schauspieler Michel Piccoli, der Schriftsteller Henry Miller oder Maréchal Joffre ... Oft erinnert das Gesicht des Steinbocks ein wenig an einen Ziegenschädel.

Wie steht es um seine Gesundheit?

Da er über eine gute nervliche Widerstandskraft verfügt, wird er recht alt. Er ist ein arthritischer Typus und somit nicht in Gefahr, früh zu sterben. Im Alter geht es ihm übrigens immer besser, und seine Ausdauer wächst mit den Jahren. Doch sein Knochenbau ist oft der Sitz von Verformungen und von rheumatischen Leiden, die ihm sehr zu schaffen machen.
Dieser empfindliche Mensch, der sich so unter Kontrolle hat, dieser Heftige, der so viel verdrängt, leidet oft unter Ekzemen, Herpes, Psoriasis, Nesselfieber oder Juckreiz durch Kälte. Seine Haut ist trocken und empfindlich ... Sie drückt die Stimmungsschwankungen des Steinbock-Menschen aus.
Es ist übrigens sehr wichtig, daß er sich dieses Ventil erhält, das ihn von seinen inneren Spannungen befreit. Nimmt man ihm seine Ekzeme, läuft er Gefahr, es durch wesentlich ernstere Krankheiten zu ersetzen, die häufig den Verdauungsapparat befallen. Dieser Saturnmensch leidet im allgemeinen unter einer Verlangsamung des physiologischen Austauschs. Er sitzt viel, seine »Maschine« verschmutzt, es kommt zu Selbstvergiftung. Dann folgen sklerotische Erscheinungen; die Blutgefäße leiden darunter, der Kreislauf wird beeinträchtigt.

Der Tradition nach sind die Knie sein Schwachpunkt; und tatsächlich kann er besonders dort Verletzungen davontragen, unter Gelenkergüssen leiden oder Rheuma bekommen.
Das Paradox liegt beim Steinbock darin, daß sein Organismus zu früh altert, daß er aber mit der Zeit immer besser mit seinen Energien umzugehen lernt. So gelingt es ihm, dem Tod ein Schnippchen zu schlagen.
Der Steinbock ist nicht hypochondrisch in der Art wie der Krebs, der sich ständig um seinen Körper sorgt. Bei ihm geht es noch weiter, er hat solche Angst vor Krankheit, daß er es vorzieht, den Kopf in den Sand zu stecken, nicht zum Arzt zu gehen, aus Angst, er könnte erfahren, daß er »etwas Ernstes« habe. Ist er wirklich krank, so kann er auch heftig kämpfen, um wieder gesund zu werden – oder er läßt sich ganz und gar hängen, versucht, sich mit dem Gedanken an den Tod anzufreunden, und ist völlig deprimiert. Seine kleinen Leiden behandelt er jedenfalls am liebsten mit Nichtachtung.
Er kennt seinen Arbeitsrhythmus gut und versucht seine Aktivitäten danach einzurichten, tendiert aber in einer Situation der beruflichen Überlastung dazu, allmählich zu viel zu tun. Er überschätzt seine nervliche Belastbarkeit leicht. Bricht er zusammen, ist er zunächst einmal überrascht, ja wütend, weil er sich nicht das Recht zugesteht, krank zu sein.
Er sollte also seinen persönlichen Rhythmus respektieren und sich Ruhezeiten gönnen (auch wenn er behauptet, das erschöpfe ihn noch mehr) … oder wenigstens seine Aktivitäten anders lagern. Er sollte sich dazu zwingen, ein wenig zu wandern, am besten im Wald oder in ländlicher Umgebung. Der Kontakt mit der Natur, das einfache Leben, sind für ihn – wie für alle Erdzeichen – wichtig. Je mehr er der Sonne folgt, mit ihr aufsteht und mit ihr schlafen geht, desto besser geht es ihm.
Er sollte viel Mineralwasser oder Quellwasser trinken, kalziumreichen Käse (vor allem Ziegenkäse) essen und nicht zuviel Rohkost zu sich nehmen, da sein Verdauungsapparat ein Über-

maß an Zellulose schlecht verträgt. So wird er am besten auch zu viel Fett und erhitztes Öl vermeiden, ebenso wie alles schwer Verdauliche. Kohl, vor allem Rotkohl, bekommt ihm gut; ebenso Pampelmusen, Früchte, die die Ausscheidung fördern, Kirschen. Ein Wundermittel für ihn: jeden Tag eine Bouillon aus Selleriegemüse. Außerdem täglich ein bißchen Gymnastik, um nicht »einzurosten«, denn er ist recht steif, und um den Kreislauf anzuregen, denn er friert leicht.
Das Schüssler-Salz, das zu ihm paßt: *Calcarea Phosphorica*.

Wie reagiert er?
Der Steinbock kommt schon frustriert auf die Welt. Soviel man ihm auch gibt, so viel man auch für ihn tut: ihm wird immer etwas fehlen. Er braucht Aufmerksamkeit, Zärtlichkeit, Freundlichkeit; er erträgt es nicht zurückgewiesen, noch weniger, verlassen zu werden. Er ist also von einer unglaublichen Unersättlichkeit und muß lernen, eine Art innere Unabhängigkeit und heitere Gelassenheit zu lernen (wonach er ja auch strebt), die weder in Resignation noch in Selbstbedauern umschlägt.
Er scheint nach außen hin ruhig, denn er ist sehr beherrscht; aus Besorgnis vor der Reaktion der anderen verdrängt er auch heftigsten Zorn. Doch er muß lernen, sich nicht immer so aristokratisch zu benehmen. Wenn ihm danach zumute ist, einmal so richtig loszuwettern, sollte er das mutig tun. Er neigt dazu, Kummer und Groll – den er nie vergißt –, in seinem Inneren aufzustauen, aber wenn er eines Tages explodiert, läuft wirklich ein ganzes Faß über, und wehe dem, der dann in der Nähe steht. Man ist gewöhnt, ihn scheinbar unerschütterlich zu sehen, und ist dann um so überraschter.
Es wird behauptet, er sei ehrgeizig, ein Streber, und das ist auch häufig so. Er merkt schon bald, daß die anderen, wenn er Macht über sie hat, weniger Macht über ihn haben können. Und er scheut sich nicht, seine Umgebung zu bevormunden,

allen zu sagen »wo es langgeht«. Deshalb zieht ihn sicherlich auch die Politik an …

Man wirft dem Steinbock-Mann oft vor, materialistisch und geizig zu sein und zu sehr an den Gütern dieser Welt zu hängen. Und tatsächlich findet er auch im Geld oder Grundbesitz etwas von der Sicherheit, die er so braucht. Und da er ein Arbeitspferd ist, wird er es immer irgendwie schaffen, sich und auch den anderen zumindest das Lebensnotwendige zu sichern.

Er hat Verantwortungsgefühl; wenn er vom Schicksal nicht in die Pflicht genommen wird, schafft er sich Pflichten oder erfindet welche. Verantwortlich sein, das bedeutet zugleich auch, eine sinnvolle Aufgabe zu erfüllen, also unentbehrlich zu sein, und damit immer weniger Gefahr zu laufen, abgelehnt zu werden.

Der Hochmut ist seine wichtigste Waffe, doch sie ist ein zweischneidiges Schwert. Er treibt ihn dazu, etwas zu tun, und da er sehr ausdauernd ist, erreicht er auch die Ziele, die er sich selbst gesteckt hat. Aber er hindert ihn auch allzu oft daran, um Hilfe zu bitten, einzugestehen, wenn er einmal schwach ist, zuzugeben, daß ihn manchmal der Mut verläßt. Oft akzeptiert er Kompromisse aus Angst vor Auseinandersetzungen. Und das wirft er sich dann noch eine ganze Weile lang vor.

Wofür ist er begabt?

Für alle Unternehmungen, die eines langen Atems bedürfen. Arbeiten, die langsam von statten gehen und schwierig sind, stoßen ihn nicht ab, im Gegenteil. Er kann seine analytische Intelligenz in den Dienst wissenschaftlicher Tätigkeit, philosophischer Studien, archäologischer Forschung stellen. Die Vergangenheit, vor allem die fernste, altes Gemäuer, alte Sprachen, all das fasziniert ihn sehr viel mehr als die Gegenwart oder auch die Zukunft. Er liebt es, die Ursache der Mechanismen und Phänomene herauszufinden, den Proble-

men auf den Grund zu gehen, die Quintessenz aus ihnen zu ziehen.
Man wird unter den Ärzten eine große Zahl von Steinbock-Geborenen finden, aber auch unter Forschern und Historikern. Doch sie haben auch großes Interesse am Konkreten, was sie oft zur Architektur, zum Bauwesen, zur Landwirtschaft oder Agrarwissenschaft führt. Oder zum Beispiel zur Höhlenkunde …
Er arbeitet nicht gern in der Gruppe, er übernimmt lieber selbst die Verantwortung. Nichts fällt ihm schwerer als eine Arbeit, in der er sich kompetent fühlt, zu delegieren. Zudem graut ihm davor, gedrängt, kontrolliert, überwacht zu werden. Äußerst empfindlich Kritik gegenüber und sehr beeindruckbar von Ermutigungen, zieht er sich in seinen Panzer zurück, so gut er kann. Seine Zuflucht ist die Arbeit. Und die schlimmste Strafe, die man ihm auferlegen könnte, wäre eine Verdammung zu ewigem Urlaub.
Man findet unter diesem Sternzeichen viele Politiker: von Stalin über Mao Tse-tung über Nasser bis zu Nixon und anderen. Und das paßt zu ihren Tugenden wie zu ihren Fehlern: Hunger nach Macht und Tatendrang, Liebe zur Arbeit und Pflichterfüllung, Lust am Herrschen und das Bedürfnis, sich nützlich zu machen.
Man kann auf den Steinbock zählen, denn er hält Wort… doch er läßt sich Zeit, und er hat auch Zeit. Sein Erfolg kommt oft spät – in allen Bereichen. Der Steinbock wird im Lauf der Jahre jünger und paßt sich den Neuerungen der Zeit im Alter eher an als in der Jugend.

Wie liebt er?

Der Steinbock ist mißtrauisch. Er hat Angst davor, enttäuscht, verlassen zu werden. So nähert er sich der Liebe also zögernd und auf Zehenspitzen, voller Bedenken, spröde. Da er zudem ein Moralist ist, erweckt er bei seinem Gegenüber den Eindruck, es zu verurteilen. Das stimmt zwar nicht wirklich, aber er hat doch recht bald dessen kleine Schwächen und Mängel ausgemacht.

All das führt häufig dazu, daß er sich im Zölibat einrichtet. Es ist so schwer für ihn, sich zu entscheiden, zu vertrauen, sicherzugehen, daß er sich nicht täuscht! Er hat um so mehr Angst vor einer Bindung, als er von Natur aus treu ist und Veränderungen nicht liebt. Er weiß: wenn er einmal »Ja« gesagt hat, bleibt er auch dabei, auch wenn es Mühe und Leiden bedeutet. Und dann liebt er das »Solide«. Er hat einen Hang zu Gewohnheiten, die ihm das Gefühl der Sicherheit geben.

Oft fällt es ihm recht schwer, seine Gefühle zu zeigen und dem anderen das Gefühl zu geben, daß er ihn wirklich liebt. Aber er braucht viel Zuneigung. So gibt es also beides beim Steinbock: den Unabhängigen, der sich's übrigens in seinem Junggesellenleben recht gut einrichtet, und den anderen, der seine starken körperlichen Bedürfnisse befriedigt, ohne sich auf Liebe einzulassen. Und dann finden wir noch den feminineren Typus, der Zärtlichkeit gibt und fordert und der unendlich herzlich, aufmerksam und wach sein kann, wenn er seine Abwehr einmal überwunden hat – ohne jedoch das leicht Schamhafte seiner Natur je zu verlieren.

Er sollte seinem Gedächtnis mißtrauen, seiner Bindung an die Vergangenheit. Und er muß sein »Ego« loslassen lernen und verstehen, daß Glück und ein zufriedenes Gefühlsleben nur in dem Maß möglich sind, wie es ihm gelingt, nicht mehr nur auf sich selbst fixiert zu sein.

Das Problem des Steinbocks mit seinem Gefühlsleben kommt daher, daß seine effektive Reife im allgemeinen viel später eintritt als seine geistige. – In einer späten Ehe kann er geradezu zum vollkommenen Ehemann werden.

Und wenn er ein … wäre
In unserem Spiel wäre er als Tier eine Eule, eine Schildkröte oder eine Ziege.
Und als Baum: eine Eiche oder eine Zypresse.
Eine Pflanze: Heidekraut oder … Champignon.
Eine Blume: Distel, Geißblatt, die wohlriechende Wicke.
Ein Gewürz: Thymian.
Ein Metall: Blei … das vom Alchimisten in Gold verwandelt wird.
Ein Edelstein: der Onyx, der Markasit.
Geschmack: bitter.
Ein Duft: der Geruch von feuchter Erde, von Tang oder Rauch.
Eine Farbe: chinesisches Lackschwarz, dunkelgrau, kirschrot.
Wenn er ein Musikinstrument wäre, dann ein Gong oder eine Panflöte.
Ein Sammlerobjekt: Skulpturen, Edelsteine, Antiquitäten, alte Werkzeuge …

Der weibliche Steinbock

Wie erkennt man die Steinbock-Frau?
Sie hat mehr Charme als Schönheit, obwohl das Zeichen durch einige Frauen von seltener Verführungskraft vertreten wird – wie Ava Gardner oder Marlene Dietrich. Sie wirkt immer natürlich-vornehm, hat eine hohe Stirn, einen in die Ferne gerichteten Blick, der – im Zorn – etwas Gebieterisches haben kann, oder der von einer stillen Leidenschaftlichkeit zeugt, die den Betrachteten »vernichten« kann. Sie zieht das Sprechen mit den Augen übrigens den Worten vor. Ihre Backenknochen sind oft hoch, ihr Gesicht ist länglich (es hat manchmal etwas Ziegenhaftes), die Nase meist nicht auffallend.

Die Trennung zwischen den beiden Steinbock-Typen ist bei der Frau weniger auffallend als beim männlichen Vertreter des Zeichens, obwohl man einen Unterschied finden kann zwischen einem (Alexandra von Kent ähnlichen) Typus, der eher feine Züge hat, dessen Nase lang und dessen Haltung aristokratisch ist, und einem anderen Typus mit einem eckigeren Gesicht, Schlitzaugen, einer kurzen, manchmal »stupsigen« Nase und einem robusten Aussehen.

Aber man erkennt die Steinbock-Frau immer an der tiefen Furche, die recht früh zu beiden Seiten ihres Mundes erscheint. Ihr Gesicht ist übrigens sehr lebhaft, sehr ausdrucksvoll; sie kann weder Traurigkeit noch gute Laune verbergen.

Sie altert nicht rasch und sieht mit vierzig oft jünger und blühender aus als mit zwanzig. Denn dann beginnt sie allmählich, etwas Selbstvertrauen zu gewinnen, und verliert einige ihrer hartnäckigen Komplexe. Sie zweifelt mehr als jede andere an ihrem Charme und hält sich immer für weniger hübsch, als sie es ist. Sie glaubt, sie könne das ganz nüchtern beurteilen, und merkt nicht, daß sie viel zu streng mit sich ist.

Sie ist so stolz, daß sie geliebt werden will, wie sie ist, ohne sich künstlich zu verschönern; darin kann man die Weigerung sehen, anderen etwas vorzumachen, und zugleich einen hohen Anspruch.

Wie steht es um ihre Gesundheit?

Wie der männliche Steinbock ist sie aktiv und arbeitsam, wodurch sie der Angst zu entrinnen versucht, die sie empfände, wenn sie allein wäre, sich selbst und dem Müßiggang ausgeliefert.

Man findet bei ihr die gleiche Anlage zur Arthritis und zum Rheumatismus, zu Kreislaufstörungen, zu allergischen und Hautreaktionen, zu Colitis und Verdauungsstörungen wie beim Steinbock-Mann. Doch sie macht kein Aufhebens davon und bleibt selten im Bett, wenn es ihr nicht gutgeht. Sucht sie einen Arzt auf, dann vor allem, damit er sie beruhigt und tröstet; sie vertraut ihm nur, wenn er zugibt, nicht zu wissen, was sie hat, oder ihre Probleme leichtnimmt. Wenn nicht, wird sie in ihrem Mißtrauen die kleinste Anspielung auf eine Krankheit sehr tragisch nehmen ...

Sie ist anfällig für Sklerose, für Selbstvergiftung und sollte auf ihren gesamten Verdauungstrakt achten. Die meisten Sportarten sind ihr zu mühsam; sie läuft nicht gern schnell und kommt rasch außer Atem. Sie ist sehr empfindlich gegen Kälte und gegen Lärm, der sie durcheinanderbringt; Erholung findet sie vor allem in der Stille, im Frieden des Waldes, im Schlaf, und sie bekommt einen tödlichen Zorn, wenn man sie auf die eine oder andere Weise einer dieser Möglichkeiten zur physischen Regeneration beraubt.

Sie muß lernen, sich zu entspannen, sich auszuruhen. Und sie sollte gegen ihre Schwäche ankämpfen, mehr zu essen, als ihr guttut ... was eine unbewußte Kompensation ihrer Enttäuschungen ist. Sie kann allerdings auf vieles, ja auf fast alles verzichten, wenn sie allein ist. In der Einsamkeit findet sie wieder zum asketischen Grundzug ihres Wesens zurück.

Sie sollte sich dazu zwingen, ohne Ausnahme jeden Tag ein paar Minuten der körperlichen Bewegung zu widmen, und sei es nur ein Gang in der frischen Luft; aber sie muß vermeiden, immer die gleichen Bewegungen zu machen. Jede Übung, die sie geschmeidiger macht, wird ihr guttun.

Wie der Steinbock-Mann sollte sie Alkohol, Fleisch mit fetten Saucen, überhaupt alles Fette und Wurstwaren vermeiden; gut täten ihr eher Eier, Milchprodukte, viel Käse und Quark, weil sie einen hohen Kaliumbedarf hat, und Joghurt, der ihrem Darm wie ihrer Linie guttut. Zudem sollte sie ihre Wohnung nicht überheizen, wozu sie neigt, um nicht zu frieren; besser wäre es, sie zöge sich wärmer an und verschaffte sich mehr Bewegung. Alle von Natur aus verdauungsfördernden Lebensmittel sind gut für sie.

Wie reagiert sie?
Die Steinbock-Frau ist solide und beständig, man kann auf sie zählen. Ihr schlimmster Fehler ist vielleicht, daß sie es nicht versteht zu spielen. Sie nimmt, was man ihr sagt, für bare Münze; sie glaubt an die Aufrichtigkeit der anderen und mogelt unter keinen Umständen. Nichts erschreckt sie mehr als die Lüge. Spielt man mit ihren Gefühlen, weigert man sich, ihr zu glauben, wird sie ungeheuer zornig. Dieser Zorn aber macht sich nicht hörbar Luft, sondern nagt ganz tief in ihr. Sie vergißt das verletzende Wort nie mehr, kommt nicht über die Ungerechtigkeit hinweg, deren Opfer sie – oder ein geliebtes Wesen – war.
Noch lange, nachdem sie etwas erlebt hat, belasten die Dinge sie. Man wirft ihr vor, zu ernst zu sein, sich nicht amüsieren zu können, keine Ahnung zu haben von den Freuden der Frivolität. Ist sie unter ausgelassenen Freunden, bewahrt sie eine gewisse Distanz und kann sich nicht wirklich der gemeinsamen Hochstimmung hingeben. Sie kann nicht anders, als die anderen zu beobachten, und sie wird sie nicht verurteilen, aber jeden falschen Ton, jede Mißstimmung sofort registrieren.
Ihr Humor rettet sie jedoch in so mancher Situation, und man kann in ihm eine weitere Methode des Selbstschutzes sehen, ein Schild, hinter dem sie sich mit ihrer großen Empfindsamkeit, die manchmal an Überempfindlichkeit grenzt, zurückzieht. Darin ist sie völlig anders als der Steinbock-Mann. Ebenso ist sie expansiver, redseliger, weniger verschwiegen als er und begibt sich leichter in die Gesellschaft »ehrlicher und einfacher Leute«. Ihre Abneigung gegen große gesellschaftliche Anlässe geht Hand in Hand mit ihrer Vorliebe für Intimität. Sie fühlt sich am wohlsten beim Gespräch unter vier Augen, in einer Atmosphäre der Vertrautheit und Übereinstimmung der Herzen und Gedanken.
Was der Steinbock-Mann und die Steinbock-Frau gemeinsam haben, ist ihre Schlichtheit, ihre absolute Natürlichkeit (die

andere manchmal mit Unbehagen erfüllt) und ihre Spontaneität, die sich aber mit einem realen Sinn für Diplomatie verbindet.
Wie der männliche Steinbock verbringt die Steinbock-Frau ihr Leben damit, die Frustrationen zu überwinden, die sie ständig empfindet, und mit dem Versuch, um jeden Preis Liebe zu erringen. Deshalb bemüht sie sich in übertriebener Weise, unentbehrlich zu sein. Sie tut zu viel für die anderen, sie überschüttet sie mit Gutgemeintem und mit Aufmerksamkeiten. Doch wenn sie nicht alles tut, was in ihren Kräften steht, hat sie Schuldgefühle und wird krank. Gegen diese Veranlagung aber muß sie kämpfen.

Wofür ist sie begabt?
Für alle Berufe, in denen man für andere da sein kann. Deshalb findet man unter diesem Zeichen Lehrerinnen, Ärztinnen, Rechtsanwältinnen, Sozialarbeiterinnen ... Besonders hervortun wird sie sich in medizinischen oder paramedizinischen Berufen, die Gewissenhaftigkeit, Aufrichtigkeit, Ausdauer und eine wohlausgewogene Mischung von Aktivität und Reflexion erfordern. Sie ist übrigens selbstloser als der männliche Vertreter des Zeichens. Geld ist ihr eher unbehaglich. Ihr sind ihre »Werke« wichtiger, und sie tut sich schwer, angemessene Bezahlung für ihre Arbeit zu verlangen. Im Grunde ihres Wesens fühlt sie sich dazu gedrängt, jede Mark umzudrehen, etwas beiseite zu legen, zu horten ... Doch diesen Wesenszug mag sie selbst nicht an sich, und sie versucht dagegen anzukämpfen, indem sie übermäßig großzügig ist oder eine widersprüchliche Beziehung zum Geld an den Tag legt.
Sie ist zwar froh, wenn sie Kontakt zu anderen Menschen hat, aber sie zieht es vor, allein zu arbeiten und unter Kontrolle zu haben, was sie tut oder was die anderen tun – aber nicht umgekehrt. Sie erträgt die Autorität eines Chefs schlecht – es sei denn, sie kann ihn rückhaltlos bewundern. Weil sie schüch-

tern ist, spürt sie, daß sie es nicht wagen wird, die Initiative zu ergreifen, wenn man sie kontrolliert. Wenn sie älter wird, gewinnt sie Sicherheit, manchmal sogar eine Art von Lässigkeit und Bestimmtheit in ihren Äußerungen. Sie ist dann weniger beeinflußt von der Meinung anderer, und das ist ein großer Fortschritt für sie.

Wie liebt sie?

Sie fürchtet, eines Tages von dem geliebten Wesen verlassen zu werden. Wenn sie in jungen Jahren ihre wichtigste Stütze durch den Tod verloren hat, bleibt sie ein verletztes Wesen, dessen Narben nie ganz verheilen. Die Angst verläßt sie nicht mehr. Und sie ist erfüllt von einem großen Hunger nach Zärtlichkeit und Zuneigung. Aber die Steinbock-Frau, die geliebt wird, bringt es gerade deshalb fertig, diese Liebe zu zerstören, den geliebten Mann zuerst zu verlassen ... denn es erscheint ihr weniger schmerzhaft und leichter, sich auf einen Verlust vorbereiten zu können, als plötzlich davon überfallen zu werden. Provoziert sie selbst den Bruch, dann bemüht sie sich auch, ihn mit stoischer Gelassenheit hinzunehmen. Unglücklicherweise stellt sie sich diese Falle oft völlig unbewußt und beklagt sich dann, kein Glück in der Liebe zu haben, zur Einsamkeit verurteilt zu sein. Wenn sie sich diesem Mechanismus ein wenig bewußter würde (der sich nur allzu oft wiederholt!), könnte sie sich viel Kummer ersparen.
Wie unter den Steinbock-Männern gibt es auch unter den Frauen eine nicht zu kleine Schar von Alleinlebenden. Sie haben Angst vor der Ehe, und es ist ihnen klar, daß sie nur eine recht willkürliche Sicherheit bietet. Und zudem ertragen diese Einzelgängerinnen eine dauernde – und vielleicht noch autoritäre – Gegenwart eines anderen Menschen schlecht. Vor allem, wenn sie älter als fünfundzwanzig sind.
Manchmal geht die Steinbock-Frau allerdings eine Verbindung mit Menschen ein, die von ihr abhängig sind. So fürchtet

sie, nicht so leicht verlassen zu werden. Andere verlieben sich in unzugängliche, abwesende, weit entfernte Männer ... und behalten so die Freiheit, zu lieben oder dem anderen ihre Liebe zu entziehen.
Diese Frauen, die ein wenig kühl wirken und deren Blick das Gegenüber unnachsichtig zu beurteilen scheint, halten ihre Leidenschaftlichkeit in Wirklichkeit nur unter Kontrolle. Heiraten sie spät, so erleben sie meist eine gute Ehe ... ihr Glück kommt oft erst, wenn sie über vierzig sind.

Die verschiedenen Aszendenten-Typen

Steinbock ***Aszendent*** **Widder** ***(Saturn-Mars) Erde/Feuer?***
(Vergl. Widder/Steinbock). Lebt in zwei unvereinbaren Rhythmen. Erweckt den Eindruck von Beweglichkeit und Lebhaftigkeit, auch einer gewissen Aggressivität. Braucht aber zeitweilige Zurückgezogenheit; muß sich immer wieder in der Stille und Einsamkeit erholen. Kämpft tapfer für seine/ihre Ideen. Sehr ehrgeizig, muß aber überzeugt sein von dem, was er/sie tut. Hat oft Erfolg, kommt zu Ansehen. Unterschwellige Heftigkeit, die nur selten zum Ausdruck kommt. Starkes affektives Gedächtnis. Reist sehr gern, hängt aber auch an seiner/ihrer Heimat, fühlt sich sehr mit seinen Ursprüngen verbunden. Beispiel: Henry Miller. Fühlt sich zum Zeichen Waage hingezogen.

Steinbock ***Aszendent*** **Stier** ***(Saturn-Venus) Erde/Erde:***
(Vergl. Stier/Steinbock). Hat den Blick fest auf die Erde geheftet; materiell; hortet gern Geld und andere Dinge; Angst vor Leere. Gerät nicht leicht in Zorn, vergißt seinen Ärger aber auch nicht; hat das Gedächtnis eines Elefanten. Vergibt denen

nicht, die versucht haben, seine/ihre Interessen zu verletzen. Lebt gern gemütlich zu Hause. Kann das Leben auch genießen, achtet aber darauf, sich eine Existenz zu schaffen, in der es nicht viele Überraschungen gibt. Freundlich, kann jedoch lange schmollen. Fühlt sich zum Zeichen Skorpion hingezogen.

Steinbock ***Aszendent*** **Zwillinge *(Saturn-Merkur) Erde/ Luft:***
(Vergl. Zwillinge/Steinbock). Kopfmensch, bestimmt von Ideen, interessiert sich für Hintergründe, für den Tod … Erlebt in der Jugend oft Trauerfälle, die seine/ihre ernste Seite verstärken. Rasche Auffassungsgabe, analytischer Geist, der Zusammenhänge überschauen kann.
Interessiert sich fürs Unterrichten, für die Übermittlung von Wissen. Humorvoll. Hält Distanz zu allem, was ihn/sie verletzen könnte. Man hält ihn/sie für eine(n) Zyniker(in) – nichts könnte falscher sein. Fühlt sich zum Zeichen Schütze hingezogen.

Steinbock ***Aszendent*** **Krebs *(Saturn-Mond) Erde/Wasser:***
(Vergl. Krebs/Steinbock). Wunsch nach vollkommener Autonomie, nach einem verantwortungsvollen, reifen Verhalten, zugleich aber die Versuchung, sich in eine geschützte Welt zurückzuziehen. Starkes Bedürfnis nach Zuneigung und Wärme. Schiebt seine/ihre Schwäche vor, um seine/ihre moralische Abwehr zu verbergen. Hat etwas Komisches, Clownhaftes, Kindliches, wenn er/sie sich sicher fühlt, und zugleich eine kalte, reservierte, ehrgeizige Seite. Oft ängstlich. Es fällt ihm/ihr schwer, sich von der Familie zu lösen. Späte Ehe oder Ehe mit einem älteren Partner. Fühlt sich zum Zeichen Steinbock hingezogen.

Steinbock ***Aszendent*** **Löwe** ***(Saturn-Sonne) Erde/Feuer:***
(Vergl. Löwe/Steinbock). Durch den Löwe-Anteil mehr Präsenz, Glanz, Fähigkeit, sich darzustellen. Starke, ehrgeizige Persönlichkeit. Der Löwe hilft dem Steinbock, seine Fähigkeiten zu zeigen. Berufliche Karriere im Bereich der Wissenschaft, der Kunst oder im Geschäftsleben möglich. Betreibt seine Angelegenheiten mit Erfolg und arbeitet unermüdlich. Überläßt nichts dem Zufall; starker Perfektionismus (Marlene Dietrich). Sollte sich vor Überarbeitung hüten. Fühlt sich zum Zeichen Wassermann hingezogen.

Steinbock ***Aszendent*** **Jungfrau** ***(Saturn-Merkur) Erde/ Erde:***
(Vergl. Jungfrau/Steinbock). Zwei zurückhaltende und gehemmte Zeichen. Der/die Betreffende ist schwer zu durchschauen. Präzises, analytisches, praktisches Denken; er/sie neigt jedoch dazu, sich in Einzelheiten zu verlieren, seinen/ihren Horizont zu verkleinern anstatt ihn zu erweitern. Gibt eher Ratschläge als welche anzunehmen. Wird von denen geliebt, die seine/ihre Gutmütigkeit kennen, aber nicht von denen, die ihn/sie nach seinem/ihrem kühlen Gehabe beurteilen. Neigt zu bissigen Bemerkungen. Liebt das »Weltliche« nicht. Geschaffen für Studium und Forschung; begabt, Einfluß auszuüben, sollte aber nicht den höchsten Rang einnehmen (Richard Nixon). Fühlt sich zum Zeichen Fische hingezogen.

Steinbock ***Aszendent*** **Waage** ***(Saturn-Venus) Erde/Luft:***
(Vergl. Waage/Steinbock). Starker Einfluß der Familie, des Vaters, des Heimatlandes, der »Ursprünge«. Sehr diplomatisch, wirkt einnehmend (Waage), ist aber von unerschütterlicher Entschlossenheit. Macht manchmal nur Konzessionen, um sich besser durchsetzen zu können. Pflichtgefühl und Opfersinn. Nimmt Rücksicht auf andere. Erlangt oft Bekanntheit, spielt eine Rolle für das Publikum (MC im Krebs). Kann

gut beeinflussen und manipulieren. Fühlt sich zum Zeichen Widder hingezogen.

Steinbock ***Aszendent*** **Skorpion** ***(Saturn-Pluto)***
Erde/Wasser:
(Vergl. Skorpion/Steinbock). Starke, sehr verschwiegene Persönlichkeit, deren Pläne man lange nicht durchschaut. Kann seinen Willen in den Dienst einer großen Aufgabe, einer übermenschlichen Leistung stellen (wie Maurice Herzog, der den Annapurna bestieg) oder ihn auch für Böses und Destruktives einsetzen (wie der sadistische und perverse Dr. Petiot). Faszinierende und irgendwie beunruhigende Persönlichkeit. Mit dieser Konstellation wurden viele umstrittene Dichter geboren. Kritischer Geist; sieht sofort alle Schwächen, Fehler und Dummheiten. Bitterer und desillusionierter Essyaist oder Philosoph (z. B. Paul Léautaud). Fühlt sich zum Zeichen Stier hingezogen.

Steinbock ***Aszendent*** **Schütze** ***(Saturn-Jupiter)***
Erde/Feuer:
(Vergl. Schütze/Steinbock). Kann sich besser durchsetzen als jemand mit der umgekehrten Konstellation. Beschränkt ehrgeizig, vorsichtig, von seinem/ihren Sicherheitsbedürfnis zurückgehalten. Optimistisch mit depressiven Phasen und Anfälligkeit für Entmutigung. Muß sich für andere interessieren, um seinen eigenen Problemen zu entgehen. Weisheit und Reife wachsen im Lauf des Lebens; kann gute Ratschläge geben. Sollte seiner ursprünglichen Seite mehr Raum geben, nicht alles mit dem Kopf zu lösen versuchen. Heiratet oft zweimal oder geht zwei längere Verbindungen ein. Fühlt sich zum Zeichen Zwillinge hingezogen.

Steinbock ***Aszendent*** **Steinbock** ***(Saturn-Saturn)***
Erde/Erde:
Fester Charakter, zumindest scheinbar. Verschanzt sich hinter seinem Humor. Im Grunde seiner/ihrer Seele Angst; Probleme, mit sich selbst eins zu sein, sich selbst zu lieben. Schicksalsprüfungen und Trauerfälle in der Jugend; später Gesundheitsstörungen oder Flucht in den Alkohol, um der erdrückenden Einsamkeit zu entfliehen. Oder er/sie findet zur Weisheit und akzeptiert mit lächelnder Gelassenheit das Alleinsein. Muß sich zwischen Macht und Ehrgeiz oder einem ruhigen Eremitenleben entscheiden. Träumt von einem friedlichen Leben, liebt Kinder. Fühlt sich zum Zeichen Krebs hingezogen.

Steinbock ***Aszendent*** **Wassermann** ***(Saturn-Uranus)***
Erde/Wasser:
Wissenschaftliches Denken, Forschergeist. Arbeitet unauffällig, erfüllt von unvermuteter Leidenschaft. Spricht wenig, verschließt sich in seiner Welt der Gedanken. Interessiert sich für Geschichte, Wissenschaftsphilosophie, Archäologie, Linguistik, Paläontologie, also alles, was sich mit den Ursprüngen und der zukünftigen Entwicklung der Menschheit beschäftigt. Zurückhaltend, unscheinbar, scheinbar zerstreut. Macht sich über das, was man über ihn denkt, lustig. Frei im Denken, manchmal bissig, aber ohne Boshaftigkeit. Legt Wert auf ein zurückgezogenes Leben. Fühlt sich zum Zeichen Löwe hingezogen.

Steinbock ***Aszendent*** **Fische** ***(Saturn-Neptun)***
Erde/Wasser:
Spürt die Dinge, noch bevor er/sie sie versteht, sollte seiner/ihrer Intuition vertrauen. Sehr gefühlsbetont und oft enttäuscht. Flüchtet sich in seine eigene Welt, in der alles idealisiert wird. Die Freundschaft bedeutet ihm/ihr mehr als die Liebe. Ein

Leben voller Prüfungen und schwerster Verantwortung. Gibt, was er/sie kann, ohne sich zu beklagen, will aber Mitleid und Bewunderung wecken. Wenn er/sie älter ist, entsteht innere Weisheit und philosophische Gelassenheit. Fühlt sich zum Zeichen Jungfrau hingezogen.

WASSERMANN

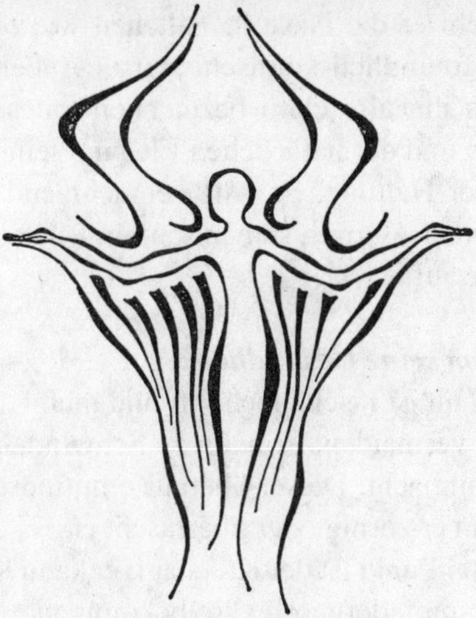

Der männliche Wassermann

Woran erkennt man ihn?

Man erkennt ihn daran, daß er einem Engel gleicht … seine Augen mit den hochgewölbten Lidern wirken erstaunt, naiv und gutmütig. Oft verstärken sich mit dem Älterwerden seine Krähenfüße, die ein Zeichen seines Wohlwollens allem gegenüber sind. Die Nase ist klein, gerade, ein wenig rund; der Mund wohlgeformt, die Stirn eine hohe »Denkerstirn«. Dieser Kopfmensch ist zartbesaitet – und man sieht es seinem Gesicht an. Seine Haare sind häufig fein und blond. Wer versteht, was Mozart, Lord Byron, James Dean oder Couve de Murville gemeinsam haben, ist dem Wassermann-Typus auf der Spur. Es gibt aber auch Wassermann-Geborene, die dunkle Augen und einen etwas starren Blick haben, der ihnen etwas Geistes-

abwesendes verleiht. Sein Körper ist zierlich, der Gang nervös, ein wenig hüpfend. Der Wassermann lacht mit den Augen. Manchmal zieht er die Nase in Fältchen wie ein Hase, um jemanden auf freundlich-komische Art zu grüßen.
Oft kann man ihn als schön bezeichnen mit seinen feinen Gesichtszügen und der natürlichen Eleganz seiner Bewegungen oder seiner Haltung. Er wirkt einnehmend durch seine Intelligenz, seinen Humor, seinen sanften Blick. Nie spielt er sich irgendwie auf.

Wie steht es um seine Gesundheit?

Der Wassermann ist rasch erschöpft und muß Überlastungen auf jeden Fall vermeiden. Er neigt zu Schwindelanfällen und plötzlicher Ohnmacht. Dieser überaus empfindsame Mensch erbleicht, wenn er zornig oder überrascht ist.
Sein anfälligster Punkt ist der Kreislauf; er kann Krampfadern oder sogar Krampfadergeschwüre bekommen, unter Hämorrhoiden oder, im Alter, unter Arteriosklerose leiden. Er ist blutarm und scheint vor allem in der Jugend für Anämie anfällig zu sein. Sein Herz macht ihm oft zu schaffen, was seine Ursache in Nervosität oder in der Schwäche seiner Arterien oder Blutgefäße hat – oder, wenn er unvernünftig ist, in Überarbeitung.
Von den ernstesten Leiden, die ihn befallen können, seien motorische Störungen oder gar Lähmungen genannt. Die harmloseren sind eine Neigung zur Schlaflosigkeit, zu Verstauchungen, Zerrungen und zu allem, was die Knöchel oder Beine beeinträchtigen kann. Die Augen sind selten ganz in Ordnung, und so gibt es unter diesem Zeichen eine ganze Reihe Kurzsichtiger, Astigmatischer oder Menschen, die an irgendwelchen Anomalien der Augenfunktion leiden.
Wassermann-Geborene werden ab und zu in Autounfälle verwickelt; sie fahren zwar gut, aber schnell, sie haben aber in manchen Augenblicken Ausfälle der Aufmerksamkeit,

»blackouts«. Das hängt mit der uranischen »Sprunghaftigkeit« zusammen; Zerstreutheit gehört dazu. (Der einzige Mann, den ich kenne, der bekleidet in die Badewanne stieg, war ein Wassermann!)

Übrigens findet man bei diesem sanften und nachgiebigen Wesen plötzliche Zornesausbrüche, die die Umgebung gleichviel erschrecken wie überraschen – ebenso wie unerwartete Anfälle von einer Art »Paranoia«.

Der Wassermann sollte auf genug Schlaf achten, denn daraus schöpft er ein Gutteil seines Gleichgewichts. Im reiferen Alter wird er lernen, aus den schlaflosen Nachtstunden das Beste zu machen, indem er sich weiterbildet und liest. Kaffee, Tabak und andere Anregungsmittel wird er also meiden.

Da Langeweile der größte Feind seiner Gesundheit ist, wird er versuchen, seinen alltäglichen Arbeitsrhythmus öfters zu unterbrechen, sich Augenblicke der Entspannung zu gönnen und vor allem festgefahrene Gewohnheiten zu unterbrechen.

Er neigt leider zu sehr dazu, die Welt, die ihn umgibt, zu vergessen, wenn er sich in irgendeine Arbeit vertieft. Und wenn niemand ihn daran erinnert, daß er etwas essen, schlafen, das Fenster öffnen oder einen Spaziergang machen muß, kann es passieren, daß er acht Stunden ununterbrochen über seinen schlauen Büchern verbringt. In einem Einakter, dessen Titel ich vergessen habe, sah man einen »zerstreuten Professor«, der allein in seinem Zimmer lebte. Durch einen Mechanismus konnte er sein Bett an die Decke ziehen und einen Schinken herunterlassen, wenn er Hunger hatte. Ganz ohne Zweifel war das ein Wassermann-Typ!

Es wäre gut für ihn, Phosporhaltiges (wie Fisch), Magnesium-, Eisen- und Vitaminhaltiges zu essen. Früchte, die er zu vergessen pflegt, tun ihm besonders gut! Er liebt keine zu komplizierten oder reichhaltigen Speisen. Er braucht Abwechslung; er nascht gern, mag die chinesische Küche, kleine Vorspeisen ... und Süßigkeiten!

Sehr gut geeignet sind für ihn Sportarten, die Geschicklichkeit fordern, wie Skifahren, Tennis, Pingpong und Fechten.
Natrium muriaticum wird vor allem seiner Neigung zur Anämie entgegenwirken.

Wie reagiert er?

Es ist nicht einfach, den Wassermann zu beschreiben, denn er ist ein ganzer Kosmos von Paradoxa und Widersprüchen. Von den »Konstanten« seines Charakters seien erwähnt: sein extremes Unabhängigkeitsbedürfnis, seine tiefe Abneigung gegen Zwang und ausgetretene Pfade, die Originalität seines Denkens, sein wacher, neugieriger Geist und sein Hunger nach neuen Erfahrungen. Er möchte alles kennenlernen, vor allem das, was die anderen noch nicht entdeckt haben.
Dieses sensible Wesen, dem Freundschaft so viel bedeutet und das so gutherzig ist (»man ist nie gut genug«, sagte der Dichter Pierre Marivaux – auch ein Wassermann), kann merkwürdig abwesend und gleichgültig wirken.
Der fundamentale Widerspruch in seiner Natur besteht darin, daß dieser vom Denken und von Ideen bestimmte, intelligente Mensch beinahe ausschließlich auf Gefühl und Affekt reagiert. Deshalb ist sein Gefühlsleben so sprunghaft, ist er so leichtgläubig und überraschend naiv. In ihm ist keine Spur von Boshaftigkeit und Argwohn.
Wassermann-Menschen verbringen ihr Leben damit, gegen Konformismus und Rückständigkeit zu kämpfen. Obwohl sie so empfindlich sind, vergessen sie Beleidigungen gleich wieder … denn sie verstehen meist, welche Motive ihre Gegner bestimmt haben.
Ein Vermögen zu besitzen ist ihnen nicht wichtig; sie können viel Geld verdienen und es an einem Tag leichten Herzens mit einer Spekulation oder einem Projekt aufs Spiel setzen. Sie passen sich mühelos jeder Situation an und lieben das Unvorhersehbare. Da sie schüchtern sind, brauchen sie eine gewisse

Zeit, bis sie sich in einer Gesellschaft wohl fühlen, doch wenn es einmal so weit ist, macht es ihnen großen Spaß zu brillieren. Diese Einzelgänger schätzen nichts so sehr wie menschlichen Kontakt. Sie laden ihre Freunde gern ein, ebenso auch Zufallsbekanntschaften, aber sie öffnen sich nicht zu sehr. Sie sind liebenswert, aber immer ein wenig kühl ... Diese komplexen Naturen, die die Utopie lieben und mehr in der Zukunft als in der Gegenwart leben (Jules Verne, George Orwell), wirken nach außen hin schlicht und unkompliziert.

Wofür ist er begabt?

Durch seine Begabung zum Basteln, durch seinen Einfallsreichtum und seine Geschicklichkeit eignet sich der Wassermann für alle manuellen oder (kunst)handwerklichen Berufe, aber es ist immer bedauerlich, wenn man einen begabten jungen Wassermann nicht dazu drängt zu studieren – wenn er auch nicht immer bereit ist, alle Lehrer und Professoren zu akzeptieren. Er ist ein ausgezeichneter Ingenieur, Techniker, auch Technokrat, leidenschaftlicher Theoretiker und Forscher, und deshalb wie geschaffen für die wissenschaftliche Laufbahn. Er interessiert sich auch für Biologie, Physik und Chemie, Medizin und Elektronik, im Grunde für alle zukunftsträchtigen Techniken und Methoden. Dazu gehören auch die Wissenschaften, die den Menschen erforschen, von der Soziologie bis zur Psychologie.
Seine Ideen sind revolutionär, aber er ist ein eingefleischter Individualist. Er träumt vom Leben in der Gemeinschaft, vorausgesetzt, alle respektieren seine Freiheit und verpflichten ihn zu nichts. Er ist für monarchisches Handeln, hält aber nur die Demokratie für akzeptabel. Deshalb nehmen viele Wassermann-Geborene wohl eine Stellung am Rand der Gesellschaft ein ... oder erleben ein sehr wechselhaftes Schicksal. Das ist ihnen übrigens ganz recht, denn Wiederholungen sind ihnen zuwider, und alle neuen Erfahrungen begeistern sie.

Der Wassermann ist das erfindungsreichste Sternzeichen. Seine Beweglichkeit treibt ihn zu genialen Einfällen. Leider ist er seiner Zeit voraus und erlebt deshalb immer wieder, daß man seine Ideen ablehnt. Doch das entmutigt ihn nicht. Übrigens interessieren ihn Ideen mehr als Tatsachen, Pläne mehr als ihre Verwirklichung. Was in der Politik gefährlich ist …
Nicht selten ist ein Wassermann wirklich genial.

Wie liebt er?
Hier werden die Widersprüche unauflöslich. Wenn der Wassermann wüßte, was er wollte, wäre sein Gefühls- und Liebesleben glücklicher. Er liebt aufrichtig, das glaubt er zumindest. Aber er hat solche Angst davor, seine Freiheit aufs Spiel zu setzen, daß er immer dann, wenn es darum geht, sich wirklich festzulegen, hunderterlei Vorwände findet, die Flucht zu ergreifen – um natürlich dann zu behaupten, unglücklich zu sein. So hat er also die Wahl zwischen Liebeleien ohne Dauer, kleinen Abenteuern, die ihn nicht befriedigen, oder unerfüllbarer Sehnsucht nach schönen und unerreichbaren Frauen. Sie lösen in ihm das ganze Spektrum von Gefühlen aus, die ihm verlockend erscheinen, ohne daß er fürchten müßte, von ihnen eingefangen zu werden.
Ihm bleibt eine »vernünftige« Lösung: die Ehe auf der Basis von Freundschaft und Partnerschaftlichkeit mit einem intelligenten, lustigen und unabhängigen Mädchen, mit der er das Bett teilt, ohne sich verpflichtet zu fühlen, und deren Freiheit er ebenso respektiert wie sie die seine. Auf jeden Fall aber wird er immer ein offenes Zusammenleben einer konventionellen und bürgerlichen Ehe vorziehen.
Von allen Vertretern der Tierkreiszeichen ist er zweifellos der frauenfreundlichste, bereit, der Frau, die seine Wertschätzung verdient hat, einen völlig gleichrangigen Platz einzuräumen. Doch bevor er dieses »Goldstück« gefunden hat, können einige Scheidungen und Trennungen hinter ihm liegen.

Wenn er ein … wäre

Wenn er ein Tier wäre, dann wäre er ein Vogel, am ehesten eine Lerche, eine Möwe oder ein Schwan … vielleicht auch eine Schwalbe.

Wenn er ein Baum wäre, dann eine Pappel oder eine Lärche.

Eine Pflanze: Moos, Farn, Flechte.

Eine Blume: Azalee, Glockenblume, Bartnelke (Französisch: »Dichternelke«!)

Ein Gewürz: Koriander.

Ein Metall: Chrom, Radium, Uran.

Eine Farbe: Kobaltblau, Blaugrün oder Graugrün.

Ein Edelstein: Labrador, Sternsaphir oder Bergkristall.

Ein Geschmack: fein und zart.

Ein Duft: Vetiver (indisches Gras, das leicht nach Zitrone duftet).

Und wenn er ein Musikinstrument wäre, dann eine Oboe, eine Flöte, vielleicht ein Klavier.

Ein Sammlerobjekt: ungeschliffene Edelsteine, Masken, lustiger und nutzloser Krimskrams …

Der weibliche Wassermann

Woran erkennt man die Wassermann-Frau?

Auch hier muß man wieder den »engelhaften« Typus (z. B. Kim Novak) mit seinem feinen Gesicht, dem träumerischen und erstaunten Blick, dem Zerstreutsein und der durchscheinenden Haut unterscheiden von der »uranisch« betonten Wassermann-Frau, die etwas Härteres hat, deren Blick manchmal sehr stark fixiert. Sie ist eher »femme fatale«, männerbetörend, exzentrisch gekleidet, geschmackvoll, mit einer Vorliebe für auffallenden Schmuck (Juliette Gréco, Jeanne Moreau).

Die Wassermann-Frau hat ein ovales Gesicht, hohe, hervorspringende Backenknochen, eine Stirn mit schmalen Schläfen. Ihre Nase ist klassisch, ihr Mund meist nicht groß, aber schöngezeichnet; ihr Körper ist zierlich.
Sie ist ein nervöses Wesen. Sie ist nicht immer im Gleichgewicht, und wollte man eine Karikatur der Uranus-Wassermann-Frau zeichnen, so kann man sie sich vorstellen, wie sie auf der Straße in Gedanken dahingeht, unverständliche Sachen vor sich hinmurmelnd, mit verstörtem Blick, verzogenem Mund, unruhigen Schritten und brüsken Bewegungen.
Die Wassermann-Frau vom »engelhaften« Typus wird mit dem Älterwerden schöner; ihr unschuldiges Aussehen und ihr klarer Blick treten noch deutlicher in Erscheinung; ihr Teint bleibt klar; ihre Augen verschleiern sich mit leiser Traurigkeit und Sanftmut und ziehen den Blick auf sich.
Ihre Gesten sind ein wenig eckig, als sei der zerbrechlich wirkende Körper in einer Art Schüchternheit befangen.

Wie steht es um ihre Gesundheit?
Natürlich muß sie mit ihrer Nervosität umgehen lernen oder, noch dringender, sich vor der Tendenz hüten, sich »verfolgt« zu fühlen. Da sie im übrigen entschieden nonkonformistisch und exzentrisch ist, gilt sie als »sanfte Spinnerin«, die ein Opfer des bürgerlichen Unverständnisses wird. Sie braucht viel Ruhe und sollte sich vor zu heftigen Emotionen hüten, vor all dem, was ihre Neigung zur »Überspanntheit« (im körperlichen Sinn) noch verstärkt.
Da sie keine eiserne Gesundheit hat, muß sie mit ihren Kräften haushalten und versuchen, genug zu schlafen. Lindenblüten oder Zitronenmelisse-Tees können ihr die nötige Ruhe dazu geben, während sie Schlafmittel unbedingt vermeiden muß. Sie hat eine starke Ausstrahlung und Intuition. Im Mittelalter hätte man bestimmt so manche dieser Wassermann-Frauen, die zugleich eigenwillig und rebellisch waren, hellsichtig und

mit Heilkräften begabt, und dann noch diesen merkwürdigen Blick hatten … auf den Scheiterhaufen gebracht. Sicher hätte man behauptet, sie seien vom Teufel besessen … Und da sie obendrein auch neugierig waren, kannten sie sicher alle Kräuter und Geheimrezepte. Und dann verhielten sie sich einfach unmöglich, trotzten der Dummheit und dem Konformismus und betätigten sich vielleicht auch noch als »Abtreiberinnen«, da sie Freiheit so hoch einschätzten …

Zu den Störungen, unter denen Wassermann-Frauen oft leiden, gehören Durchblutungsstörungen, vor allem in den Beinen, die sich oft schwer anfühlen und Krampfadern haben; außerdem neigt sie zu Schnupfen, Allergien, Problemen der Atmungsorgane.

Sie verwirrt die Ärzte, die nicht wissen, was sie mit ihren Symptomen anfangen sollen; man behandelt Krankheiten, die sie nicht hat, und behandelt die nicht, die sie hat; auch hier ist bei ihr alles anders als bei den anderen. Eines ist jedenfalls sicher: ihre Gesundheit hängt vor allem von ihrem seelischen Gleichgewicht und ihrem Gefühlshaushalt ab. Ist sie glücklich, hat sie erstaunliche Widerstandskraft.

Die Wassermann-Frau sollte so gut wie möglich auf das Funktionieren ihres Kreislaufs achten, nicht zu viel im Sitzen tun, nicht lange stehen und Arbeiten meiden, bei denen sie »auf der Stelle tritt«.

Wie der männliche Vertreter ihres Zeichens ist sie anfällig für Anämie und leidet unter mehr oder weniger chronischem niedrigen Blutdruck; deshalb ermüdet sie so rasch, hat immer wieder plötzliche Erschöpfungszustände, Schwindelanfälle, Nasenbluten. Sie bekommt leicht blaue Flecken.

Oft leidet sie unter Wirbelsäulenproblemen, Bandscheibenschäden, Muskelverkrampfungen im Bereich des Rückens und des Nackens. Häufig ist ihr Hals steif. Ihr Zahnfleisch blutet schnell, die Zähne bekommen leicht eine schiefe Stellung.

Es ist ihr anzuraten, Vitamine zu nehmen, Kräutertees zu

trinken, wenn nötig, sich mit leichten Beruhigungsmitteln zu helfen, heiße Zitrone mit Honig und einem Schuß Orangensaft zu trinken und sich an die leichte und vor allem abwechslungsreiche Küche zu halten. Oft muß sie ihren Appetit erst anregen.

Wie reagiert sie?

Zitieren wir wieder einmal Conrad Moriquand: »Die Wassermann-Frau ist voller Widersprüche und Ungereimtheiten, voller Zartgefühl und sprunghaft, rebellisch, wo es nur geht. Sie ist ein Kopfmensch, der sich nur vom Gefühl bestimmen läßt, auf Distanz zu jeder Art von Konformismus. Sie ist von hohen Idealen bestimmt, auch wenn ihre Existenz chaotisch wirkt und sie eine romantische Seele ist.«

Sie hat mehrere Gesichter. Sie ist zugleich leichtgläubig, intelligent und kindlich, kapriziös und zielstrebig, großzügig und aggressiv, großmütig und manchmal boshaft oder dickköpfig, treu in Freundschaften und schwierig als Ehefrau, sie verteidigt die Gleichberechtigung und begeht Ungerechtigkeiten, sie äußert mutig ihre Meinung, läßt sich aber von den anderen beeinflussen, ist liebenswürdig, bekommt aber zuweilen hysterische Zornesausbrüche, sie ist leidenschaftlich und schrullig, begabt und bequem, konsequent und schlampig, liebt zugleich die Ordnung und die Anarchie … es ist nicht immer leicht, sich einen Weg durch diesen Dschungel der Widersprüche zu bahnen. Ihre Ideen stehen übrigens sehr oft im Kontrast zu ihrem tatsächlichen Leben. Aber das scheint nur die anderen zu verwirren.

Darin aber muß man ihr gerecht werden: Sie gibt sich Mühe, sich weiterzuentwickeln, sucht die Nähe intelligenter und großzügiger Menschen, bereichert sich innerlich durch den Kontakt mit ihnen, ist begierig, sich selbst zu ergründen und das Leben, die Welt, das Okkulte, die Mechanismen des Unterbewußten zu verstehen, also alles, was ein Schlüssel für die Zukunft, zum Verständnis des menschlichen Geistes sein könnte.

Gelingt es ihr, sich ihre Autonomie zu erobern und ihre Begabungen zu nutzen, ohne schockieren und provozieren zu müssen, wird die Wassermann-Frau, die zu einem Ausgleich zwischen den Forderungen des Geistes und des Gemüts gekommen ist, zu einer bemerkenswerten Persönlichkeit heranreifen, die etwas unendlich Bezauberndes haben kann.

Wofür ist sie begabt?

Die Wassermann-Frau will frei sein, dem Mann gleichgestellt, sie ist bereit, ihre Unabhängigkeit mit allen Mitteln durchzusetzen, und legt erstaunlichen Mut an den Tag, wenn es darum geht, sich ihre Autonomie zu erobern.

Sie kann es zu etwas bringen, wenn sie ein wenig Ausdauer hat; vor Zerstreutheit, vor einer gewissen Entschlußlosigkeit muß sie sich hüten. Deshalb sucht sie die Arbeit in Gruppen oder Gemeinschaften, in denen sie eine starke Anregung erfährt. So erlegt sie sich ein wenig selbstgewählten Druck, eine äußere Struktur auf.

Sie hinterläßt bei allen Tätigkeiten ihren Stempel, ihre ganz persönliche Note; ob sie Schmuck herstellt oder Bücher schreibt, Künstlerin ist oder Forscherin, ein Modehaus leitet oder sich gewerkschaftlich engagiert. Da sie immer neugierig auf Menschen ist, wird sie einen Beruf vorziehen, der sie mit anderen in Kontakt bringt.

Nie aber wird sie es aushalten, einen Achtstundentag in einem Büro zu verbringen, wo sie jeden Tag die gleichen Aufgaben erwarten. Sie will ihre Arbeit nach ihrer Weise organisieren, und da sie gewissenhaft und verläßlich ist, kann man ihr vollkommen vertrauen.

Sie wagt mutige Vorstöße, fordert das ihr Zustehende, mißt sich mit wichtigen Leuten, ob es nun der Chef ist ... oder, wenn es sein muß, der Papst. Vor allem, wenn sie glaubt, eine

gerechte Sache zu verteidigen, am liebsten etwas ganz Revolutionäres. Sie eilt sehr gern den Unterdrückten zu Hilfe …
Ihr Organisationstalent kann man nur bewundern. Sie bekommt die Dinge bewundernswert rasch in den Griff. Wenn es gilt, Ordnung und Überblick zu schaffen, gibt sie ihr Bestes. Sie eignet sich für die gleichen Berufe wie der männliche Vertreter ihres Sternzeichens. Zudem vermehrt sie die Schar der Außenseiter, Nomaden, Hippies und Anhänger(innen) von allerlei Gemeinschaften. Denn ihr geht es vor allem darum, Zeit zum Leben zu haben, für das Unvorhergesehene frei zu sein und allen Formen der Sklaverei zu entrinnen.

Wie liebt sie?

Sie träumt von der großen Liebe wie ein kleines Mädchen auf der Suche nach dem Märchenprinzen. Dieser Märchenprinz muß allerdings ein bewundernswerter Mann sein: ein großer Künstler, ein großer Denker, ein großer Gelehrter, ein bekannter Politiker – ganz gleich, »Ruhm« zieht sie an. Doch wehe dem, der über dieses von ihr errichtete Podest stolpert! Ihre Enttäuschung macht sie hart, feindselig, mißtrauisch; sie wird dem nie verzeihen, den sie einen Moment lang bewundert hat – ohne sich zu fragen, ob sie sich nicht ihre mangelnde Urteilskraft vorwerfen müßte. Sie wird nur sagen: »Er hat gewagt, mir das anzutun …« Sie liebt unerfüllte Beziehungen, Träume von Möglichkeiten, das gewisse Geheimnis der beginnenden Begegnung, leidenschaftliche Briefwechsel, in denen sie stilistisch brilliert, Flirts am Telefon, Wortgefechte und gewagte Spiele.
Noch widersprüchlicher in diesen Dingen als der Wasser-Mann, verheiratet sich die Wasserfrau mehrere Male, preist dabei aber das Alleinleben, heiratet denjenigen, den sie nicht mehr liebt, verheiratet sich noch einmal mit dem, den sie verlassen hat. Mit fünfzig würde sie am liebsten immer noch verführen, aber sie hat begriffen, daß sie sich wohl ans Allein-

sein gewöhnen sollte. Manchmal hält sie auch an einer Ehe mit einem Mann fest, den sie nicht mehr liebt, mit dem sie aber Mitleid hat und für den sie dasein zu müssen glaubt – er braucht sie auch wirklich –, und versucht, seine Freundin zu sein. Doch sie ermüdet ihn mit unaufhörlichem Gerede; das ist ihre Art, mit ihrer Angst umzugehen: durch Erregung, Überaktivität und Wortschwälle. Ganz im Gegensatz zum männlichen Vertreter des Zeichens, der stumm ist wie ein Fisch.
Sie spielt eher die Rolle der Muse als der Mäzenin. Für den Mann, den sie liebt – wenn sie ihn denn liebt –, ist sie zu allem fähig, für ihn würde sie ihre Bequemlichkeit, ihre Zeit, ihre Gesundheit opfern. Sie verzeiht ihm auch, wenn er untreu ist. Oft sind Wassermann-Frauen »Übermütter«, vor allem, wenn sie einen einzigen Sohn haben und ihn allein erziehen. Doch sie lieben ihn auch auf ihre Art, vor allem, wenn er irgend etwas hat, worauf sie stolz sein können.
Sind sie in bürgerlichem Milieu aufgewachsen und nach strengen Grundsätzen erzogen, moralisieren sie eher als die anderen, bis sie sich eines Tages über die »guten Sitten« hinwegsetzen, zum schwarzen Schaf der Familie werden und sich dabei unglaublich wohl fühlen. Sie werden dann einmal zu herrlich »unwürdigen Greisinnen«.

Die verschiedenen Aszendenten-Typen

Wassermann *Aszendent* Widder *(Uranus-Mars)*
Luft/ Feuer:
(Vergl. Widder/Wassermann). Der geborene Erneuerer. Vom Geist der Veränderung erfüllt, will er am liebsten alles umstürzen. Hat hundert Ideen und Pläne am Tag. Leider konkretisiert er/sie nicht; alles geht über die Freunde, die ihm/ihr wichtiger

sind als anderes (Sonne im 11. Haus). Hat eine gewisse Naivität. Interessiert sich für wissenschaftliche Studien, Forschung, Reformpolitik, Medizin. Solidaritätsgeist, Sinn für Brüderlichkeit. Verliebt sich leicht. Fühlt sich zum Zeichen Waage hingezogen.

Wassermann ***Aszendent*** **Stier** ***(Uranus-Venus) Luft/Erde:*** (Vergl. Stier/Wassermann). Originelle und einnehmende Persönlichkeit. Freiheitsdurstig, unabhängig, ein bißchen verschroben, dabei aber mit Sinn für konkrete Realitäten. Hat etwas Konstruktives. Ein Leben voller Knalleffekte. Halb vergeistigt, halb materialistisch. Aufrichtig, sagt die Dinge unverblümt. Träumt von unerfüllbarer Liebe; rächt sich an Wesen von Fleisch und Blut dafür, daß sie nur Menschen sind; widersprüchliche Gefühlsbeziehungen: überaus untreu und überaus eifersüchtig. Fühlt sich zum Zeichen Skorpion hingezogen (Jeanne Moreau).

Wassermann ***Aszendent*** **Zwillinge** ***(Uranus-Merkur) Luft/ Luft:***
(Vergl. Zwillinge-Wassermann). Das ist kein menschliches Wesen, das ist ein Lufthauch; alles spielt sich auf der Ebene der Gedanken ab, das Gefühlsleben ist verwirrend. Erträgt keinerlei Zwang, keine Bindung; hat aber Sinn für Freundschaft und hält Wort. Sehr lebhaft, überaus nervös, hin- und hergerissen. Ist versucht, als Nomade zu leben. Immer unterwegs; wenn das nicht möglich ist, bringt geistige Aktivität innere Beweglichkeit. Schwer durchschaubare Lebenswege, da er/sie sich der Realität gern verweigert. Sehr freigiebig. Künstlerisch, hat aber nicht die Fähigkeit, Karriere zu machen. Das Glück muß ihm/ihr schon zuhilfe kommen. Verletzlicher, als es scheint. Fühlt sich zum Zeichen Schütze hingezogen.

Wassermann ***Aszendent*** **Krebs** ***(Uranus-Mond)***
Luft/ Wasser:
(Vergl. Krebs/Wassermann). Charmant und liebenswürdig; hat etwas Frisches und Kindliches. Konflikt zwischen dem Bedürfnis nach Unabhängigkeit und Sehnsucht nach dem bergenden »Schoß«. Reist gern, braucht aber einen Heimathafen. Interessiert sich für menschliche Beziehungen und die Mechanismen des Lebens als wissenschaftliche Phänomene, manchmal für das öffentliche Leben. Wehrloser als er/sie scheint. Leben voller Überraschungen und Veränderungen. Braucht Liebe und Verständnis. Wird auf der Gefühlsebene nur langsam reifer, kann aber im Beruf Erfolg haben. Fühlt sich zum Zeichen Steinbock hingezogen.

Wassermann ***Aszendent*** **Löwe** ***(Uranus-Sonne)***
Luft/Feuer:
(Vergl. Löwe/Wassermann). Ebenso schwierig zu leben wie die umgekehrte Konstellation. Das Ego ist löwenhaft, beinahe besessen egozentrisch, während der Wassermann von romantischer Liebe, einer bewunderungswürdigen Rolle im Leben und von Brüderlichkeit unter den Menschen träumt. Leicht verletzbare Persönlichkeit, die sich weigert einzusehen, wie autoritär und stolz sie sich verhält. Mit dem Ergreifen einer altruistischen Tätigkeit kann sich das aber ändern. Fühlt sich zum Zeichen Wassermann hingezogen.

Wassermann ***Aszendent*** **Jungfrau** ***(Uranus-Merkur)***
Luft/ Erde:
(Vergl. Jungfrau/Wassermann). Zwei gegensätzliche Naturen, die schwer zu versöhnen sind: eine ist risikobereit und ruft viele Veränderungen hervor; die andere klammert sich an Sicherheiten und an Konformismus. Der Jungfrau-Anteil kann jedoch dem Neuerer Wassermann seine Tüchtigkeit und methodische Arbeitsweise als Instrument zur Verfügung stellen

(Mozart). Gefahr der Zerstreuung (MC in Zwillinge). Ist gern verschwiegen, undurchschaubar, spöttisch. Muß sein Handeln rechtfertigen. Zahlreiche Liebesaffären, Abenteuer ohne Verbindlichkeit. Der Wahlspruch von Valery Giscard d'Estaing: »Veränderung in der Kontinuität«, drückt das Paradox dieser Kombination aus. Fühlt sich zum Zeichen Fische hingezogen.

Wassermann ***Aszendent*** **Waage** ***(Uranus-Venus)***
Luft/ Luft:
(Vergl. Waage/Wassermann). Intelligent. Kopfmensch. Neigt dazu, aufgrund von Theorien und nicht aufgrund der Realität zu urteilen. Tendenz zur Abstraktion. Will gefallen, will akzeptiert werden. Anziehend, aber nicht greifbar. Hat Sinn für Romantik; Konflikt zwischen dem Wunsch nach tiefen Bindungen und dem starken Drang nach Unabhängigkeit. Heiratet in jungen Jahren oder gar nicht; plötzlicher Bruch der Ehe möglich. Gerechtigkeitssinn, will Gleichheit. Zutiefst von Utopien bestimmt. Fühlt sich zum Zeichen Widder hingezogen.

Wassermann ***Aszendent*** **Skorpion** ***(Uranus-Pluto)***
Luft/ Wasser:
(Vergl. Wassermann/Skorpion). Hat oft ein schwieriges Schicksal, erlebt viele Prüfungen; in der Jugend Umwälzungen in der Familie. Realistischer, willensstärker, aggressiver als die vorangegangene Konstellation. Leidenschaftlichkeit ist hier ein starker Motor. Oft wissenschaftliche Begabung für Forschung, Biologie, große Entdeckungen, die dem/der Horoskopeigner(in) Ruhm einbringen. Gibt seine Überzeugungen bis zum Schluß nicht auf. Hat psychologisches Einfühlungsvermögen. Durchschaut Dinge und Menschen. Fühlt sich zum Zeichen Stier hingezogen.

Wassermann ***Aszendent*** **Schütze** ***(Uranus-Jupiter)***
Luft/ Feuer:
(Vergl. Steinbock/Wassermann). Interessiert sich für die Welt, für (neue) Ideen, für Sozialwissenschaften und Medizin, für Kommunikationswesen. Großzügige Einstellung, humanitär und idealistisch. Glaubt an den Fortschritt, die Zukunft, die Auflösung von Grenzen. Bringt seine/ihre Ideen gern zum Ausdruck. Sehr ritterlich, eilt den Witwen und Waisen zu Hilfe. Naiv, gutmütig. Fühlt sich zum Zeichen Zwillinge hingezogen. Zwei Ehen oder zwei Verbindungen.

Wassermann ***Aszendent*** **Steinbock** ***(Uranus-Saturn)***
Luft/ Erde:
(Vergl. Steinbock-Wassermann). Kann das Wissen der Vergangenheit für eine Erneuerung der Zukunft nutzen. Liebt neue Erfahrungen, ist dabei jedoch kontrolliert und vorsichtig. Hin- und hergerissen zwischen Risikobereitschaft (vor allem auf finanziellem Gebiet) und der Angst vor Versagen. Interessiert sich für Wissenschaft und das Reich der Ideen, gibt sich aber nicht mit Abstraktionen zufrieden. Gute Kontakte im Sozialleben; große Schlichtheit. Hervorragende Intelligenz, denkt zugleich analytisch und Zusammenhänge überschauend. Fühlt sich zum Zeichen Krebs hingezogen.

Wassermann ***Aszendent*** **Wassermann** ***(Uranus-Uranus)***
Luft/Luft:
Starker Drang, sich von der Herde abzusondern; nonkonformistisch bis zum Anarchismus. Erfindergeist, dem es an Realismus fehlt; hat etwas von einem »zerstreuten Professor«. Sein/ihr Schicksal hängt davon ab, wie er/sie aufgenommen wird, wie man ihm/ihr hilft. Bastelt gern herum, ist geschickt, intelligent, reizend und ein wenig verrückt. Hat es schwer, sich allein im Leben zurechtzufinden; aber man muß ihn/sie einfach lieben. Fühlt sich zum Zeichen Löwe hingezogen.

Wassermann ***Aszendent*** **Fische** ***(Uranus-Neptun)***
Luft/ Wasser:
Interessiert sich für das Merkwürdige, das Irrationale, für alle Erfahrungen, die über das Alltägliche und Vertraute hinausgehen. Möchte immer noch höher hinaus. Neigt zum Nomadendasein, liebt Reisen und Exotisches. Verträumt und idealistisch, erkennt oft die Realitäten nicht. Verschwiegen, liebt das Geheimnis. Hat treue Freunde, die von seiner/ihrer Persönlichkeit sehr eingenommen sind. Das Glück kommt dem/der Horoskopeigner(in) oft zu Hilfe. In der Jugend oft Komplexe oder Probleme, die aus einer gestörten oder vermißten Vaterbeziehung resultieren. Fühlt sich zum Zeichen Jungfrau hingezogen.

FISCHE

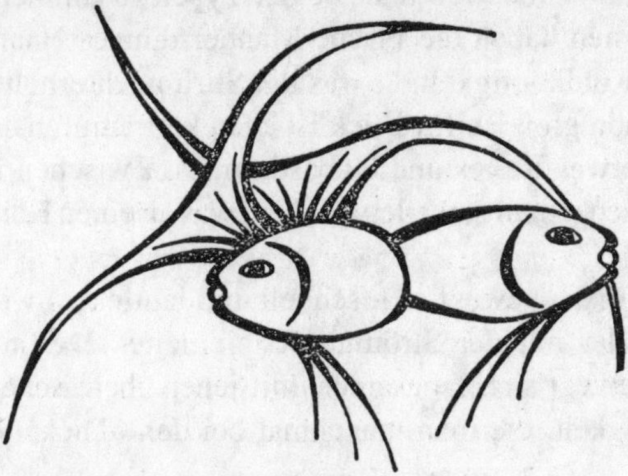

Die männlichen Fische

Woran erkennt man den Fische-Mann?
Wie den Wassermann erkennt man auch ihn an seinem Blick. Doch bei ihm ist er nicht naiv oder künstlich. Der Blick des Fische-Geborenen geht durch Sie hindurch, ohne Sie zu sehen; er schweift irgendwo in die Ferne, was ihm etwas Geheimnisvolles und Unerreichbares gibt. Er verliert sich übrigens wirklich in seiner inneren Welt, die so unendlich weit weg ist vom Hier und Jetzt, in dem er sich langweilt.
Sein Gesicht hat etwas Breites, Scharfgeschnittenes. Sein Lächeln kommt ein wenig aus den Augenwinkeln. Man unterscheidet lange und dünne Fische … »bei denen man nur Gräten sieht«, mit länglichem Gesicht, mit breiten Backenknochen, einem kleinen Mund, einem etwas spitzen Kinn, einer langen und schmalen Nase, großen, etwas hervortretenden Augen; nicht nur der Körper, auch Arme und Beine sind sehr lang. (Rex Harrison, Sascha Pitoieff). Und dann die kleinen und runden Fische mit Armen wie »Flossen«. (Beispiele: der Schriftsteller Ernest Renan oder Harold Wilson); ihr Gesicht

ist breit, die Schultern sind gut gepolstert, der Hals ist kurz. Manchmal fallen die Merkmale beider Typen zusammen.
Im allgemeinen haben die Fische-Männer dünnes Haar und neigen zur Kahlköpfigkeit … was die Stirn noch erhöht, die ohnehin schon groß ist. Ihr Blick ist auch verträumt, hat aber manchmal etwas Kaltes und Unbestimmtes. Zwischen ihren Zähnen entdeckt man zuweilen Lücken, was an einen Haifisch erinnert …
Der hagere Fisch bewegt sich schnell und lautlos … wie ein Weißfisch, der mit der Strömung dahingleitet. Der andere hingegen bewegt sich langsamer, mit jener überraschenden Geschmeidigkeit, die man manchmal bei den »Dicken« antrifft.
Doch beide sind phlegmatisch; der erstere nervöser, der letztere »amorph«; er muß sich öfters hinlegen und hat Momente der Geistesabwesenheit, während denen er mitten in der Bewegung innehält.

Wie steht es um seine Gesundheit?
Fische-Geborene leiden oft unter Verletzungen oder Deformationen der Füße, vor allem, wenn sie zwischen dem 22. und dem 24. Februar geboren sind.
Sie haben oft Probleme mit dem hormonalen Gleichgewicht; ihr endokrines System funktioniert nicht richtig. Ebenso sollten sie ein Auge auf ihr Lymphsystem haben. Fische-Menschen »produzieren« oft geschwollene Lymphknoten. Auch neigen sie zu Verdauungsstörungen, meist den Darm betreffend, manchmal auch durch eine empfindliche Leber.
Fische müssen den Kontakt mit ansteckend Kranken meiden, da sie Mikroben und Viren »wie ein Schwamm aufsaugen«. Wenn in ihrem Horoskop die Wasserzeichen dominieren, kann man sicher sein, daß sie alle Kinderkrankheiten mehrmals aufschnappen und vielleicht auch noch als Erwachsene bekommen.

Sie neigen zu Wasseransammlungen im Gewebe, zu Cellulitis, Ödemen, Schwellungen, Lymphgefäßentzündungen. Ihre Gesundheit ist von Kindheit an angeschlagen. Sie fühlen sich oft unwohl, ohne die Symptome, unter denen sie leiden, richtig definieren zu können, weil sie so diffus, vage und wechselnd sind. Für den Arzt bleiben sie rätselhaft. Auf psychischer Ebene muß man häufige Tendenzen zum Autismus, zum Verlust des Realitätsbezugs, zur Schizophrenie erwähnen. Manchmal sind es aber auch Alkoholismus und Drogenkonsum, die diesem Mangel an Wirklichkeitssinn Vorschub leisten.

Den Fischen fällt es furchtbar schwer, sich Disziplin aufzuerlegen. Ihre Ernährungsweise oder ihr Schlafrhythmus scheinen völlig undurchschaubar. Sie haben oft Durst und sollten deshalb immer eine Flasche Mineralwasser (möglichst ohne Kohlensäure) zur Hand haben, außerdem reichlich Obstsäfte (vor allem Traubensaft) und Gemüsebrühen trinken. Tee oder Kaffee regt sie ein wenig an und tut ihnen deshalb recht gut.

Bei den Fischen findet man, was die Ernährungsweise anbelangt, zwei Typen; entweder machen sie sich über alles »Normale« lustig, essen irgendwann irgend etwas durcheinander und machen seltsame Experimente, von vegetarischer über makrobiotischer Ernährung bis zu strengen Diäten, die beispielsweise nur aus Obst bestehen – oder sie sind naschhaft wie die Katzen, richten ihre Reisen nach gastronomischen Schwerpunkten und Besonderheiten ein, schwärmen noch lange von gewissen Restaurants und bereiten sich kleine Köstlichkeiten zu, auch wenn sie allein sind.

Die einen wie die anderen schätzen im allgemeinen die exotische Küche, die es ihnen erlaubt, wenigstens in der Phantasie zu reisen. Der erste Typus sollte sich bemühen, regelmäßig zu essen, der letztere, häufiger ein wenig Diät zu halten, verdauungsförderndes Heilwasser zu trinken, mageren Fisch, wenig gebratenes Fleisch, aber Getreide und Grüngemüse zu essen

und stärkehaltige Nahrungsmittel sowie Zucker zu vermeiden. Oder ein paar Fastentage im Monat einzulegen.
Wenn sie irgend können, werden Fische-Geborene alle möglichen Wassersportarten betreiben. Jodhaltiges Klima bekommt ihnen gut; wenn sie ans Meer fahren, sind die Nordsee oder der Atlantik sicherlich besser für sie als das Mittelmeer.

Wie reagiert er?

Don Juan, am 3. März geboren, war ein typischer Fische-Mann. Er illustrierte die Doppelnatur des Zeichens anschaulich. In der ersten Hälfte seines Lebens gab er sich schrankenlos allen Vergnügungen hin, verführte unzählige Frauen, um sie gleich wieder zu verlassen, und kümmerte sich, in aller Unschuld, nicht um ihren Schmerz und ihre Tränen. Dann begriff er eines Tages, daß er seit seiner Jugend nach nichts anderem als nach Gott, nach einer absoluten und transzendenten Welt gesucht hatte. Er legte das Mönchsgewand an, zog von Herberge zu Herberge, von Hospital zu Hospital, wusch Bettlern und Kranken die Füße und lebte von Almosen.
Diese beiden Leben, die scheinbar so wenig miteinander zu tun haben, sind getrieben von einem Hunger, einer Sehnsucht: sich in einem Universum aufzulösen, das außerhalb des Fische-Geborenen selbst ist, im Unbekannten zu verschwimmen. In der Jugend findet diese »Kommunion« natürlich am ehesten auf der sinnlichen Ebene statt, da jeder in der Liebe eine Möglichkeit findet, sich zu vergessen, sich hinzugeben. Das Verführerische an den Fischen ist im Grunde nur eine Flucht vor sich selbst, eine nie zu befriedigende Begierde, die das Sehnen der Seele niemals stillen kann.
Der Fische-Mann lebt ganz aus der Intuition; und sie sollten auch wirklich ihrem siebten Sinn mehr trauen als ihrem Verstand, denn sie denken nicht besonders analytisch; ihr Denken funktioniert nach geheimnisvollen Gesetzen, die fern aller

Logik zu sein scheinen. Sie sagen übrigens viel öfters: »Ich spüre«, »Ich ahne« als: »Ich denke.«
Man wirft ihnen oft ihre Tatenlosigkeit oder eine gewisse Passivität vor. Sie scheinen dann nichts Praktisches zu tun, doch ihre Phantasie hat sich auf eine weite Reise begeben ... was manchmal zu genialen Visionen führt. Sie haben mediale Begabungen und sollten auf ihre Träume achten, die entweder Vorwarnungen sein können oder ihnen ihre reiche unbewußte Innenwelt enthüllen.
Sie scheinen für Wellenlängen empfänglich zu sein, die gewöhnlichen Sterblichen entgehen. Man empfindet sie als geheimnisvoll, flüchtig, beunruhigend oder einfach verwirrend. Sie erinnern ein bißchen an ein Stück Seife, das einem in der Badewanne aus der Hand gleitet ...
Dieser Fische-Typus, der eher mystisch als sinnlich ist und immer nach einem Ideal sucht, wird von Neptun beherrscht. Der jupiterbetonte Fische-Geborene ist konformistischer, pedantischer, legt Wert auf Anerkennung und ist leicht zu bewegen; anderen wie seinen eigenen Schwächen gegenüber ist er sehr nachsichtig. Er hat mehr Glück als der andere und wird von einem unerschütterlichen Optimismus getragen. In seiner Güte und seinem Egoismus versteht er es, sich vor den großen Erschütterungen der Existenz zu bewahren. Deshalb findet man wohl unter den Fische-Menschen mehr hundertjährige und »rüstige Greise« als bei den anderen Zeichen.
Der Fische-Mensch, der in sich den Optimismus und die Gutmütigkeit Jupiters mit dem Idealismus und der Genialität Neptuns verbindet, führt selten ein banales Leben und ist oft durchaus eine bewundernswerte Persönlichkeit.

Wofür ist er begabt?

Der jupiterbetonte Fische-Mann hat Sinn für finanzielle Spekulationen und kann bei einer Bank Karriere machen oder durch Wagnisse an der Börse zu viel Geld kommen. Er ist übrigens der Ansicht, Geld sei dazu da, ausgegeben zu werden. Der neptunbetonte Typus ist im materiellen Bereich weniger vom Glück gesegnet, da er keinen Sinn fürs Geld hat, es ausgibt, bevor er es verdient hat, sich ausnehmen läßt, ohne es überhaupt zu merken, und sich Erbschaften entgehen läßt.

Jupiterbetonte Fische arbeiten manchmal in kirchlichen Institutionen, wo sie zugleich ihr Bedürfnis nach Ehre und Anerkennung, ihren religiösen Sinn und einen gewissen Konformismus befriedigen können. Während die neptunischen Fische-Männer sich in ein Leben fern der Welt, in der Stille zurückziehen …

Man findet eine ganze Reihe von Fische-Geborenen in Berufen, die Hingabe und einen gewissen Altruismus erfordern, in allen pflegerischen Berufen, vom Krankenpfleger oder Krankengymnasten über den Arzt bis zum Heiler. Und man trifft sie unter Psychologen, Psychiatern, Psychoanalytikern und Heilpädagogen an …

Da sie ein Gespür für das »kollektive Unbewußte« haben, sind die Fische in der Werbung oder in Berufen erfolgreich, in denen man erraten muß, was die Masse bewegt. So geben sie auch gute Journalisten, Radio- oder Fernsehleute und Filmer ab. Sie sind Poeten und Visionäre wie Victor Hugo.

Ihre Einfühlungsgabe hilft ihnen auch, beispielsweise im Hotel- oder Gaststättengewerbe erfolgreich zu sein. Sie wissen, wie man eine angenehme Atmosphäre schafft und mit ausgefallenen Ideen Kundschaft anlockt. Da sie aber so leidenschaftlich gern reisen, wählen sie sich oft Berufe, in denen sie dieser Lust nachgehen können. Das kann von Forschungsreisen bis zur Astronomie reichen, von der Marine über reines Vagabundieren oder friedliches Hippieleben bis hin zum Raumflug.

Wie liebt er?

Wie Don Juan ist der Fische-Mann ein »Sammler«, dem die Liste seiner Amouren wichtiger ist als deren Qualität. Oder er ist romantisch und sentimental, stellt die Erwählte auf ein Podest und »vergöttlicht« sie. Ihr Pech, wenn sie irgendwelche menschlichen Bedürfnisse hat.

Man wirft ihm manchmal sein schlechtes Verhalten vor, aber man darf ihn eigentlich nicht mit gewöhnlichen Maßstäben messen: er ist eher amoralisch als unmoralisch. Er sagt gern von sich, er sei »treu, aber unbeständig«. Tabus und Vorurteile erscheinen ihm im übrigen verachtenswert, wie alles, was den Menschen einschränkt. Er setzt sich allen möglichen Erfahrungen aus, um sich selbst zu beweisen, daß er nicht gefangen ist, und vor allem, um etwas Neues zu erleben, neue Wahrnehmungen zu machen. Der Wassermann hingegen will viel erfahren, um diese Erfahrungen dann zu »analysieren«.

Einen Fische-Mann zu heiraten, der ein so charmantes, einnehmendes, unendlich sensibles, außerordentlich aufmerksames und zärtliches Wesen ist, bedeutet trotzdem, sich auf ein gefahrvolles Abenteuer einzulassen. Mit ihm gibt es keine Sicherheit, keine Gewißheiten, keinen festen Boden unter den Füßen. Die Liebe kann sich in ihm zurückziehen wie die Wellen am Strand. Man ist hilflos angesichts seines verschlossenen Ausdrucks, angesichts seiner eisigen Zurückgezogenheit. Dann bleibt nichts, als aufzugeben, die Niederlage zu akzeptieren und zu versuchen, wenigstens den Schein der Freundschaft zu wahren.

Man muß auch wissen, daß ein Fische-Mann nie gegen Versuchungen gefeit ist und daß seine Sehnsucht ihn immer irgendwohin treiben kann, einem ungeahnten Trugbild nach, oder daß sein starkes erotisches Empfinden ihn eines Tages auf irgendein fremdes Gesicht reagieren läßt, das er mit dem Zauberstab seiner Phantasie in etwas Geheimnisvoll-Anziehendes verwandelt.

Er liebt die mysteriösen Frauen. Eine Frau, die ihn liebt, sollte sich ihm nie ganz enthüllen, wenn sie einen Schein von Macht über ihn behalten will.

Wenn er ein … wäre

Wenn der Fische-Mann ein Tier wäre, dann ein Nilpferd, ein Pinguin, eine Robbe oder ein Schwan …
Wenn er ein Baum wäre: eine Platane, eine Scheinakazie … oder einer jener Bäume, deren Wurzeln im Wasser wachsen.
Eine Pflanze: Alge, Lein, Falscher Jasmin.
Eine Blume: Anemone, Narzisse, Lotus, Seerose.
Ein Gewürz: Muskatnuß, Curry.
Ein Metall: Zink, Messing.
Eine Farbe: Blauviolett, Marineblau, alle Farben des Meeres.
Ein Edelstein: Aquamarin, Koralle.
Ein Geschmack: salzige Gischt.
Ein Duft: Ylang-Ylang (schwer und süß)
Ein Musikinstrument: Harfe
Und ein Sammlerobjekt: Muscheln, Ringe, Aktphotos.

Die weiblichen Fische

Woran erkennt man sie?

Die Fische-Frau ist oft schön; ihre seltsamen Augen sind anziehend und faszinierend. Man kann sich diese Macht des neptunischen Blicks gut vorstellen, wenn man Namen liest wie: Michele Morgan, Liz Taylor, Ursula Andress … Dieses Gesicht ist oft ein reines Oval mit hohen Backenknochen, einer klar geformten Nase, einem – im Vergleich zu den anderen Elementen des Gesichts – nicht auffälligen Mund.
Vor allem aber ihre Stimme hat einen undefinierbaren Char-

me, vielleicht wegen ihres »Vibrato«, das einem unter die Haut, ans Gemüt geht … wie die rauhe Stimme der Skorpion-Frau, die die körperliche Sinnlichkeit beim Mann weckt. In den banalsten Sätzen ist etwas Zartes, Musikalisches. Der Film »Hiroshima, mon amour« verdankt sicher einen Teil seines Erfolges der Stimme von Emanuelle Riva. Wenn man sich von diesen Sirenenklängen gefangennehmen läßt, ist man verzaubert, ohne zu wissen, warum …
Physisch ist die Fische-Frau eher zerbrechlich als stark, sie vollführt ungefähre Gesten, hat etwas Zögerndes, als bedeute eine vollendete Bewegung ein zu heftiges Eindringen in die Welt des Wirklichen. Aber sie ist anmutig, liebt den Tanz und scheint auch für diese Kunst begabt zu sein. Sie taucht mit ihrem Körper in die Musik ein, drückt etwas aus von dem, was sie mit der Erde verbindet und zum Himmel hinaufhebt … und kann so ihre Doppelnatur leben.

Wie steht es um ihre Gesundheit?
Sie hat Zustände des Unbehagens, der Mattigkeit, der sehnsüchtigen Erschöpfung, doch diese »blassen Momente« vergehen, wie sie gekommen sind. Und mit ihrer zarten Gesundheit wird sie älter als alle anderen.
Genaugenommen liebt sie weder Bewegung noch Unruhe; sie macht es sich am liebsten mit einem Buch bequem oder hört Musik; ihr kontemplatives Wesen fühlt sich in einem Zustand der Tatenlosigkeit recht wohl.
Wenn sie zum Jupiter-Typus gehört, liebt sie Schleckereien und delikate Köstlichkeiten. Sie muß demnach meiden, was sie liebt: Eis, Schokolade, süßen Kuchen, also alles Naschwerk, das sie schnell dick macht.
In ihrer Sensibilität für die Umgebung sollte sie auch alle Orte meiden, an denen sie sich nicht wohl fühlt. Da sie unbewußt jede Schwingung aufnimmt und von allem so stark beeindruckt wird, muß sie sehr darauf achten, mit welchen Men-

schen sie zusammen ist. Rasch ist sie deprimiert, verängstigt, ist ihr fragiles Gleichgewicht gestört. Auch okkulte Experimente, die sie um so mehr anziehen, als sie über mediale Fähigkeiten verfügt, sollte sie meiden, mehr noch aber den Umgang mit Drogen oder Alkohol, da sie nicht immer genug Willensstärke hat aufzuhören, und da sie sich der Anfälligkeit für Gewohnheiten und Abhängigkeiten nicht bewußt ist.

Man müßte ihr zu einem ruhigen Leben raten, in dem viel Zeit zum Schlafen ist ... ohne sie jedoch noch in ihrer Bequemlichkeit oder ihrem Phlegma zu bestärken.

Außerdem sollte sie sich vor Medikamentenmißbrauch hüten, seien es nun Anregungsmittel oder Tranquilizer, Schlafmittel oder stimmungsaufhellende Pillen. Sie schaden ihr mehr als sie ihr nützen.

Natürliche Heilweisen, pflanzliche Mittel, Yoga etc. wirken besser als die traditionelle Medizin. Das Schüssler-Salz, das ihr (ebenso wie dem Fische-Mann) guttut, ist *Ferrum Phosphoricum.* Übrigens wird sich ohnehin nur ein Homöopath mit den ungreifbaren Symptomen zurechtfinden, die Fische-Menschen ihm beschreiben.

Wie reagiert sie?

Die Fische-Frau ist sanft, träumerisch, immer ein wenig schlafwandlerisch ... mit kleinen Verrücktheiten und unerwarteten Grillen. Sie legt mehr guten Willen als praktischen Sinn an den Tag.

Im allgemeinen wenig aggressiv, weckt sie keine feindseligen Reaktionen bei anderen, aber sie versteckt sich gern hinter ihrem Schutzpanzer, der sie vor großen Emotionen und heftigen Leiden bewahrt. Ihre Sensibilität ist anders als die anderer Leute. Sie bekommt feuchte Augen und einen Knoten im Hals, wenn sie ihre Katze verliert, aber wenn sie auf jemanden böse ist, fährt eisiger Haß wie ein Blitz aus ihrem Blick; man ahnt dann, daß sie ganz unsensibel, ja beinahe gefühllos sein kann.

Sie ist einfach, »brav«, angenehm im Umgang, sie versucht nie zu provozieren oder stur zu sein. Wenn sie damit nicht durchkommt, versenkt sie sich in ihre inneren Gewässer, dorthin, wo niemand sie erreichen kann.
Da sie sehr intuitiv ist, ist sie klug genug, sich auf ihre Antennen zu verlassen, Meinungen und Ratschläge aus dem Weg zu gehen. Und sie tut gut daran. Sie ahnt die Dinge besser als alle anderen im Tierkreis voraus, sie nimmt wahr, was den anderen entgeht.
Mit ihrer Liebenswürdigkeit, ihrem Charme, dem Geheimnisvollen, das sie umgibt, und ihrer Natürlichkeit hat sie echte Erfolge in ihrem Gesellschafts- und Gefühlsleben ... Es liegt auch etwas Poetisches in ihr, das die Menschen verrückt macht oder anzieht, und sie hängt bis zu ihrem Tod an ihren Märchen ...

Wofür ist sie begabt?

Ihre guten Eigenschaften und ihre Selbstschutz-Mechanismen machen sie zu einer »Pflegerin und Helferin«, zu einer sehr gesuchten und geliebten Krankenschwester, Ärztin, Hebamme, denn sie wirkt immer, als empfände sie etwas für diejenigen, mit denen sie sich beschäftigt ... und keiner bemerkt, daß sie zugleich an etwas ganz anderes denken kann. Da sie sich ohne Mühe halbieren kann, hindert sie das nie daran, ihre Arbeit gut zu tun.
Sie ist oft Künstlerin, eine sehr gute Schauspielerin (weil sie sich ganz in die Gestalten versetzt, die sie verkörpert), sie hat »das gewisse Etwas«, das ins Publikum ausstrahlt. Die Welt der Kunst ist zweifellos der Bereich, in dem sie sich am meisten zuhause fühlt.
Fische-Frauen trifft man auch unter den professionellen »Medien«, Wahrsagerinnen und Kartenlegerinnen (wobei die Karten als Ausgangsbasis ihrer »übersinnlichen Erkenntnisse« und Einblicke durch alles mögliche ersetzbar sind). Sie be-

schäftigt sich zuweilen auch als Wünschelrutengängerin, Heilerin etc. …
Wie der männliche Vertreter ihres Sternzeichens liebt sie die Tiere und kann gut mit ihnen umgehen; sie hat eine merkwürdige, oft telepathische Beziehung zu ihnen.
Sie ist keine Frau, die in der häuslichen Welt aufgeht (vor allem, wenn sie neptunbetont ist); wenn sie aber für jemanden da sein muß, erfüllt sie ihre Pflichten gern und ohne innere Ablehnung. Hat sie genug, hört sie auf: so einfach ist das bei ihr.
Auch in Berufen, in denen man etwas verkaufen muß – und sie kann alles an den Mann oder an die Frau bringen –, kommt sie gut zurecht, denn sie kann überzeugen, auch wenn ihre Argumente manchmal nichts taugen.

Wie liebt sie?

Keine Frau ist romantischer. Keine Frau verliebt sich lieber. Für sie ist es das Natürlichste auf der Welt, sich der Liebe hinzugeben; man komme ihr nicht mit Emanzipation, mit feministischen Forderungen. In ihren Augen hat all das keinen Sinn – sie fordert nur ein Recht: zu lieben; und sie hat nur einen Wunsch: einem Mann zu begegnen, der ihre Zärtlichkeit »über sich ergehen läßt«, der sich mehr lieben läßt, als er selbst liebt. Von Leidenschaft kann man nicht sprechen; ihre Auffassung von der Liebe ist nicht masochistisch – von dieser Verirrung ist sie weit entfernt. Sie möchte nichts anderes, als Teil des geliebten Wesens zu werden, in ihm aufgehen, überschwemmt zu werden von ihrem überwältigenden Gefühl. Sie sieht die Liebe als »Kommunion«, als eine Art Ekstase, die kein Denken fordert und die einen mit Glücksgefühl erfüllt – ein Nirvana …
Hat sie kein Wesen, das sie mit Liebe überschütten kann, ist sie in einem Zustand wie ein Drogensüchtiger auf Entzug. Deshalb unterstellt man ihr manchmal eine stark sinnliche und

nymphomanische Natur. Nichts könnte falscher sein. Sexualität ist bei ihr einzig ein Mittel, Seele und Körper in Schwingung zu bringen. Ihre Erotik hat mehr mit Mystizismus als mit Pornographie zu tun!
Natürlich läuft sie mit dieser Haltung Gefahr, öfters Enttäuschung als Erfüllung zu erleben. Wenige Männer können eine solche Liebe annehmen. Eine derartige »Gefühlslawine« macht ihnen Angst … zieht sie aber zugleich auch an, denn sie spüren bei einer solchen Frau eine besondere Liebesfähigkeit und einen besonderen Anspruch.
Es genügt ein Nichts, ein Blick, eine heftige Geste, ein im falschen Augenblick gesprochenes Wort, und die Fische-Frau fällt aus diesem Reich der Liebe, in dem sie glücklich war. Doch wenn sie aufgehört hat zu lieben, leidet sie nicht, und der Mann, den sie gestern noch anbetete, wirkt keinen Deut mehr anziehend auf sie. Mit jeder neuen Liebe beginnt sie wieder ganz von vorne, ihre Begeisterungsfähigkeit nimmt dabei keinen Schaden. Darin ist sie begnadet.
Das konnte Richard Burton, der leidenschaftliche Waliser, der heftige Skorpion, nie verstehen an Liz Taylor, der Fische-Frau mit dem weiten Herzen …

Die verschiedenen Aszendenten-Typen

Fische ***Aszendent*** **Widder** ***(Neptun-Mars) Wasser/Feuer:***
(Vergl. Widder-Fische). Zwei entgegengesetzte Temperamente: das eine ist ganz Passivität und Traum, das andere Aktivität, Aggressivität. Der Widder-Anteil siegt in der Jugend, um dann allmählich der Phantasiewelt der Fische das Feld zu räumen. Die Verbindung beider Seiten kann die Innenwelt zum Ausdruck bringen helfen. Er/sie ist oft zutiefst

mystisch veranlagt. Doch wenn er/sie sich in ein Kloster zurückzieht, wird er/sie seine Leitung übernehmen oder einen neuen Orden gründen. Viel Charme, Präsenz, Freundlichkeit. Man täuscht sich oft über seine/ihre Absichten. Fühlt sich zum Zeichen Waage hingezogen.

Fische *Aszendent* Stier *(Neptun-Venus) Wasser/Erde:*
(Vergl. Stier-Fische). Sinnlich-lustbetontes Temperament. Sehr intuitiv; hat eine geheimnisvoll-sexuelle Macht über andere. Verliert jedoch nie den Kopf und achtet auf seine/ihre Sicherheit. Manchmal altruistisch und großzügig … aber vor allem zum eigenen Vergnügen. Versucht Lust und Gewissen in Einklang zu bringen. Erfolg durch Glück und Zufall. Vor allem Frauen mit dieser Konstellation sollten auf Drüsen- und Hormonstörungen achten. Fühlt sich zum Zeichen Skorpion hingezogen (Liz Taylor; Richard Burton war Skorpion).

Fische *Aszendent* Zwillinge *(Neptun-Merkur) Wasser/ Luft:*
(Vergl. Zwillinge/Fische). Ändert dauernd seine/ihre Meinung, beinahe ohne es zu merken. Spielt mit den anderen und mit den eigenen Gefühlen. Langweilt sich nicht gern. Kapriziös; stellt logische Überlegungen aufgrund von irrationalen Prämissen an. Hat etwas von einem Zauberkünstler, einem »Trickster«. Charmant und unmöglich. Wechselhaftes Schicksal mit Glücksmomenten. Künstlerisch, aber faul, unentschlossen oder dilettantisch. Fühlt sich zum Zeichen Schütze hingezogen.

Fische *Aszendent* Krebs *(Neptun-Mond) Wasser/Wasser:*
(Vergl. Krebs/Fische). Weibliches Wesen, auch bei Männern, sehr intuitiv, hypersensibel, romantisch und gefühlvoll-sentimental; phlegmatisch und verträumt; sieht in seiner/ihrer Phantasie immer einen inneren Film ablaufen. Liebt die Ver-

änderung, die Ausflucht; immer in ein Phantom verliebt. Im Berufsleben ausdauernder und energischer dank dem Widder-MC. Neigt zur Bequemlichkeit. Liebt das Spiel, verläßt sich auf seine/ihre Intuition zur Lösung von Problemen. Neigung fürs Geheimnisvolle. Liebt mütterliche Frauen und mag Kinder. Stark masochistische Tendenzen. Fühlt sich zum Zeichen Steinbock hingezogen.

Fische *Aszendent* Löwe *(Neptun-Sonne) Wasser/Feuer:*
(Vergl. Löwe/Fische). Starke Ausstrahlung. Neigt dazu, sich hinter einer »Löwe-Fassade« zu verbergen, der er/sie im Grunde nicht entspricht. Deshalb Neigung zum Flunkern, zur Prahlerei und zum Wunschdenken. Schicksalsprüfungen, die ihn/sie dazu zwingen, bescheidener zu sein und die eigenen Ängste zu akzeptieren. Im Lauf der Zeit kann sich eine Begabung zum Heilen und als Medium entwickeln. Starke Egozentrik und aufrichtiger Altruismus. Erlebt oft eine schmerzhafte Scheidung; sollte sich eine offene Beziehung suchen. Fühlt sich zum Zeichen Wassermann hingezogen.

Fische *Aszendent* Waage *(Neptun-Venus) Wasser/Luft:*
(Vergl. Waage/Fische). Große Liebende mit Hunger nach Zärtlichkeit. Kann nicht anders, als mit jedem zu flirten, und wenn es der Briefträger ist. Zu allen Konzessionen bereit, verliert aber das Interesse, sobald die Eroberung gelungen ist. Läßt sich ausnutzen. Mangel an Energie und Charakterstärke; hält sich meist bei den feinen Nuancen auf ... Oft guter Kontakt zum Publikum. Wechselt den Beruf öfters. Fühlt sich zum Zeichen Widder hingezogen.

Fische *Aszendent* Skorpion *(Neptun-Pluto) Wasser/Wasser:*
(Vergl. Skorpion/Fische). Intuition und Charme; durch brüskes Verhalten verscherzt er/sie sich Sympathien. Sollte

sein/ihr Glück nicht erzwingen wollen, sondern handeln, wenn sein/ihr Instinkt – und nicht die Meinung der anderen – es befiehlt. Geheimnisvolle Persönlichkeit, die man nicht so leicht durchschaut; entweder sieht man nur den aggressiven Skorpion-Anteil oder nur die verträumte und idealistische Seite der Fische. Hang zu versteckter Manipulation oder Streben nach okkulten Kräften, die Prestige und Einfluß verschaffen. Fühlt sich zum Zeichen Stier hingezogen. (Der französische Politiker Jacques Chaban-Delmas).

Fische *Aszendent* Schütze *(Neptun-Jupiter) Wasser/Feuer:*
(Vergl. Schütze-Fische). Muß lernen, weder seine/ihre Kräfte zu überschätzen noch sein/ihr Glück, auf das er/sie zu sehr zählt, wie auch auf die eigene Intuition. Ein durch Veränderungen und Reisen bewegtes Leben. Fühlt sich von Ausländern mehr angezogen als von Menschen der eigenen Rasse oder Nationalität. Spielt gern jede Art von Spielen. Oft religiöse oder mystische Gesinnung, interessiert sich für exotische Philosophien, für Zen-Buddhismus … Sein/ihr Leben entspricht selten dem Traum, dem Ideal. Fühlt sich zum Zeichen Zwillinge hingezogen.

Fische *Aszendent* Steinbock *(Neptun-Saturn) Wasser/Erde:*
(Vergl. Steinbock-Fische). Ein zarter Mensch, den man für kalt hält; ein(e) Spieler(in), den/die man für einen Moralisten, eine Moralistin hält. Hat wider Willen etwas Pastorales. Interesse für Literatur, Philosophie, Medizin, Verlegen von Büchern. Sucht trotz seiner/ihrer Schwäche Verantwortung. Diplomat(in), allem Anschein zum Trotz. Liebt Gerechtigkeit und Aufrichtigkeit. Konflikt zwischen Schuldgefühlen und dem Bedürfnis, sich von moralischem Druck freizumachen. Viel Humor. Fühlt sich zum Zeichen Krebs hingezogen.

Fische ***Aszendent*** **Wassermann** ***(Neptun-Uranus)***
Wasser/ Luft:
(Vergl. Wassermann/Fische). Ähnlich wie die umgekehrte Konstellation; der unbewußte Persönlichkeitsaspekt dominiert. Häufige Veränderungen, Prüfungen, Kämpfe, starke Feindschaften, die der/die Betreffende nicht versteht … Interesse für Esoterik, Alchimie, die Welt des Unbewußten und der Symbole. Schwer zu durchschauen. Läßt sich nicht in einer Ehe »einsperren«, lebt aber tiefe Bindungen. Illusionen und Utopien sind gefährlich. Fühlt sich zum Zeichen Löwe hingezogen.

Fische ***Aszendent*** **Fische** ***(Neptun-Neptun)***
Wasser/Wasser:
Rezeptiv, hat tiefe Wahrnehmungen und Intuitionen. Denkt nicht nach, sondern »spürt«. Ist dauernd versucht, aus der Realität und der Verantwortung zu fliehen. Fühlt sich immer unschuldig, belastet sich mit nichts und niemandem; paßt sich allem an, läßt sich aber in nichts verwickeln. Sucht den Weg des geringsten Widerstands, flüchtet sich in seine/ihre Welt der Zeichen und Symbole, die mit dem archaischen, kollektiven Unbewußten verbunden sind. Fühlt sich zum Zeichen Jungfrau hingezogen.

KAPITEL IV

Wie sich die Zeichen miteinander vertragen

Hier geht es nicht darum, daß der Widder sich mit dem Löwen verträgt und sich mit dem Steinbock nicht verträgt. So einfach liegen die Dinge nicht. Um die Affinität zwischen zwei Wesen und ihre Chancen, glücklich miteinander zu sein, beurteilen zu können, muß man ihre Horoskope erstellen, die Beziehung jedes einzelnen zu seinem »Vaterbild« und »Mutterbild« vergleichen, die Sehnsucht nach einer verwandten Seele, ihrem »Archetypus« definieren, feststellen, in welcher Weise sie mit ihren erotischen Impulsen umgehen, die Beziehungen zwischen Venus und Mars, Sonne und Mond klären etc. ... Ein Astrologe, den man aufsucht, bevor man sich zu einer Verbindung entschließt, kann auf der Basis dieser Gegebenheiten wertvolle Entscheidungshilfe leisten. Er wird die Möglichkeiten zu einer harmonischen Beziehung auch nach den Dominanten in den beiden Horoskopen beurteilen können: ein Mann, der viele weibliche Schwerpunkte hat, täte gut daran, eine Frau mit starken männlichen Elementen zu heiraten, damit eine »komplementäre« Beziehung, eine sinnvolle Ergänzung möglich wird. Solch eine Beziehung überrascht den Beobachter natürlich oft, der nicht versteht, was einen schwachen, schüchternen Mann mit einer dominierenden Frau verbindet – um bei dem Beispiel zu bleiben. Doch diese Verbindung besteht, sie übersteht im Lauf der Zeit Krisen, Trennungen, Tränen ... manchmal einfach auch nur, weil beide erkennen, was ihnen fehlt und was der andere ihnen gibt.

Der Künstler oder der Träumer, der weiß, daß er eine »Mutter« braucht, die sich um sein materielles Wohlergehen kümmert; die Kind-Frau, die unfähig ist, für sich selbst einzustehen, und einen Mann heiratet, der »ihr Vater sein könnte« und der diese Rolle auch wirklich spielt. Beispielsweise auch der »Henker«, der sich sein »Opfer« mit ebenso sicherem Instinkt sucht wie das »Opfer« seinen »Henker« (wobei man an das Theaterstück von Edward Albee (»Wer hat Angst vor Virginia Woolf« erinnert wird, in dem man ein Paar sieht, das sich gegenseitig quält, aber angesichts unschuldiger Zeugen seine unerschütterliche Komplizenschaft auslebt und sich mit raffinierter Grausamkeit auf sie stürzt ...).
Ein anderer Beziehungstypus beruht auf dem Prinzip der Ähnlichkeit, der Verwandtschaft. Ihm folgen Paare, die »keine Geschichte haben« und keine Geschichte machen, die sich gut verstehen, sich fast nie streiten, und bei denen jeder den anderen als sein zweites Ich betrachtet. Solche Beziehungen werden allenfalls allmählich durch die Langeweile untergraben.
Ideal wäre also eine Ehe, die sowohl auf der Ergänzung wie auf der Verwandtschaft beider Charaktere beruht. Diese Kombination ergibt sich oft aus dem Verhältnis der beiden Geburts- oder Sonnenzeichen und der beiden Aszendenten zueinander. Die beiden Partner könnten zum Beispiel komplementäre, also sich ergänzende Sonnenzeichen haben, während ihre Aszendenten miteinander verwandt sind, also harmonieren. So hätten ein Stier-Mann und eine Fische-Frau einander ergänzende Sonnenzeichen. Hat der Mann einen Schütze-Aszendenten und die Frau einen Löwe-Aszendenten, so wären ihre Aszendenten-Zeichen in Harmonie: eine günstige Ausgangsposition für ihre Verbindung wäre vorhanden.
Manchmal besteht keine Harmonie zwischen den Sonnenzeichen der beiden Partner, doch die Aszendenten können die anfänglichen Schwierigkeiten kompensieren und korrigieren.

Es folgt also nun ein Überblick über die Beziehungen zwischen den einzelnen Tierkreiszeichen mit ihren Chancen zur Verständigung und den Gefahren von Reibung und Diskrepanz. Er kann selbstverständlich nur summarisch und theoretisch sein und ersetzt keinesfalls eine genauere vergleichende Horoskopanalyse.

Der Widder und die anderen

Widder und Widder:
Grundtypus der auf Ähnlichkeit beruhenden Beziehung, jedoch zwischen zwei leidenschaftlichen, heftigen Charakteren. Nur möglich, wenn die Frau sich dem Mann unterordnet und wenn sie bei Auseinandersetzungen nicht zu weit geht.

Widder und Stier:
Komplementäre Beziehung. Der Stier besänftigt den Widder und gibt ihm Stabilität und die Möglichkeit, Dinge zu verwirklichen. Er bleibt mit den Füßen auf dem Boden, während der Widder mit Risiko und Abenteuer jongliert. Da der Widder marsbestimmt und der Stier venusbestimmt ist, wird Sexualität in dieser Beziehung eine wichtige Rolle spielen.

Widder und Zwillinge:
Komplementäre Beziehung zwischen einem marsbetonten und einem merkurbetonten Wesen … die Verbindung ist jedoch gefährdet, weil der eine Partner leidenschaftlich ist und der andere die Leidenschaft leugnet. Vor allem eine freundschaftliche Bindung.

Widder und Krebs:
Oft eine »sado-masochistische« Beziehung, bei der jedoch Komplizenschaft besteht. Wenn die Frau Krebs ist und der Mann Widder, könnte das Spiel funktionieren …

Widder und Löwe:
Anziehung zwischen zwei Feuerzeichen: die gleiche Risikofreude, die gleiche Leidenschaftlichkeit und Großzügigkeit, der gleiche Nazißmus … sie riskieren jedoch, sich gegenseitig zu verbrennen, ihre Liebe könnte sich zu rasch erschöpfen.

Widder und Jungfrau:
Die beiden sind Antipoden. Das eine liebt das Abenteuer, ist direkt, das andere fürchtet die Unsicherheit, ist verhalten. In der gemeinsamen Arbeit kann diese Kombination sich sehr gut auswirken.

Widder und Waage:
Beide Zeichen sind entgegengesetzt, ergänzen sich aber. Jeder hat seine »Nachtseite« im Zeichen des anderen. Sie stoßen zusammen und durchschauen sich, sehen am anderen, was sie vor sich selbst verbergen. Die Beziehung fasziniert.

Widder und Skorpion:
Subtil und kompliziert. Sadistische Spiele sind unvermeidlich, aber Aggressivität und Dominanz drücken sich nur in feinen Nuancen aus durch das Feuer und das Wasser, das die Zeichen prägt. Leidenschaftlich, gefährlich, schwierig.

Widder und Schütze:
Die beiden Feuerzeichen fühlen sich zueinander hingezogen, weil sie beide Abenteuer und Aktion lieben, wobei der Schütze dem Widder zum Erfolg verhilft. Rivalität kann sich negativ auswirken, vor allem, wenn beide den gleichen Beruf haben.

Widder und Steinbock:
Beide Zeichen ergänzen sich, haben aber wegen ihrer verschiedenen Rhythmen Schwierigkeiten; der Marsbetonte ist schnell und feurig, der Saturnbetonte ausdauernd und vorsichtig. In der Arbeit gute Verständigung möglich, wenn beide Konzessionen machen. Übereinstimmung in prinzipiellen Fragen.

Widder und Wassermann:
Diese beiden werden sich nie miteinander langweilen, wenn sie die ersten Runden überstanden haben. Zwischen Mars und Uranus, den Zeichenherrschern, besteht die Komplizenschaft von Pulver und Streichholz. Intensive Freundschaft oder Zusammenarbeit. Verbindung möglich, wenn nicht geheiratet wird.

Widder und Fische:
Der vom Mars Beherrschte wird die Welt des Fische-Menschen nur schwer verstehen. Letzterer entwischt ihm immerzu, was seine Leidenschaft aufstacheln oder abtöten wird. Das Wasser der Fische wird das Feuer des Widders löschen, es sei denn, andere Elemente schaffen einen Ausgleich.

Der Stier und die anderen

Stier und Stier:
Können sich in einer venus- und erdbetonten Harmonie verstehen, vorausgesetzt, sie haben ein Haus, Kinder, Grund und Boden, Geld. Vielleicht fehlt es ihnen eines Tages an Anregung, aber sie verstehen sich körperlich und wissen, wie man Problemen aus dem Weg geht.

Stier und Zwillinge:
Komplementär in der Arbeit; der Zwilling macht die Feinarbeit, wo der Stier die groben Umrisse gegeben hat. In der Liebe ist der Dialog zwischen diesem Venus-Erd-Menschen und diesem Merkur-Luft-Menschen undankbar. Letzterer fasziniert ersteren. Bei einem (Ehe)paar ist es besser, wenn die Frau unter dem Zeichen Stier geboren ist; sie hilft dem Zwillinge-Mann, sich zu verwurzeln.

Stier und Krebs:
Hervorragende Verbindung zwischen Erde und Wasser; eine sanfte, gefühlvolle Atmosphäre zwischen Venus und Mond ... Gemeinsame Freude an Familie, Kindern, Zuhause.

Stier und Löwe:
Zwei fixe Zeichen, die aufeinanderprallen, aber auch gemeinsam etwas Konstruktives zustande bringen können. Die Verbindung kann dauerhaft sein, vorausgesetzt, die Frau ist Stier und akzeptiert die Überlegenheit des Löwen oder unterwirft sich seinen Entscheidungen ...

Stier und Jungfrau:
Affinität zwischen zwei Erdzeichen; der Jungfrau-Merkur kann den Stier anregen, die Stier-Venus die Gefühle der Jungfrau wecken und ihr das Gefühl von Sicherheit geben ... Doch die Jungfrau kann sich auch langweilen und der Stier frustriert werden ...

Stier und Waage:
Wie viele Mißverständnisse sind möglich zwischen diesen beiden Venus-Menschen, die nicht dieselbe Göttin anbeten! Der eine liebt physisch, der andere geistig. Doch wenn jeder von ihnen einen Schritt auf den anderen zugeht, können diese beiden (Lebens)künstler miteinander glücklich werden.

Stier und Skorpion:
Die klassische Anziehung zwischen zwei einander gegenüberliegenden Zeichen. Alles ruht hier auf der »Zeugungsachse«. Die Beziehung hat ihren Schwerpunkt in der Sexualität, wobei immer ein Gefühl des Unbefriedigtseins bleibt. Der Skorpion läuft Gefahr, den Stier die Lust, die er ihm bereitet, teuer bezahlen zu lassen.

Stier und Schütze:
Diesen Venus-Mensch und diesen Jupiter-Mensch verbindet die gleiche Liebe zum Leben und zum körperlichen Wohlergehen. Aber es gibt in dieser Erde-Feuer-Beziehung so manches zum Überwinden; hier kann es nur um unbedingtes Scheitern oder absoluten Erfolg gehen.

Stier und Steinbock:
Verwandtschaft der Erdzeichen, die tüchtig und ausdauernd im Arbeiten sind. Sie lieben die Erde, das Stabile, das Bleibende. Wenn dazu eine Gegensätzlichkeit der Aszendenten kommt, werden sich beide Partner bewundern, sich trennen und wiederfinden – für lange Zeit. Ideale Verbindung im reifen Alter.

Stier und Wassermann:
Der besitzergreifende und erdhafte Stier wird vor dem luftigen Wassermann, der keinen Zwang, keine Einengung verträgt, rasch kapitulieren. Beide können einander jedoch große Freundschaft entgegenbringen. Die Fähigkeit des Stiers zum Konkretisieren kann dem Wassermann helfen, zu verwirklichen, was bei ihm im Stadium des Planens steckenbleibt.

Stier und Fische:
Intensive Ergänzung zwischen einem Venus-Erde-Menschen und einem Neptun-Wasser-Menschen; letzterer schlägt erste-

ren in Bann, während dieser den Fischen Halt gibt, damit sie nicht »abdriften«. Eine starke Verbindung, die geheimnisvolle (über)sinnliche und gefühlsmäßige Wurzeln hat.

Die Zwillinge und die anderen

Zwillinge und Zwillinge:
Sie werden sich gut miteinander amüsieren … eine Zeitlang. Aber auf Dauer werden beide es müde, vom anderen einen Spiegel vorgehalten zu bekommen, in dem sie ein allzu bekanntes Gesicht sehen. Ihre Liebe hat etwas Pubertäres, Geschwisterliches, beinahe »Inzestuöses«.

Zwillinge und Krebs:
Eine gewisse Übereinstimmung wie von zwei Kindern, die einander nicht helfen wollen, erwachsen zu werden. Gute Konstellation für eine Freundschaft und manchmal für gemeinsames Schaffen; beide brauchen eine gewisse Freiheit von Verantwortungen.

Zwillinge und Löwe:
Komplementäre Beziehung, in der jedoch Rivalitäten vermieden werden müssen. Da beide egoistisch sind, kann es Zusammenstöße geben. Der Zwilling wird sich anpassen, der Löwe wird versuchen, Verständnis aufzubringen.

Zwillinge und Jungfrau:
Schwierige Verbindung; da beide Zeichen jedoch von Merkur beherrscht sind, drückt sich auf der Ebene des Intellekts und der Ideen eine gewisse Übereinstimmung aus. Die Jungfrau kann den Zwillingen helfen, Vorstellungen konkret zu verwirklichen.

Zwillinge und Waage:
Die beiden Luftzeichen fühlen sich zueinander hingezogen. Beide haben etwas Künstlerisches, sind sensibel und ein wenig »kopflastig«. Eine Betonung des Erd-Elements im Horoskop würde ihrer beider Instabilität kompensieren. Eine Gefahr: die Waage ist etwas zu romantisch und gefühlvoll, die Zwillinge sind es zu wenig.

Zwillinge und Skorpion:
Gegenseitiges Interesse; die Zwillinge respektieren die Aufrichtigkeit des Skorpions, während dieser die geistige Beweglichkeit der Zwillinge schätzt. Häufig sind sie zunächst voneinander fasziniert, mit der Zeit aber kann beider Kritiksucht und Negativität die Beziehung zerstören.

Zwillinge und Schütze:
Die klassische Anziehung zwischen zwei gegenüberliegenden Zeichen, die sich zwar ergänzen, jedoch beide sehr komplex sind und gerne spielen, dabei aber verschiedenen Regeln gehorchen. Der emotionale Schütze wird den Zynismus der Zwillinge nicht ertragen. Es geht nur gut, wenn beide das gleiche Spiel spielen.

Zwillinge und Steinbock:
Eine interessante, weil zutiefst komplementäre Beziehung: die Jugendlichkeit des einen kompensiert die extreme Reife des anderen. Der Zwilling mit seiner Luftigkeit macht die erdhafte Schwere des Steinbocks leichter, der dem Zwilling dafür Verwurzelung gibt. Es kann aber auch sein, daß sie sich nicht ertragen können.

Zwillinge und Wassermann:
Affinität der Luft-Zeichen; beide sind »kopflastig«, beide auf ihre Freiheit bedacht, so sehr, daß sie Gefahr laufen »davon-

zufliegen« ... Eine wunderbare Kombination für Freundschaften; Liebesbeziehungen verwandeln sich mit der Zeit oft in eher freundschaftliche Verbindungen.

Zwillinge und Fische:
Zwei Welten, die einander nicht verstehen können. Der Zwillinge-Geborene hält an seinem System der Logik fest, während die Fische den Gesetzen des Irrationalen und Intuitiven gehorchen. Selbst Freundschaften sind zwischen den beiden schwierig; sie beginnen einander rasch zu irritieren.

Der Krebs und die anderen

Krebs und Krebs:
Diese Beziehung kann zur Katastrophe führen. Sie werden einander Szenen machen, werden beide schmollen ... und nur schwer ihre kindliche Welt hinter sich lassen, in der jede Verantwortung sie schreckt.

Krebs und Löwe:
Ein gutes Paar. Sonne und Mond, die Herrscher der beiden Zeichen, bilden die ideale Kombination zur Gründung einer Familie. Ideal ist es, wenn der Mann Löwe und die Frau Krebs ist. Ihre Kinder werden es auf jeden Fall gut haben.

Krebs und Jungfrau:
Beide lieben ein ruhiges häusliches Leben ohne Überraschungen. Der Krebs wird sich manchmal über die Schweigsamkeit der Jungfrau beklagen und die Jungfrau über die unbürgerliche Entschlußlosigkeit des Krebses, aber das grundlegende Einverständnis bleibt.

Krebs und Waage:
Das Einssein dieser beiden romantischen, schwärmerischen Seelen ist immer bedroht. Der Krebs erwartet von der Waage eine Kraft, die sie nicht hat, und die Waage kann sich beim Krebs nicht durchsetzen. Man versteht nicht ganz, warum es bei ihnen selten klappt, denn sie empfinden sehr oft ähnlich. Aber zu viel Sentimentalität schadet einer solchen Beziehung offenbar.

Krebs und Skorpion:
Affinität zwischen zwei Wasser-Zeichen. Eine gemeinsame Empfindungsebene spielt hier die Hauptrolle. Oft ist eine starke körperliche Anziehung vorhanden, aber es kann gefährlich werden, wenn sado-masochistische Elemente überhand nehmen. Der Krebs ruft zu leicht die aggressiven und destruktiven Seiten des Skorpions hervor. Tiefe, aber auch gefährdete Bindung.

Krebs und Schütze:
Hier ist alles offen. Vielleicht haben beide die gleiche Reise- und Abenteuerlust oder die gleiche Vorliebe für ein traditionelles Familienleben. Oder sie enttäuschen sich gegenseitig, weil der Schütze glaubt, ein schwaches Wesen zu beschützen (das der Krebs nicht ist) oder der Krebs auf ein Leben voller unvorhergesehener Ereignisse hofft mit einem Schützen, der sich als »Stubenhocker« entpuppt.

Krebs und Steinbock:
Anziehung zwischen zwei entgegengesetzten Polen. Am Anfang geht alles bestens. Der Steinbock ist berührt von dem gefühlvollen, zarten Krebs, der ihn von seinen Frustrationen befreit. Der Krebs seinerseits ist von der Ernsthaftigkeit und Aufrichtigkeit des Partners berührt. Nach ein paar Jahren jedoch kann der Krebs den Steinbock als zu starr und der

Steinbock den Krebs als zu kindlich empfinden. Vergessen werden sie einander nie.

Krebs und Wassermann:
Ein merkwürdiges Paar. Sie halten zusammen und sind oft die besten Freunde. Der naive Wassermann ist berührt von der poetischen Welt des Krebses. Aber auf die Dauer und trotz der Bewunderung, die der Krebs für den Wassermann empfindet, haben es die beiden schwer, gemeinsam »durchzuhalten«.

Krebs und Fische:
Es gibt gewisse Affinitäten zwischen diesen beiden Wasserzeichen, die vor allem von der Intuition bestimmt sind, meist gefühlsmäßig und etwas irrational reagieren und sich ohne Worte verstehen. Beide jedoch haben keinen rechten Realitätssinn, und die Verbindung droht an den Problemen des Alltags zu scheitern.

Der Löwe und die anderen

Löwe und Löwe:
Eine Beziehung zwischen zwei Löwe-Geborenen ist sehr riskant … Verletzungen der Eigenliebe, das Bedürfnis beider, bewundert zu werden, Wutanfälle, Rivalitäten … es gibt viele schier unüberwindliche Hindernisse. Besonders schwierig ist es, wenn beide den gleichen Beruf ausüben.

Löwe und Jungfrau:
Wenn die Jungfrau weiblich ist und sich ganz in den Dienst des Löwe-Mannes stellt, wenn sie ihn bewundert und sich ihm mit Leib und Seele widmet, kann dieses Paar zusammen sehr

alt werden. Die geistige Beziehung ist gut; allerdings liebt der Löwe starke Gefühle, die die Jungfrau oft nicht aufbringt.

Löwe und Waage:
Zwei romantische, gefühlvolle Wesen. Dem Anschein nach haben sie alles, was man braucht, um sich zu verstehen; also eine glückliche Beziehung, und wenn der Mann Löwe ist, wird er stolz auf die Waage-Frau sein, und sie wird sich von ihm beschützt fühlen. Sie haben die gleichen Vorlieben, aber vielleicht legen beide etwas zu viel Wert darauf zu gefallen …

Löwe und Skorpion:
Zwei fixe Zeichen mit beträchtlicher Kraft. Zusammen können sie viel bewirken: vielleicht streiten sie häufig, entzweien sich immer wieder … aber alles leidenschaftlich.

Löwe und Schütze:
Affinität der Feuerzeichen. Sie halten zusammen wie Pech und Schwefel. Sie lieben ihren gemeinsamen Lebensstil; der Schütze unterstützt den Löwen und hilft ihm zum Erfolg und umgekehrt. Den gleichen Beruf sollten sie aber nicht haben.

Löwe und Steinbock:
Die beiden verstehen sich nicht immer, aber sie schätzen sich. Den Steinbock stört beim Löwen der Hang zum Theatralischen, während der Löwe dem Steinbock vorwirft, daß er zu vorsichtig und zu wenig enthusiastisch ist. Doch im Handeln ergänzen sie sich gut: der Löwe sieht die großen Zusammenhänge, der Steinbock schaut weit voraus.

Löwe und Wassermann:
Die Anziehung dieser gegenüberliegenden Zeichen wirkt sich in der Freundschaft positiver aus als in der Liebe. Beide haben die Tendenz, einander zu kritisieren; der Wassermann findet

den Löwen egozentrisch und narzißtisch; der Löwe wirft dem Wassermann vor, sich in Theorien zu verlieren anstatt zu handeln. Aber sie durchschauen einander. Eine Gefahr: Der Wassermann erträgt das autoritäre Verhalten des Löwen nicht.

Löwe und Fische:
Schwierige Beziehung, es sei denn, der Fische-Partner unterwerfe sich dem Löwen, bewundere ihn rückhaltlos und ließe ihn an seiner sensiblen und intuitiven Innenwelt teilhaben. Dann wird der Löwe die Fische verteidigen und vor sich selbst in Schutz nehmen. Es ist besser, wenn die Frau unter dem Zeichen Fische geboren ist; als Löwin ertrüge sie es schlecht, zu sehen, wie der Fische-Mann an der Realität vorbeilebt.

Die Jungfrau und die anderen

Jungfrau und Jungfrau:
Die beiden werden sich hinter ihrer Angst vor der Zukunft und vor dem Versagen verschanzen; ihre Welt ist eingeengt durch einen konformistischen und konventionsbewußten Horizont. Sie werden sich bald miteinander langweilen und … sparen, wo es geht.

Jungfrau und Waage:
Die Jungfrau ist für den Charme der Waage empfänglich, wird aber irritiert sein angesichts derer Gefühlsüberschwänge. Die Waage fühlt sich von der praktischen und logischen Intelligenz der Jungfrau angezogen, wird ihr aber bald den Mangel an Zärtlichkeit vorwerfen. Auf die Dauer dürfte das eine schwierige Verbindung sein.

Jungfrau und Skorpion:
Komplementäre Beziehung. Der Skorpion regt die Jungfrau an und macht ihr Mut; die Jungfrau besänftigt den ängstlichen Skorpion. Sie sind in der Kritik an anderen oft sehr einig und kehren ihre Klugheit hervor.

Jungfrau und Schütze:
Die Jungfrau hängt sich leicht an den Schützen, weil er ihren Horizont erweitert, er aber wird ihrer schnell müde, weil sie zu hausbacken oder zu zaghaft ist. Doch Anziehung ist vorhanden: Der Schütze fühlt sich der Jungfrau gegenüber spontan als Beschützer, und sie zehrt dankbar von seinem Optimismus. Wenn ein Dialog entsteht, können die Probleme gelöst werden.

Jungfrau und Steinbock:
Affinität der Erdzeichen; die Ähnlichkeiten schaden hier jedoch eher. Die Jungfrau ist zu verhalten und schweigsam für den Steinbock, der sich geliebt und verstanden fühlen möchte. Der Steinbock wiederum drückt nicht genug Bewunderung für die Jungfrau aus, die Ermutigung braucht. Sie laufen Gefahr, sich im Lauf der Zeit immer mehr hinter ihrem Schweigen zu verschanzen. Aber sie verteidigen gemeinsam das Ihre. Und sie schätzen einander geistig.

Jungfrau und Wassermann:
Nur eine »verrückte« Jungfrau wird sich mit dem Wassermann verstehen, sein Bedürfnis nach Unabhängigkeit und seine plötzlichen Einfälle gutheißen. Die »vernünftige« Jungfrau würde mit ihm in dauernder Unsicherheit schweben und ihre Zeit damit verbringen, um die Zukunft zu bangen. Dieses Gewicht läge zu schwer auf dem Wassermann.

Jungfrau und Fische:
Anziehung der Gegensätze. Anfangs geht alles bestens; die Fische lassen die Jungfrau ins Träumen geraten, und die Jungfrau bietet den Fischen eine gebändigte Wirklichkeit. Im Lauf der Jahre werden sie einander fremd, jeder lebt auf seiner Insel, ab und zu löst man gemeinsam ein Kreuzworträtsel oder sitzt vor dem Fernseher.

Die Waage und die anderen

Waage und Waage:
Die beiden können sich verstehen, weil sie das gleiche Bedürfnis nach Harmonie und Verständnis, die gleiche Sehnsucht nach Schönheit, die gleichen Vorlieben haben. Scheitern könnten sie an übertriebenen Konzessionen, an der übertriebenen Besorgnis, den anderen zu verletzen, und vielleicht an den Schwierigkeiten mit der Treue.

Waage und Skorpion:
Es gibt ein gewisses Einverständnis, aber es besteht die Gefahr, daß sie untereinander leiden, ohne sich je trennen zu können. Vorsicht ist geboten vor sado-masochistischen Tendenzen in der Beziehung. Die Schwächen und das Zögern der Waage reizen den energischen und entschlossenen Skorpion-Partner.

Waage und Schütze:
Harmonie zwischen zwei Zeichen, die ihren guten Willen im Alltagsleben beweisen und die versuchen, einander zu verstehen und zu helfen. Sie können sich durch beachtliche Erfolge entfalten. Dem Paar haftet etwas »Bürgerliches« an.

Waage und Steinbock:
Die Waage ist empfindlich und verträgt es schlecht, sich vom Steinbock kritisiert zu fühlen (auch wenn sie sich das nur einbildet). Aber sie gibt ihm die Zuneigung, die er braucht, während er seine Gefühle der Waage gegenüber vielleicht nicht genügend zum Ausdruck bringt. Sie hält ihn dann für kalt, obwohl er nur nicht das Herz auf der Zunge trägt. Eine riskante Verbindung.

Waage und Wassermann:
Affinität von Luft-Zeichen; die Waage wird zwar das Freiheitsbedürfnis des Wassermanns respektieren, aber sie sucht ein Gefühl der Verbundenheit, das dem Wassermann fehlt, und leidet unter seiner Zerstreutheit ... Er findet bei ihr allerdings zum großen Teil das, was er von einer Gefühlsbeziehung erwartet. Wichtig ist eine gute Ergänzung der Aszendenten.

Waage und Fische:
Zwei gefühlvolle und sentimentale Zeichen, die sich jedoch immer wieder mißverstehen können, weil die Gefühle der Waage mehr vom Kopf bestimmt werden, während die der Fische von Intuitionen und Träumen bestimmt sind. Die beiden laufen Gefahr, aneinander vorbeizugehen, ohne etwas voneinander zu verstehen.

Der Skorpion und die anderen

Skorpion und Skorpion:
Gefährliche Beziehung zwischen zwei Menschen, die entweder sich selbst oder den anderen zerstören und abwechselnd Opfer oder Täter sind. All das spielt sich in einer Atmosphäre

heftiger Leidenschaft ab; man versöhnt sich immer wieder im Schlafzimmer und läßt sich gegenseitig büßen. Eine Hölle. Aber manche mögen so etwas …

Skorpion und Schütze:
Der Optimismus des Schützen, sein Glauben an seinen guten Stern tun dem Skorpion sehr wohl, der seinerseits wiederum für den Schützen durch seine psychische Energie eine hervorragende Stütze sein kann. Zusammen sind sie unschlagbar … Die Emotionalität des Schützen wird jedoch manchmal auf harte Proben gestellt, sein Idealismus irritiert den Skorpion.

Skorpion und Steinbock:
Der Skorpion kennt die verborgenen verletzlichen Stellen des Steinbocks sehr gut; dafür kann der Steinbock den Skorpion ebenfalls empfindlich treffen, oft ohne sich dessen bewußt zu sein. Wenn sie klug sind, können beide miteinander eine entscheidende Entwicklung durchmachen – oder sie bleiben im Haß stecken. Eine schwierige, aber tiefgehende Beziehung.

Skorpion und Wassermann:
Zwischen diesen beiden findet ein reger Gedankenaustausch statt; die Intelligenz des einen zehrt von den Intuitionen und Einsichten des anderen. Eine Gefahr: die Verletzlichkeit des Wassermanns angesichts der Aggressivität des Skorpions. Der Skorpion wiederum kann enttäuscht sein darüber, wie »vergeistigt« der Wassermann ist.

Skorpion und Fische:
Affinität der Wasser-Zeichen, die sich durch Andeutungen verstehen, einander durchschauen und auf sinnlicher wie auf seelischer Ebene verbunden sind. Ein überraschendes Paar.

Eine intensive und geheimnisvolle Beziehung, die vor allem von einer gegenseitigen Faszination genährt wird und die für beide ein wenig gefährlich werden kann. Manchmal erleben sie Dramen …

Der Schütze und die anderen

Schütze und Schütze:
Sie verstehen sich gut und sind besten Willens. Aber die eigenen Fehler werden sie bald auch beim anderen erkennen. Und das ärgert wiederum. Es ist schwierig, einen Beschützer zu beschützen … Wenn sie wirklich in einen Dialog treten, kann sie das retten.

Schütze und Steinbock:
Das optimistische Wesen des einen kompensiert den starken Pessimismus des anderen; sie können einander respektieren und vertrauen. Doch das Lebenstempo des Schützen ist dem Steinbock fremd.

Schütze und Wassermann:
Stark komplementär; der Schütze bewundert die Intelligenz des Wassermanns und fordert viel von ihm, vertraut ihm aber auch. Der Wassermann regt den Abenteuergeist und die Risikobereitschaft des Schützen an. Sie reisen gern zusammen, wollen gemeinsam die Welt entdecken. Vielleicht sind sie in einer Freundschaft glücklicher, weil beide die Unabhängigkeit so sehr lieben.

Schütze und Fische:
Beide finden im anderen das wieder, was sie bei sich selbst stört, doch schließlich verstehen und lieben sie einander. Sie haben viele gemeinsame Vorlieben und reisen leidenschaftlich gern. Der Schütze-Partner darf vor allem nicht zu sehr »verbürgerlichen«, wenn er sich die Liebe der neptunischen Fische erhalten will. Alles andere ergibt sich dann.

Der Steinbock und die anderen

Steinbock und Steinbock:
Sie bringen einander freundschaftliches Verständnis entgegen und stärken sich gegenseitig durch diese Einigkeit, können sich aber in der Liebe durch ihre Schwerfälligkeit und ihre Frustriertheit festfahren …

Steinbock und Wassermann:
Sie ergänzen sich wunderbar in der Freundschaft und halten lange Zeit zusammen. Doch in der Liebe wird der Steinbock an der Unfähigkeit des Wassermanns zur Festlegung leiden, der Wassermann wiederum wird den Steinbock-Partner als zu rigoros und moralisch empfinden.

Steinbock und Fische:
Sie verstehen sich gut, und der Steinbock empfindet Zärtlichkeit für die Fische, ohne sie allzu ernst zu nehmen. Doch wenn es ihm einmal gefällt, sich von der Phantasie der Fische entführen zu lassen, er, dem das Träumen so schwerfällt, wird ihm vielleicht schwindlig …

Der Wassermann und die anderen

Wassermann und Wassermann:
Das ist eine Freundschaft hoch zwei, eine Solidarität, die allen Stürmen trotzt. Die beiden sollten aber nur heiraten, wenn sie sich entschließen, so zu leben, als seien sie nicht verheiratet, da keiner von beiden ein normales Eheleben mit seinen Zwängen aushält. Aber warum sollten sie nicht in größtmöglicher Freiheit zusammenbleiben?

Wassermann und Fische:
Die beiden ziehen sich an, ohne sich zu verstehen. Der eine spricht die Sprache des abstrakten Denkens, der andere die des Herzens und der Intuition. Gerade das fasziniert sie vielleicht aneinander, aber sie werden es schwer haben, sich in die Welt des anderen zu versetzen. Die Verbindung beruht auf Konzessionen oder auf dem gegenseitigen Respekt vor dem Wesen des anderen …

Die Fische und die anderen

Fische und Fische:
Ein Delirium, eine Verrücktheit, ein Versinken in einer Welt der Zeichen und Symbole, der Geheimnisse. Nur sie verstehen sich und durchschauen einander, ohne sich zu entblößen; eine für andere unbegreifliche Beziehung wie die zwischen zwei Fischen im Aquarium. Doch die Beziehung kann nicht von Dauer sein, wenn beide allzu wenig Notiz von der Realität nehmen.

An den Leser anstelle eines Nachworts

Vielleicht können Sie jetzt das Sonnenzeichen oder den Aszendenten jenes Mannes oder jener Frau erraten, die man Ihnen da an ihrem Tisch im Restaurant vorgestellt hat. Sie werden sehen, mit ein wenig Übung ist das wirklich möglich. Es fordert keine besonderen Fähigkeiten – nur ein wenig Beobachtungsgabe, Gedächtnis und Aufmerksamkeit.
Sie werden auch merken, daß sie mit Hilfe dieses »Schlüssels« über ihn oder sie in wenigen Augenblicken mehr erfahren als in den folgenden Wochen der Bekanntschaft.
Und dann werden Sie sich vielleicht die Frage stellen: Wenn man das Sternzeichen eines Menschen oder seinen Aszendenten (manchmal auch beides) erraten kann, obwohl man nichts von ihm weiß – ist dann nicht »etwas Wahres« und Faszinierendes an der Astrologie, die die Wissenschaft (auf höchstem Niveau) wiederzuentdecken beginnt? Auch wenn diese Wissenschaft das Verhältnis des Menschen zum Universum als rein physisch, kosmisch, magnetisch, elektrisch oder sonst etwas betrachtet, bleibt die Astrologie nicht weniger ein poetisches Zeugnis dieses Verhältnisses zwischen Mensch und Kosmos und eine Terra incognita, die es wert ist, erforscht zu werden.

Die Berechnung des Aszendenten[1]

Mit den folgenden Tabellen können Sie Ihren Aszendenten leicht herausfinden, vorausgesetzt, Sie kennen Ihre genaue Geburtszeit. Diese läßt sich beim Standesamt des Geburtsortes erfragen, da dort der betreffende Zeitpunkt relativ exakt festgehalten wird. In der Regel genügt eine schriftliche Nachfrage mit frankiertem Rückumschlag.
Da die vorliegenden Tabellen auf mitteleuropäische Zeit (MEZ) bezogen sind, muß bei einigen Jahrgängen die Sommerzeit berücksichtigt werden. Genaueres entnehmen Sie bitte Anhang C.
Nehmen sie nun die Tabellen in Anhang A, und suchen Sie Ihren Geburtstag. Neben der Datumsspalte finden Sie eine weitere, mit Zeit überschriebene Rubrik. Die dort aufgefundene Angabe übertragen Sie am besten auf einen Zettel und addieren sie zu Ihrer Geburtszeit. Zum Resultat addieren bzw. subtrahieren Sie die in Anhang B angegebene Zeit für die Geburtsstadt oder, falls diese nicht aufgeführt sein sollte, die Zeit der nächstgelegenen größeren Stadt. Schließlich ziehen Sie von diesem Ergebnis 24 Stunden ab, wenn Ihre Gesamtsumme größer als 24 sein sollte.

1 Die Berechnung des Aszendenten einschließlich der nachfolgenden Tabellen wurde dem Buch von Walther Howe »Aszendent und Persönlichkeit« (Knaur Tb 4219) entnommen.

Der Anschaulichkeit halber sei hier ein Beispiel vorgeführt:

Angenommene Geburt:

3. 5. 1970 um 13 Uhr 20 Minuten in Mannheim.

Zeit 3. 5. laut Anhang A:	14^{h}	44^{m}
plus Geburtszeit:	$+ 13^{h}$	20^{m}
	$= 28^{h}$	04^{m}
Zeitangabe für Mannheim laut Anhang B (–26 ^{m}):	–	26^{m}
	$= 27^{h}$	38^{m}
– 24 ^{h}, da größer als 24:	$- 24^{h}$	
Endergebnis:	3^{h}	38^{m}

Den errechneten Wert suchen Sie nun wieder im Anhang A unter der Rubrik Zeit auf. Gehen Sie in dieser Spalte weiter nach rechts, so finden Sie, aufgeschlüsselt nach geographischer Breite, die Angabe Ihres Aszendenten. (Die Breite Ihres Geburtsortes können Sie in jedem Schulatlas nachschlagen.) Im Falle Mannheims ist der 50. Breitengrad der nächstliegende. Der gesuchte Aszendent liegt auf Grad 4 Jungfrau.

6.02
+ 13.30
18'32
– 06
18'26

ANHANG A

Tabellen zur Berechnung des Aszendenten[1]

1 Anhang A ist in überarbeiteter Form dem Buch von Herbert Schmatzberger »Aszendent – das aufsteigende Zeichen«, Reinbek 1983, S. 238 ff., entnommen.

	JANUAR					FEBRUAR				
		Aszendent					Aszendent			
Tag	Zeit	46°	48°	50°	52°	Zeit	46°	48°	50°	52°
1	6.40	7♎	7♎	7♎	7♎	8.43	0♏	0♏	29♎	28♎
2	6.44	8	8	7	7	8.47	1	0	0♏	29
3	6.48	9	8	8	8	8.51	2	1	0	0♏
4	6.52	9	9	9	9	8.55	2	2	1	0
5	6.56	10	10	10	9	8.59	3	2	2	1
6	7.00	11	11	10	10	9.03	4	3	2	2
7	7.04	12	11	11	11	9.07	5	4	3	2
8	7.08	12	12	12	11	9.11	5	5	4	3
9	7.12	13	13	12	12	9.15	6	5	5	4
10	7.16	14	13	13	13	9.19	7	6	5	4
11	7.20	15	14	14	14	9.23	8	7	6	5
12	7.24	15	15	15	14	9.27	8	8	7	6
13	7.28	16	16	15	15	9.31	9	8	7	7
14	7.32	17	16	16	16	9.35	10	9	8	7
15	7.36	18	17	17	16	9.39	11	10	9	8
16	7.40	18	18	17	17	9.43	11	10	10	9
17	7.44	19	19	18	18	9.47	12	11	10	9
18	7.48	20	19	19	18	9.51	13	12	11	10
19	7.52	21	20	20	19	9.55	14	12	12	11
20	7.56	21	21	20	20	9.59	14	13	12	11
21	8.00	22	22	21	20	10.03	15	14	13	12
22	8.04	23	22	22	21	10.07	16	15	14	13
23	8.08	24	23	22	22	10.11	17	16	15	13
24	8.12	24	24	23	23	10.15	17	16	15	14
25	8.16	25	24	24	23	10.19	18	17	16	15
26	8.20	26	25	25	24	10.23	19	18	17	16
27	8.24	26	26	25	25	10.27	20	19	17	16
28	8.28	27	27	26	25	10.31	20	19	18	17
29	8.32	28	27	27	26					
30	8.36	29	28	27	27					
31	8.40	29	29	28	27					

	MÄRZ					APRIL				
		Aszendent					Aszendent			
Tag	Zeit	46°	48°	50°	52°	Zeit	46°	48°	50°	52°
1	10.34	21 ♏	20 ♏	19 ♏	17 ♏	12.37	15 ♐	13 ♐	11 ♐	9 ♐
2	10.38	22	20	19	18	12.41	15	14	12	10
3	10.42	22	21	20	19	12.45	16	15	13	11
4	10.46	23	22	21	19	12.49	17	15	14	12
5	10.50	24	23	21	20	12.53	18	16	14	12
6	10.54	25	23	22	21	12.57	19	17	15	13
7	10.58	25	24	23	22	13.01	20	18	16	14
8	11.02	26	25	24	22	13.05	20	19	17	15
9	11.06	27	26	24	23	13.09	21	19	18	16
10	11.10	28	26	25	24	13.13	22	20	18	16
11	11.14	28	27	26	24	13.17	23	21	19	17
12	11.18	29	28	27	25	13.21	24	22	20	18
13	11.22	0 ♐	29	27	26	13.25	25	23	21	19
14	11.26	1	29	28	27	13.29	26	24	22	20
15	11.30	1	0 ♐	29	27	13.33	26	25	23	20
16	11.34	2	1	29	28	13.37	27	25	23	21
17	11.38	3	2	0 ♐	29	13.41	28	26	24	22
18	11.42	4	2	1	29	13.45	29	27	25	23
19	11.46	4	3	2	0 ♐	13.49	0 ♑	28	26	24
20	11.50	5	4	2	1	13.53	1	29	27	25
21	11.54	6	5	3	2	13.57	2	0 ♑	28	26
22	11.58	7	5	4	2	14.01	3	1	29	26
23	12.02	8	6	5	3	14.05	4	2	0 ♑	27
24	12.06	8	7	5	4	14.09	5	3	1	28
25	12.10	9	8	6	4	14.13	6	4	1	29
26	12.14	10	8	7	5	14.17	7	5	2	0 ♑
27	12.18	11	9	8	6	14.21	8	6	3	1
28	12.22	12	10	8	7	14.25	9	7	4	2
29	12.26	12	11	9	7	14.29	10	8	5	3
30	12.30	13	12	10	8	14.33	11	9	6	4
31	12.34	14	12	11	9					

	MAI					JUNI				
		Aszendent					Aszendent			
Tag	Zeit	46°	48°	50°	52°	Zeit	46°	48°	50°	52°
1	14.36	12♑	9♑	7♑	5♑	16.38	21♒	19♒	17♒	14♒
2	14.40	13	10	8	6	16.42	23	21	19	16
3	14.44	14	11	9	7	16.46	24	23	20	18
4	14.48	15	13	10	8	16.50	26	24	22	20
5	14.52	16	14	11	9	16.54	28	26	24	22
6	14.56	17	15	12	10	16.58	0♓	28	26	24
7	15.00	18	16	13	11	17.02	1	0♓	28	26
8	15.04	19	17	14	12	17.06	3	2	0♓	28
9	15.08	20	18	16	13	17.10	5	4	2	0♓
10	15.12	21	19	17	14	17.14	7	5	4	2
11	15.16	23	20	18	15	17.18	9	7	6	4
12	15.20	24	22	19	16	17.22	11	9	8	6
13	15.24	25	23	20	17	17.26	12	11	10	8
14	15.28	26	24	22	19	17.30	14	13	12	11
15	15.32	28	25	23	20	17.34	16	15	14	13
16	15.36	29	27	24	21	17.38	18	17	17	15
17	15.40	0♒	28	25	22	17.42	20	20	19	18
18	15.44	1	29	27	24	17.46	22	22	21	20
19	15.48	3	1♒	28	25	17.50	24	24	23	23
20	15.52	4	2	29	26	17.54	26	26	25	25
21	15.56	6	3	1♒	28	17.58	28	28	28	28
22	16.00	7	5	2	29	18.00	0♈	0♈	0♈	0♈
23	16.04	8	6	4	1♒	18.04	2	2	2	2
24	16.08	10	8	5	2	18.08	4	4	5	5
25	16.12	11	9	7	4	18.12	6	6	7	7
26	16.16	13	11	8	5	18.16	8	8	9	9
27	16.20	14	12	10	7	18.20	10	10	11	12
28	16.24	16	14	11	8	18.24	12	13	13	15
29	16.28	17	15	13	10	18.28	14	15	15	17
30	16.32	19	17	15	12	18.32	16	17	18	19
31	16.36	21	19	17	14					

	JULI					AUGUST				
		Aszendent					Aszendent			
Tag	Zeit	46°	48°	50°	52°	Zeit	46°	48°	50°	52°
1	18.36	17♈	18♈	19♈	21♈	20.38	4♊	7♊	9♊	12♊
2	18.40	19	20	22	23	20.42	6	8	10	13
3	18.44	21	22	24	25	20.46	7	9	12	14
4	18.48	23	24	26	28	20.50	8	10	13	16
5	18.52	25	26	28	0♉	20.54	9	11	14	17
6	18.56	26	28	0♉	2	20.58	10	13	15	18
7	19.00	28	0♉	2	4	21.02	11	14	16	19
8	19.04	0♉	2	4	6	21.06	13	15	17	20
9	19.08	2	3	5	8	21.10	14	16	18	21
10	19.12	3	5	7	10	21.14	15	17	19	22
11	19.16	5	7	9	12	21.18	16	18	20	23
12	19.20	7	9	11	14	21.22	17	19	21	24
13	19.24	8	10	13	15	21.26	18	20	22	25
14	19.28	10	12	14	17	21.30	19	21	23	26
15	19.32	12	14	16	19	21.34	20	22	24	27
16	19.36	13	15	18	21	21.38	21	23	25	28
17	19.40	15	17	19	22	21.42	22	24	26	29
18	19.44	16	18	21	24	21.46	23	25	27	0♋
19	19.48	18	20	22	25	21.50	24	26	28	1
20	19.52	19	21	24	27	21.54	25	27	29	2
21	19.56	21	23	25	28	21.58	26	28	0♋	2
22	20.00	22	24	27	0♊	22.02	27	29	1	3
23	20.04	23	26	28	1	22.06	28	0♋	2	4
24	20.08	25	27	0♊	3	22.10	29	1	3	5
25	20.12	26	28	1	4	22.14	0♋	2	4	6
26	20.16	28	0♊	2	5	22.18	1	3	5	7
27	20.20	29	1	4	7	22.22	2	3	5	8
28	20.24	0♊	2	5	8	22.26	2	4	6	8
29	20.28	1	4	6	9	22.30	3	5	7	9
30	20.32	3	5	7	10	22.34	4	6	8	10
31	20.36	4	6	9	12	22.38	5	7	9	11

	SEPTEMBER					OKTOBER				
		Aszendent					Aszendent			
Tag	Zeit	46°	48°	50°	52°	Zeit	46°	48°	50°	52°
1	22.40	5♋	7♋	9♋	11♋	0.38	29♋	1♌	2♌	3♌
2	22.44	6	8	10	12	0.42	0♌	1	3	4
3	22.48	7	9	11	13	0.46	1	2	3	5
4	22.52	8	10	12	14	0.50	2	3	4	6
5	22.56	9	11	12	14	0.54	2	4	5	6
6	23.00	10	11	13	15	0.58	3	4	6	7
7	23.04	11	12	14	16	1.02	4	5	6	8
8	23.08	11	13	15	17	1.06	5	6	7	8
9	23.12	12	14	16	18	1.10	5	7	8	9
10	23.16	13	15	16	18	1.14	6	7	9	10
11	23.20	14	16	17	19	1.18	7	8	9	11
12	23.24	15	16	18	20	1.22	8	9	10	11
13	23.28	16	17	19	21	1.26	8	10	11	12
14	23.32	16	18	20	21	1.30	9	10	11	13
15	23.36	17	19	20	22	1.34	10	11	12	13
16	23.40	18	19	21	23	1.38	11	12	13	14
17	23.44	19	20	22	24	1.42	11	12	14	15
18	23.48	20	21	23	24	1.46	12	13	14	15
19	23.52	20	22	23	25	1.50	13	14	15	16
20	23.56	21	23	24	26	1.54	14	15	16	17
21	24.00	22	23	25	26	1.58	14	15	16	17
22	0.04	23	24	26	27	2.02	15	16	17	18
23	0.08	23	25	26	28	2.06	16	17	18	19
24	0.12	24	26	27	29	2.10	17	18	19	20
25	0.16	25	26	28	29	2.14	17	18	19	20
26	0.20	26	27	29	0♌	2.18	18	19	20	21
27	0.24	27	28	29	1	2.22	19	20	21	22
28	0.28	27	29	0♌	2	2.26	20	20	21	22
29	0.32	28	29	1	2	2.30	20	21	22	23
30	0.36	29	0♌	2	3	2.34	21	22	23	24
						2.38	22	23	24	24

	NOVEMBER					DEZEMBER				
		Aszendent					Aszendent			
Tag	Zeit	46°	48°	50°	52°	Zeit	46°	48°	50°	52°
1	2.40	22 ♌	23 ♌	24 ♌	25 ♌	4.38	14 ♍	15 ♍	15 ♍	15 ♍
2	2.44	23	24	24	25	4.42	15	15	16	16
3	2.48	24	24	25	26	4.46	16	16	16	17
4	2.52	24	25	26	27	4.50	16	17	17	17
5	2.56	25	26	27	27	4.54	17	18	18	18
6	3.00	26	27	27	28	4.58	18	18	19	19
7	3.04	27	27	28	29	5.02	19	19	19	19
8	3.08	27	28	29	29	5.06	19	20	20	20
9	3.12	28	29	29	0 ♍	5.10	20	20	21	21
10	3.16	29	29	0 ♍	1	5.14	21	21	21	22
11	3.20	0 ♍	0 ♍	1	2	5.18	22	22	22	22
12	3.24	0	1	2	2	5.22	22	23	23	23
13	3.28	1	2	2	3	5.26	23	23	24	24
14	3.32	2	2	3	4	5.30	24	24	24	24
15	3.36	3	3	4	4	5.34	25	25	25	25
16	3.40	3	4	4	5	5.38	25	26	26	26
17	3.44	4	5	5	6	5.42	26	26	26	26
18	3.48	5	5	6	6	5.46	27	27	27	27
19	3.52	5	6	7	7	5.50	28	28	28	28
20	3.56	6	7	7	8	5.54	28	29	29	29
21	4.00	7	7	8	9	5.58	29	29	29	29
22	4.04	8	8	9	9	6.02	1 ♎	1 ♎	1 ♎	1 ♎
23	4.08	8	9	9	10	6.06	1	1	1	1
24	4.12	9	10	10	11	6.10	2	1	1	1
25	4.16	10	10	11	11	6.14	2	2	2	2
26	4.20	11	11	12	12	6.18	3	3	3	3
27	4.24	11	12	12	13	6.22	4	4	4	4
28	4.28	12	13	13	13	6.26	5	4	4	4
29	4.32	13	13	14	14	6.30	5	5	5	5
30	4.36	14	14	14	15	6.34	6	6	6	6
						6.38	7	7	6	6

Anhang B

Korrektur für Städte[1]

Aachen	– 00 h 36 m
Aalen	– 00 h 20 m
Achern	– 00 h 28 m
Alicante	– 01 h 02 m
Alsfeld	– 00 h 23 m
Altenkirchen	– 00 h 30 m
Altötting	– 00 h 09 m
Alzey	– 00 h 28 m
Amberg	– 00 h 13 m
Amiens	– 00 h 51 m
Amöneburg	– 00 h 24 m
Amorbach	– 00 h 23 m
Amsterdam	– 00 h 40 m
Andermatt	– 00 h 26 m
Andernach	– 00 h 30 m
Andorra	– 00 h 54 m
Ansbach	– 00 h 18 m
Antwerpen	– 00 h 42 m
Arneburg	– 00 h 12 m
Aschaffenburg	– 00 h 23 m
Aschendorf	– 00 h 31 m
Augsburg	– 00 h 16 m
Aurich	– 00 h 16 m
Avignon	– 00 h 41 m
Baden-Baden	– 00 h 27 m
Bamberg	– 00 h 16 m
Barcelona	– 00 h 51 m
Basel	– 00 h 30 m
Bautzen	– 00 h 02 m
Bayreuth	– 00 h 14 m
Bebra	– 00 h 21 m
Bedburg	– 00 h 34 m
Belgrad	+ 00 h 22 m
Bensheim	– 00 h 26 m
Berchtesgaden	– 00 h 08 m
Berheim/Erft	– 00 h 33 m
Bergisch-Gladbach	– 00 h 31 m
Berlin (Reichstag)	– 00 h 06 m
Bern	– 00 h 30 m
Bernkastel	– 00 h 32 m
Besançon	– 00 h 36 m
Biberach	– 00 h 21 m
Bielefeld	– 00 h 26 m
Bingen	– 00 h 28 m
Bitburg	– 00 h 34 m
Bochum	– 00 h 31 m
Bolzano	– 00 h 14 m
Bonn	– 00 h 32 m
Bordeaux	– 01 h 02 m
Borkum	– 00 h 33 m
Bottrop	– 00 h 35 m
Brandenburg	– 00 h 10 m
Bratislava	+ 00 h 08 m
Braunau	– 00 h 08 m
Braunschweig	– 00 h 18 m
Bregenz	– 00 h 21 m
Bremen	– 00 h 25 m

1 Grimm, Hoffmann, Ebertin, »Die geographischen Positionen Europas«, Freiburg i. Br., [10]1989.

Breslau	+ 00 h 08 m
Brüssel	– 00 h 43 m
Budapest	+ 00 h 16 m
Bukarest	+ 00 h 44 m
Buxtehude	– 00 h 21 m
Calw	– 00 h 25 m
Castrop	– 00 h 31 m
Celle	– 00 h 20 m
Chemnitz	– 00 h 08 m
Chur	– 00 h 22 m
Clausthal	– 00 h 19 m
Cleve	– 00 h 35 m
Coburg	– 00 h 16 m
Crailsheim	– 00 h 20 m
Cottbus	– 00 h 02 m
Cuxhaven	– 00 h 25 m
Dachau	– 00 h 14 m
Danzig	+ 00 h 15 m
Darmstadt	– 00 h 25 m
Deggendorf	– 00 h 08 m
Detmold	– 00 h 24 m
Dillingen/Saar	– 00 h 33 m
Dinslaken	– 00 h 33 m
Donauwörth	– 00 h 17 m
Dortmund	– 00 h 30 m
Dresden	– 00 h 05 m
Dublin	– 01 h 25 m
Duisburg	– 00 h 33 m
Düsseldorf	– 00 h 33 m
Eckernförde	– 00 h 21 m
Edinburgh	– 01 h 13 m
Eisenach	– 00 h 19 m
Emmendingen	– 00 h 29 m
Erfurt	– 00 h 16 m
Erlangen	– 00 h 16 m

Essen	– 00 h 32 m
Esslingen	– 00 h 23 m
Ettlingen	– 00 h 26 m
Euskirchen	– 00 h 33 m
Fellbach	– 00 h 23 m
Feuchtwangen	– 00 h 19 m
Flensburg	– 00 h 22 m
Frankfurt/M.	– 00 h 25 m
Frankfurt/O.	– 00 h 02 m
Freiburg/Br.	– 00 h 29 m
Freising	– 00 h 13 m
Freudenstadt	– 00 h 26 m
Friedberg	– 00 h 25 m
Friedrichshafen	– 00 h 22 m
Fulda	– 00 h 21 m
Fürth	– 00 h 16 m
Garmisch-Partenkirchen	– 00 h 16 m
Gelsenkirchen	– 00 h 32 m
Genf	– 00 h 35 m
Gent	– 00 h 45 m
Gera	– 00 h 12 m
Gießen	– 00 h 25 m
Gifhorn	– 00 h 18 m
Glasgow	– 01 h 17 m
Glogau	+ 00 h 04 m
Godesberg	– 00 h 31 m
Göppingen	– 00 h 21 m
Görlitz	– 00 h 00 m
Goslar	– 00 h 18 m
Gotha	– 00 h 17 m
Göttingen	– 00 h 20 m
Graz	+ 00 h 02 m
Grenoble	– 00 h 37 m
Grevenbroich	– 00 h 34 m
Gronau/Westf.	– 00 h 32 m

Gummersbach	– 00^{h} 30^{m}
Günzburg	– 00^{h} 19^{m}
Güstrow	– 00^{h} 11^{m}
Gütersloh	– 00^{h} 26^{m}
Hagen	– 00^{h} 30^{m}
Halberstadt	– 00^{h} 16^{m}
Halle/Saale	– 00^{h} 12^{m}
Hamburg	– 00^{h} 20^{m}
Hameln	– 00^{h} 23^{m}
Hamm/Westf.	– 00^{h} 29^{m}
Hannover	– 00^{h} 21^{m}
Harzburg	– 00^{h} 18^{m}
Heidelberg	– 00^{h} 25^{m}
Heilbronn	– 00^{h} 23^{m}
Helmstedt	– 00^{h} 16^{m}
Helsinki	+ 00^{h} 40^{m}
Heppenheim	– 00^{h} 25^{m}
Herborn	– 00^{h} 27^{m}
Herford	– 00^{h} 25^{m}
Herne	– 00^{h} 31^{m}
Hersfeld, Bad	– 00^{h} 21^{m}
Herten/Westf.	– 00^{h} 31^{m}
Herzogenrath	– 00^{h} 36^{m}
Hildesheim	– 00^{h} 20^{m}
Hof/Saale	– 00^{h} 12^{m}
Homburg, Bad	– 00^{h} 26^{m}
Homburg/Saar	– 00^{h} 31^{m}
Honnef	– 00^{h} 31^{m}
Höxter	– 00^{h} 22^{m}
Hoyerswerda	– 00^{h} 03^{m}
Husum	– 00^{h} 24^{m}
Ibbenbüren	– 00^{h} 29^{m}
Idar-Oberstein	– 00^{h} 31^{m}
Ingolstadt	– 00^{h} 14^{m}
Innsbruck	– 00^{h} 14^{m}
Interlaken	– 00^{h} 29^{m}
Iserlohn	– 00^{h} 29^{m}
Istanbul	+ 00^{h} 56^{m}
Itzehoe	– 00^{h} 22^{m}
Jena	– 00^{h} 14^{m}
Jever	– 00^{h} 28^{m}
Juist	– 00^{h} 32^{m}
Jülich	– 00^{h} 35^{m}
Kaarst	– 00^{h} 33^{m}
Kaiserslautern	– 00^{h} 29^{m}
Kamen	– 00^{h} 29^{m}
Karlsruhe	– 00^{h} 26^{m}
Kassel	– 00^{h} 22^{m}
Kattowitz	+ 00^{h} 16^{m}
Kaufbeuren	– 00^{h} 18^{m}
Kehl	– 00^{h} 29^{m}
Kempten	– 00^{h} 19^{m}
Kerpen/Rhld.	– 00^{h} 33^{m}
Kiel	– 00^{h} 19^{m}
Klagenfurt	– 00^{h} 03^{m}
Kleve	– 00^{h} 35^{m}
Koblenz	– 00^{h} 30^{m}
Köln	– 00^{h} 32^{m}
Königsberg/Pr.	+ 00^{h} 22^{m}
Konstanz	– 00^{h} 23^{m}
Kopenhagen	– 00^{h} 10^{m}
Krakau	+ 00^{h} 20^{m}
Krefeld	– 00^{h} 34^{m}
Kreuznach, Bad	– 00^{h} 29^{m}
Kufstein	– 00^{h} 11^{m}
Lahr	– 00^{h} 28^{m}
Landau	– 00^{h} 28^{m}
Landshut/ Bayern	– 00^{h} 11^{m}
Langenfeld/ Rhld.	– 00^{h} 32^{m}

Lausanne	– 00 ^{h} 33 ^{m}
Leer	– 00 ^{h} 30 ^{m}
Leipzig	– 00 ^{h} 10 ^{m}
Leverkusen	– 00 ^{h} 32 ^{m}
Liechtenstein	– 00 ^{h} 10 ^{m}
Limburg/Lahn	– 00 ^{h} 28 ^{m}
Lindau/Bodensee	– 00 ^{h} 21 ^{m}
Linz/Österreich	– 00 ^{h} 03 ^{m}
Lippstadt	– 00 ^{h} 27 ^{m}
Liverpool	– 01 ^{h} 12 ^{m}
London	– 01 ^{h} 00 ^{m}
Lörrach	– 00 ^{h} 29 ^{m}
Lübeck	– 00 ^{h} 17 ^{m}
Ludwigsburg	– 00 ^{h} 23 ^{m}
Ludwigshafen/Rh.	– 00 ^{h} 26 ^{m}
Lüneburg	– 00 ^{h} 18 ^{m}
Lünen	– 00 ^{h} 30 ^{m}
Luxemburg	– 00 ^{h} 35 ^{m}
Luzern	– 00 ^{h} 27 ^{m}
Lyon	– 00 ^{h} 41 ^{m}
Magdeburg	– 00 ^{h} 13 ^{m}
Mailand	– 00 ^{h} 23 ^{m}
Mainz	– 00 ^{h} 27 ^{m}
Mannheim	– 00 ^{h} 26 ^{m}
Marburg/Lahn	– 00 ^{h} 25 ^{m}
Marseille	– 00 ^{h} 38 ^{m}
Merseburg	– 00 ^{h} 12 ^{m}
Minden	– 00 ^{h} 24 ^{m}
Monaco	– 00 ^{h} 30 ^{m}
Mönchengladbach	– 00 ^{h} 34 ^{m}
Monheim/Rhld.	– 00 ^{h} 32 ^{m}
Montabaur	– 00 ^{h} 29 ^{m}
Moers	– 00 ^{h} 33 ^{m}

Mosbach/Baden	– 00 ^{h} 23 ^{m}
Mühlheim/Ruhr	– 00 ^{h} 32 ^{m}
München	– 00 ^{h} 14 ^{m}
Münster/Westf.	– 00 ^{h} 30 ^{m}
Naumburg/Saale	– 00 ^{h} 13 ^{m}
Neapel	– 00 ^{h} 03 ^{m}
Neu-Brandenburg	– 00 ^{h} 07 ^{m}
Neumünster	– 00 ^{h} 20 ^{m}
Neunkirchen/Saar	– 00 ^{h} 31 ^{m}
Neuss	– 00 ^{h} 33 ^{m}
Neustadt/Weinstr.	– 00 ^{h} 27 ^{m}
Neuwied	– 00 ^{h} 30 ^{m}
Nienburg/Weser	– 00 ^{h} 23 ^{m}
Nizza	– 00 ^{h} 31 ^{m}
Norden	– 00 ^{h} 31 ^{m}
Nordhausen	– 00 ^{h} 17 ^{m}
Nordhorn	– 00 ^{h} 32 ^{m}
Northeim	– 00 ^{h} 20 ^{m}
Nürnberg	– 00 ^{h} 16 ^{m}
Nürtingen	– 00 ^{h} 23 ^{m}
Oberammergau	– 00 ^{h} 16 ^{m}
Oberhausen	– 00 ^{h} 33 ^{m}
Oeynhausen	– 00 ^{h} 25 ^{m}
Offenbach	– 00 ^{h} 25 ^{m}
Offenburg	– 00 ^{h} 28 ^{m}
Oldenburg/Old.	– 00 ^{h} 27 ^{m}
Oldeslohe	– 00 ^{h} 18 ^{m}

Olpe	– 00^{h} 28^{m}
Orléans	– 00^{h} 52^{m}
Oslo	– 00^{h} 17^{m}
Osnabrück	– 00^{h} 28^{m}
Ostende	– 00^{h} 48^{m}
Osterode/Harz	– 00^{h} 19^{m}
Paderborn	– 00^{h} 25^{m}
Paris	– 00^{h} 51^{m}
Passau	– 00^{h} 06^{m}
Peine	– 00^{h} 19^{m}
Pforzheim	– 00^{h} 25^{m}
Pilsen	– 00^{h} 06^{m}
Pinneberg	– 00^{h} 21^{m}
Pirmasens	– 00^{h} 29^{m}
Pirna	– 00^{h} 04^{m}
Plauen	– 00^{h} 11^{m}
Posen	+ 00^{h} 08^{m}
Potsdam	– 00^{h} 08^{m}
Prag	– 00^{h} 02^{m}
Pulheim	– 00^{h} 33^{m}
Pyrmont	– 00^{h} 23^{m}
Radebeul	– 00^{h} 05^{m}
Rastatt	– 00^{h} 27^{m}
Ratingen	– 00^{h} 33^{m}
Ratzeburg	– 00^{h} 17^{m}
Ravensburg	– 00^{h} 22^{m}
Recklinghausen	– 00^{h} 31^{m}
Regensburg	– 00^{h} 12^{m}
Remscheid	– 00^{h} 31^{m}
Rendsburg	– 00^{h} 21^{m}
Reutlingen	– 00^{h} 23^{m}
Reval	+ 00^{h} 39^{m}
Rheine	– 00^{h} 30^{m}
Riesa	– 00^{h} 07^{m}
Rinteln	– 00^{h} 24^{m}
Rom	– 00^{h} 10^{m}
Rorschach	– 00^{h} 22^{m}
Rosenheim	– 00^{h} 11^{m}
Rostock	– 00^{h} 11^{m}
Rothenburg o.d.T.	– 00^{h} 19^{m}
Rotterdam	– 00^{h} 42^{m}
Rottweil	– 00^{h} 25^{m}
Rüsselsheim	– 00^{h} 26^{m}
Saarbrücken	– 00^{h} 32^{m}
Saarlouis	– 00^{h} 33^{m}
Salzburg	– 00^{h} 08^{m}
Salzgitter	– 00^{h} 18^{m}
Salzuflen, Bad	– 00^{h} 25^{m}
Schleswig	– 00^{h} 22^{m}
Schönebeck	– 00^{h} 13^{m}
Schwabach	– 00^{h} 16^{m}
Schwäbisch Gmünd	– 00^{h} 21^{m}
Schwäbisch Hall	– 00^{h} 21^{m}
Schwedt/Oder	– 00^{h} 03^{m}
Schweinfurt	– 00^{h} 19^{m}
Schwerin/Meckl.	– 00^{h} 14^{m}
Schwerte	– 00^{h} 30^{m}
Sieburg	– 00^{h} 31^{m}
Siegen	– 00^{h} 28^{m}
Sindelfingen	– 00^{h} 24^{m}
Singen/Hohentwiel	– 00^{h} 25^{m}
Soest	– 00^{h} 28^{m}
Sofia	+ 00^{h} 33^{m}
Solingen	– 00^{h} 31^{m}
Solothurn	– 00^{h} 30^{m}
Speyer	– 00^{h} 26^{m}
Stade	– 00^{h} 22^{m}
St. Ingbert	– 00^{h} 31^{m}

St. Wendel	– 00^h 31^m
Stendal	– 00^h 13^m
Stettin	– 00^h 02^m
Stockholm	+ 00^h 12^m
Stralsund	– 00^h 08^m
Straßburg	– 00^h 29^m
Straubing	– 00^h 10^m
Stuttgart	– 00^h 23^m
Suhl	– 00^h 17^m
Tauberbischofsheim	– 00^h 21^m
Tilsit	+ 00^h 28^m
Traunstein	– 00^h 17^m
Trier	– 00^h 33^m
Troisdorf	– 00^h 31^m
Tübingen	– 00^h 24^m
Tuttlingen	– 00^h 25^m
Uerdingen	– 00^h 33^m
Ulm	– 00^h 20^m
Unna	– 00^h 29^m
Utrecht	– 00^h 39^m
Vaihingen	– 00^h 24^m
Vechta	– 00^h 27^m
Venlo	– 00^h 35^m
Viersen	– 00^h 34^m
Villingen	– 00^h 26^m
Waiblingen	– 00^h 23^m
Warendorf	– 00^h 28^m

Warschaum	+ 00^h 24^m
Weiden/Oberpfalz	– 00^h 11^m
Weinheim	– 00^h 25^m
Wesel	– 00^h 34^m
Wetzlar	– 00^h 26^m
Wien	+ 00^h 06^m
Wiener Neustadt	+ 00^h 05^m
Wiesbaden	– 00^h 27^m
Wilhelmshaven	– 00^h 28^m
Willich	– 00^h 34^m
Winterthur	– 00^h 25^m
Wismar	– 00^h 14^m
Witten	– 00^h 31^m
Wittenberg	– 00^h 09^m
Wolfenbüttel	– 00^h 18^m
Wolfsburg	– 00^h 17^m
Wolgast	– 00^h 05^m
Worms	– 00^h 27^m
Würzburg	– 00^h 20^m
Wunstorf	– 00^h 22^m
Wuppertal	– 00^h 31^m
Xanten	– 00^h 34^m
Zagreb	+ 00^h 25^m
Zeitz	– 00^h 11^m
Zittau	– 00^h 01^m
Zürich	– 00^h 26^m
Zweibrücken	– 00^h 31^m
Zwickau	– 00^h 10^m

ANHANG C

Liste der Sommerzeiten[1]

in Deutschland, Österreich und der Schweiz seit 1900

Deutschland:

Vom	30. 04. 1916	23^h	bis zum	01. 10. 1916	1^h	MES
Vom	16. 04. 1917	2^h	bis zum	17. 09. 1917	3^h	MES
Vom	15. 04. 1918	2^h	bis zum	16. 09. 1918	3^h	MES
Vom	01. 04. 1940	2^h	bis zum	02. 11. 1942	3^h	MES
Vom	29. 03. 1943	2^h	bis zum	04. 10. 1943	3^h	MES
Vom	03. 04. 1944	2^h	bis zum	02. 10. 1944	3^h	MES
Vom	02. 04. 1945	2^h	bis zum	16. 09. 1945	2^h	MES

Berlin und sowjetisch besetzte Zone:

Vom 24. 05. 1945 2^h bis zum 24. 09. 1945 3^h MES
(Vorsicht: doppelte Sommerzeit während dieses Zeitraums. Es sind 2 Stunden abzuziehen.)
Vom 24. 09. 1945 3^h bis zum 18. 11. 1945 2^h MES

Deutschland

Vom	14. 04. 1946	2^h	bis zum	07. 10. 1946	3^h	MES
Vom	06. 04. 1947	3^h	bis zum	11. 05. 1947	3^h	MES

1 Sollten Sie in einem der folgenden Jahre während der aufgeführten Zeiträume geboren sein, so müssen Sie von Ihrer Geburtszeit eine Stunde in Abzug bringen, um den richtigen Aszendenten berechnen zu können. Diese Stunde stellt den Zeitunterschied zwischen MEZ (mitteleuropäischer Zeit) und MES (mitteleuropäischer Sommerzeit) dar. Die Angaben bis 1980 sind den »Globalen Häusertabellen«, München, ^{4}1986, entnommen. Für die Jahre 1980 bis 1990 entstammen die Angaben dem »Astrolab«-Programm von Röttger.

Vom	11. 05. 1947	3^h	bis zum	29. 06. 1947	3^h MES

(Vorsicht: doppelte Sommerzeit während dieses Zeitraums. Es sind 2 Stunden abzuziehen.)

Vom	29. 06. 1947	3^h	bis zum	05. 10. 1947	3^h MES
Vom	18. 04. 1948	2^h*	bis zum	03. 10. 1948	3^h MES
Vom	10. 04. 1949	2^h*	bis zum	02. 10. 1949	3^h MES

* Sowjetisch besetzte Zone: 3^h

Bundesrepublik und DDR seit 1980:

Vom	06. 04. 1980	2^h	bis zum	28. 09. 1980	3^h MES
Vom	29. 03. 1981	2^h	bis zum	27. 09. 1981	3^h MES
Vom	28. 03. 1982	2^h	bis zum	26. 09. 1982	3^h MES
Vom	27. 03. 1983	2^h	bis zum	25. 09. 1983	3^h MES
Vom	25. 03. 1984	2^h	bis zum	30. 09. 1984	3^h MES
Vom	31. 03. 1985	2^h	bis zum	29. 09. 1985	3^h MES
Vom	31. 03. 1986	2^h	bis zum	28. 09. 1986	3^h MES
Vom	29. 03. 1987	2^h	bis zum	27. 09. 1987	3^h MES
Vom	27. 03. 1988	2^h	bis zum	25. 09. 1988	3^h MES
Vom	26. 03. 1989	2^h	bis zum	24. 09. 1989	3^h MES
Vom	25. 03. 1990	2^h	bis zum	30. 09. 1990	3^h MES

Österreich:

Vom	30. 04. 1916	23^h	bis zum	01. 10. 1916	1^h MES
Vom	16. 04. 1917	2^h	bis zum	17. 09. 1917	3^h MES
Vom	15. 04. 1918	2^h	bis zum	16. 09. 1918	3^h MES
Vom	28. 04. 1919	2^h	bis zum	29. 09. 1919	3^h MES
Vom	05. 04. 1920	2^h	bis zum	13. 09. 1920	3^h MES

Vom	01. 04. 1940	2^h	bis zum	02. 11. 1942	3^h MES
Vom	01. 04. 1943	2^h	bis zum	04. 10. 1943	3^h MES
Vom	01. 04. 1944	2^h	bis zum	02. 10. 1944	3^h MES

Vom 02. 04. 1945 2^h bis zum 12. 04. 1945 $?^h$ MES (Wien)

Vom 02. 04. 1945 2^h bis zum 23. 04. 1945 $?^h$ MES (übriges Österreich)

Vom 14. 04. 1946 2^h bis zum 07. 10. 1946 3^h MES

Vom 06. 04. 1947 3^h bis zum 05. 10. 1947 3^h MES

Vom 18. 04. 1948 2^h bis zum 03. 10. 1948 3^h MES

Vom 06. 04. 1980 0^h bis zum 27. 09. 1980 24^h MES

Vom 29. 03. 1981 2^h bis zum 27. 09. 1981 3^h MES

Vom 28. 03. 1982 2^h bis zum 26. 09. 1982 3^h MES

Vom 27. 03. 1983 2^h bis zum 25. 09. 1983 3^h MES

Vom 25. 03. 1984 2^h bis zum 30. 09. 1984 3^h MES

Vom 31. 03. 1985 2^h bis zum 29. 09. 1985 3^h MES

Vom 30. 03. 1986 2^h bis zum 28. 09. 1986 3^h MES

Vom 29. 03. 1987 2^h bis zum 27. 09. 1987 3^h MES

Vom 27. 03. 1988 2^h bis zum 25. 09. 1988 3^h MES

Vom 26. 03. 1989 2^h bis zum 24. 09. 1989 3^h MES

Vom 25. 03. 1990 2^h bis zum 30. 09. 1990 3^h MES

Schweiz:

Vom 03. 06. 1916 2^h bis zum 30. 09. 1916 0^h MES

Vom 05. 05. 1941 2^h bis zum 06. 10. 1941 0^h MES

Vom 04. 05. 1942 2^h bis zum 05. 10. 1942 0^h MES

Vom 06. 04. 1980 2^h bis zum 28. 09. 1980 3^h MES

Vom 29. 03. 1981 2^h bis zum 27. 09. 1981 3^h MES

Vom 28. 03. 1982 2^h bis zum 26. 09. 1982 3^h MES

Vom 27. 03. 1983 2^h bis zum 25. 09. 1983 3^h MES

Vom 25. 03. 1984 2^h bis zum 30. 09. 1984 3^h MES

Vom 31. 03. 1985 2^h bis zum 29. 09. 1985 3^h MES

Vom	31. 03. 1986	2^h	bis zum	28. 09. 1986	3^h	MES
Vom	29. 03. 1987	2^h	bis zum	27. 09. 1987	3^h	MES
Vom	27. 03. 1988	2^h	bis zum	25. 09. 1988	3^h	MES
Vom	26. 03. 1989	2^h	bis zum	24. 09. 1989	3^h	MES
Vom	25. 03. 1990	2^h	bis zum	30. 09. 1990	3^h	MES

Knaur®

Astrologie

(7607)

(4165)

(4219)

(4182)

(4234)

(4112)

Knaur®

Schicksalsdeutung

(4132)

(4168)

(4146)

(4213)

(4244)

(4260)

Knaur

Alternativ Heilen

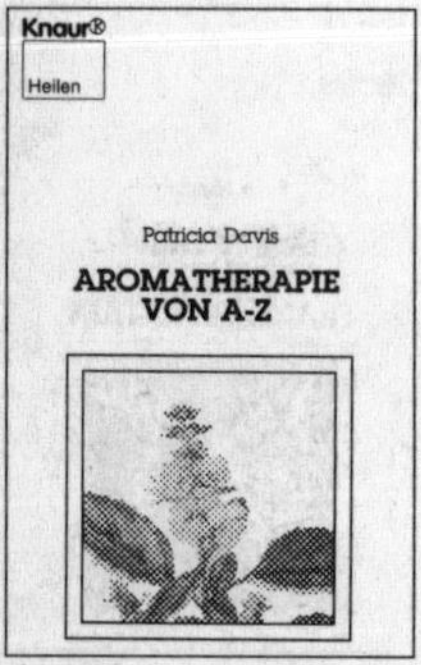

(4224)

(7798)

(4232)

(7755)

(7752)

(7844)